本书为教育部人文社会科学重点研究基地重大项目（16JJD8800004）和北京市社会科学基金项目（16JYC015）的研究成果。

◆ 北京大学教育学院
◆ 北京大学教育经济研究所
◆ 北京大学中国教育与人力资源研究中心

高校扩招以来大学生的流动状况

马莉萍 著

中国社会科学出版社

图书在版编目（CIP）数据

高校扩招以来大学生的流动状况 / 马莉萍著 . —北京：中国社会科学出版社，2020.6
ISBN 978 – 7 – 5203 – 6514 – 7

Ⅰ.①高⋯ Ⅱ.①马⋯ Ⅲ.①大学生—就业—研究—中国 Ⅳ.①G647.38

中国版本图书馆 CIP 数据核字（2020）第 082714 号

出 版 人	赵剑英
责任编辑	王　衡
责任校对	朱妍洁
责任印制	王　超

出　　版	中国社会科学出版社
社　　址	北京鼓楼西大街甲 158 号
邮　　编	100720
网　　址	http://www.csspw.cn
发 行 部	010 – 84083685
门 市 部	010 – 84029450
经　　销	新华书店及其他书店
印　　刷	北京明恒达印务有限公司
装　　订	廊坊市广阳区广增装订厂
版　　次	2020 年 6 月第 1 版
印　　次	2020 年 6 月第 1 次印刷
开　　本	710 × 1000　1/16
印　　张	14.75
字　　数	223 千字
定　　价	76.00 元

凡购买中国社会科学出版社图书，如有质量问题请与本社营销中心联系调换
电话：010 – 84083683
版权所有　侵权必究

序

高校毕业生的就业问题是各个国家普遍面临的重要问题，2008年全球金融危机后这一问题更加突出。高校毕业生就业问题也是中国各级政府乃至全社会普遍关心的热点问题，至今仍难以解决。2019年中国政府工作报告提出的"六个稳"（稳就业、稳金融、稳外贸、稳外资、稳投资、稳预期）中，"稳就业"排在首位，政府强调就业优先政策要全面发力，并将就业优先政策置于宏观政策层面，旨在强化各方面重视就业、支持就业的导向。

高校毕业生的主要就业机会究竟在什么地区？什么城市？什么行业？什么单位？什么岗位？了解劳动力市场的需求状况和变化趋势对于促进高等教育结构调整和高校毕业生有效就业有很大的实践意义。《高校扩招以来大学生的流动状况》一书是马莉萍副教授在其博士论文的基础上进行大幅度修改后完成的。本书具有以下优点和特色。

首先，对高校毕业生流动进行了多维度的分析。该书中的毕业生流动包括地区流动、省际流动、基层流动、首都流动、代际流动等。综合了各种已有文献中的多种流动方式，更加全面、更加完整、更加细致。作者对相关文献进行了全面的梳理和分析，并将实证研究结果与文献进行比较和讨论，丰富了有关高校毕业生就业流动的文献。

其次，对高校毕业生流动进行了理论探讨，具有重要的理论价值。该书充分借鉴了国外已有的研究成果，并综合运用多种经典理论来解释中国大学生区域流动和代际流动的特征、原因以及收益，在完善高校毕业生流动行为的理论框架和研究框架的同时，对各个理论进行了验证和有益补充。

再次，该书的实证研究方法科学、严谨、细致。基于大规模问卷调查数据，作者将中国高校毕业生的就学和就业区域流动特征以地图形式进行了直观展示；同时，针对研究问题的特点、抽样方法、变量特征等问题，分别从地区和个人两个层次展开研究，建立了一般线性回归模型、条件逻辑斯特回归模型、两阶段最小二乘法回归模型等，有效解决了诸如样本自选择、变量互为因果关系、遗漏变量等问题，研究结果更加科学可靠。

最后，该书在实践和政策方面也具有非常重要的价值和意义。该书从一个全新的角度考察中国不同类型高等教育资源的区域分布状况，并为进一步合理和完善高校区域布局提供了实证依据。该书将就学与就业流动相结合，更加全面地考察了造成高校毕业生流动状况的特征及深层次原因，并为进一步合理、有效地疏导高校毕业生流动方向提供政策建议。

2019年是中国高校扩招20周年，高等教育毛入学率超过50%，高等教育进入了普及化的、新的、更高的阶段。同时，中国人均国内生产总值超过1万美元，迈上了经济发展的更高台阶。当高等教育进行普及化阶段，高校毕业生就业将面临新形势、新问题、新挑战，当然也会面临新机遇和新发展。该书的出版对于总结过去20年的高校毕业生就业状况和展望未来的就业前景是一场"及时雨"，对相关政府机构管理人员、高校从事就业指导工作的教师、将要毕业找工作的同学而言，有着重要的参考价值。

展望未来，中国高等教育和经济发展还将处于不断改革和调整过程中，还有许多问题需要学者们不断探索和研究。马莉萍博士近年来发表了几十篇高水平的期刊文章，取得了丰富的研究成果，研究潜力非常大。希望作者继续努力，不断取得更多更有价值的学术成果。

岳昌君

北京大学教育学院

2019年12月7日

目　录

绪　论 ·· （1）
  一　研究背景 ·· （1）
  二　概念界定 ·· （5）
  三　理论基础 ··· （11）
  四　研究数据 ··· （20）
  五　篇章结构 ··· （24）

第一章　就学流动 ·· （26）
  一　中国高等教育资源的区域分布特征 ························· （26）
  二　分地区和院校类型的省内就学比例 ························· （28）
  三　就学流动毕业生的学历和专业结构 ························· （33）
  四　地区特征与就学流动规模的关系 ··························· （36）
  五　跨省就学和省内就学大学生的群体差异 ··················· （41）
  本章小结 ·· （46）

第二章　就业流动 ·· （50）
  一　就业地区偏好和就业地分布 ································ （56）
  二　跨省就业流动特征 ·· （59）
  三　跨籍就业流动特征 ·· （62）
  四　劳动力市场分割与城乡、部门和职业流向 ················ （68）
  本章小结 ·· （73）

第三章　从就学到就业的流动模式 ·································· （76）
  一　多次流动、返回流动、前期流动和后期流动 ············· （78）

二　不动模式、聚集模式、交换模式和发散模式 …………（82）
　　三　生源地、院校地和就业地的关系 ……………………（86）
　　本章小结 ……………………………………………………（91）

第四章　返乡就业流动 ………………………………………（93）
　　一　返乡就业的特点和去向 ………………………………（94）
　　二　高校毕业生返乡就业质量 ……………………………（97）
　　三　返乡就业毕业生的特征 ………………………………（98）
　　四　男、女毕业生返乡就业决策的异同 …………………（105）
　　五　重点高校毕业生返乡就业的决策机制 ………………（107）
　　本章小结 ……………………………………………………（109）

第五章　基层就业流动 ………………………………………（112）
　　一　中央基层就业政策的演变 ……………………………（114）
　　二　中央基层就业政策的特点 ……………………………（117）
　　三　地方基层就业政策的特点 ……………………………（120）
　　四　基层就业比例、趋势和群体差异 ……………………（126）
　　五　不同地方基层就业政策下毕业生基层就业的差异……（129）
　　本章小结 ……………………………………………………（130）

第六章　逃离还是"北漂" …………………………………（133）
　　一　大学毕业生落户北京政策 ……………………………（134）
　　二　大学毕业生的留京选择 ………………………………（135）
　　三　落户北京的大学毕业生群体特征 ……………………（141）
　　四　重点高校大学生的留京意愿 …………………………（146）
　　五　重点高校大学生的留京决策机制 ……………………（148）
　　本章小结 ……………………………………………………（157）

第七章　流动的收入溢价 ……………………………………（160）
　　一　流动收入曲线 …………………………………………（162）
　　二　流动的收入效应 ………………………………………（162）
　　本章小结 ……………………………………………………（168）

第八章 流动与工作匹配 （170）
- 一 学历匹配 （173）
- 二 专业匹配 （177）
- 三 预期匹配 （181）
- 四 匹配与工资溢价 （183）
- 本章小结 （189）

第九章 职业代际流动 （192）
- 一 职业代际流动现状 （192）
- 二 体制内工作的特点 （194）
- 三 体制内外就业的毕业生群体差异 （197）
- 四 体制内就业的代际传递 （200）
- 五 体制内就业代际传递机制 （202）
- 本章小结 （210）

第十章 地区代际流动 （212）
- 一 教育与代际流动 （212）
- 二 地区代际流动的方向、比率和级别 （216）
- 三 不同学历毕业生的地区代际流动 （218）
- 四 生源地到院校地的地区代际流动 （220）
- 五 生源地到就业地的地区代际流动 （222）
- 本章小结 （224）

后记 （226）

绪　　论

一　研究背景

20世纪90年代末，为适应中国新时期社会主义经济建设的需要，国家做出了大规模增加高等教育入学机会的决定。政策实施以来，高等院校在校生规模逐年增大。《2017年全国教育事业发展统计公报》显示，中国各类高等教育在学总规模达到3779万人，高等教育毛入学率达到45.7%[①]，不仅完成了马丁·特罗[②]标准下由精英教育阶段到大众化教育阶段的快速过渡，也成为世界上高等教育规模最大的国家。与此同时，大批高校毕业生涌入劳动力市场。图1展示了改革开放以来中国普通高等学校的招生数和毕业生数，可以看出，从1999年开始，招生人数和毕业人数均大幅增加。2002年中国高校毕业生人数不到134万，到2018年则迅速增加到820万。

图2展示了1998年以来不同学历毕业生的规模变化，可以发现，本科生和专科生毕业人数的增速远远高于研究生毕业生。

与高校扩招相伴相生的，是中国经济社会发生了显著的变化。2001—2010年，中国GDP的年均增速高达10.5%，是改革开放以来发展最快的时期。2001年中国人均GDP首次超过1000美元，之后经济发展进入起飞阶段，2017年接近8000美元，2019年超过1万美元。

[①] 教育部：《2017年全国教育事业发展统计公报》，http://www.moe.gov.cn/jyb_sjzl/sjzl_fztjgb/201807/t20180719_343508.html，2018年7月19日。

[②] 马丁·特罗在1976年提出高等教育发展的三个阶段：精英教育、大众教育和普及教育。当高等教育的毛入学率达到适龄人口的15%时，高等教育进入大众化阶段；当高等教育的毛入学率达到适龄人口的50%时，进入普及化阶段。

2 ✦ 高校扩招以来大学生的流动状况

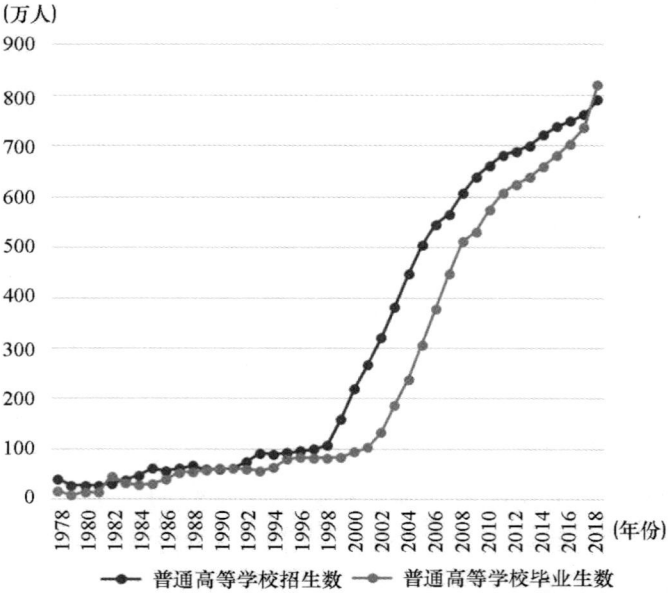

图1 1978—2018年中国普通高等学校招生规模和毕业生规模

资料来源：国家统计局。

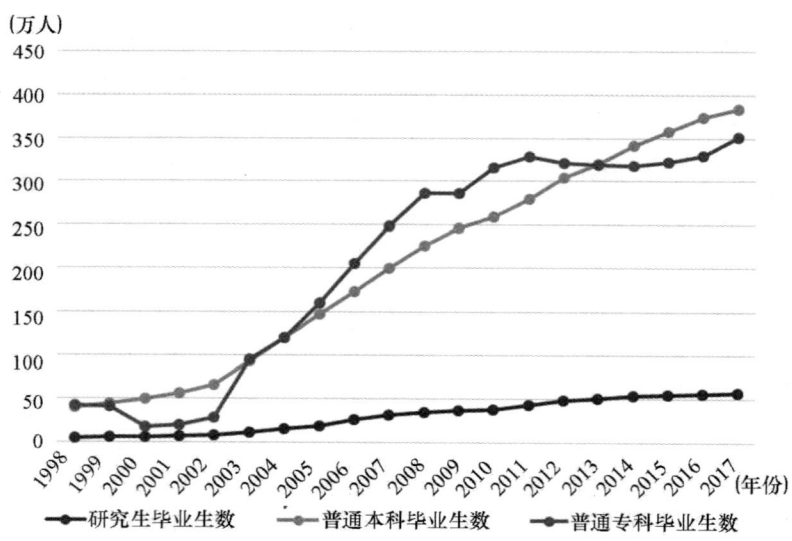

图2 1998—2017年全国各学历教育毕业人数

资料来源：国家统计局。

2010—2017年，中国经济发展逐渐呈现出"新常态"，表现为经济增长从高速转为中高速。人力资源和社会保障部课题组测算表明，中国GDP增速每下降1个百分点，就可能丧失100多万个就业岗位。同时，产业结构发生根本性转变。2012年第三产业在增加值中的比重首次超过第二产业，2016年第三产业在增加值中的比重达到51.6%，成为拉动经济增长的主要源泉。产业结构调整的同时伴随的是就业结构的改变，三次产业的就业人员比例从1978年的70.5∶17.3∶12.2转变为2016年的27.7∶28.8∶43.5，第三产业成为吸纳最多劳动力就业的产业，也是吸纳高校毕业生就业能力最强的产业，尤其是金融、IT、科技、教育、卫生、政府等受高校毕业生求职青睐的行业。从这一角度看，中国产业升级换代为高校毕业生提供了更加广阔的就业空间。另外，中国大力实施创新驱动发展战略，促进经济社会转型升级的同时，也迫切需要一些高技能人才。

高等教育规模的快速扩招，为中国的现代化建设输送了大量具有高等教育学历的人才，在很大程度上满足了我国劳动力市场对人才的迫切需求，极大提高了国民的整体受教育水平。但另一方面，大学生作为技术创新、技术吸收、技术应用的关键要素，这一转型对大学生的知识结构和技术能力提出了新的要求。近几年，应届高校毕业生中有相当比例的学生在毕业前不能落实工作，高校毕业生的就业形势遭遇了前所未有的挑战，"毕业即失业""史上最难就业季"等说法不绝于耳。

北京大学教育学院自2003年开始每隔一年开展一次全国高校毕业生就业调查，从表1的统计结果来看，在8次调查中，已确定就业单位的比例都在40%上下波动。2013年以前，除了受全球金融危机的影响导致2009年高校毕业生已确定就业单位的比例为34.5%，其他年份已确定就业单位的比例均保持在40%以上。2013年以后该比例下滑到40%以下，尤其以2015年的比例最低。随着中国经济的快速发展和居民收入水平的日益提高，人们对于继续接受教育和出国留学的需求一般会扩大。8次调查中，高校毕业生升学和出国出境的合计比例总体呈现上升趋势，从2003年的最低点15.1%上升至2017年的最高点26.3%。自由职业、自主创业、其他灵活就业在毕业生就业中已经成为不可忽视的重要组成部分，2007 年及以后这 3 项的合计比例都达到两位数，2015 年更是达到最高值，占比合计 25.4%，说明高校毕业生的毕业去向愈加多元化。

表 1　　　　　　　　大学生毕业时的去向　　　　　　　　单位：%

毕业生自我报告的毕业去向	2003 年	2005 年	2007 年	2009 年	2011 年	2013 年	2015 年	2017 年
确定就业单位	40.7	47.2	40.4	34.5	43.3	43.5	33.3	38.8
升学（国内）	15.1	16.8	14.1	18.3	13.7	14.0	18.6	20.4
出国、出境	0	2.3	2.7	3.2	2.6	2.8	5.8	5.9
自由职业	4.0	3.6	4.1	3.3	4.3	2.6	4.7	5.0
自主创业			3.2	2.4	3.2	2.1	4.6	4.7
其他灵活就业			6.6	5.4	5.1	7.0	16.1	9.7
待就业	35.8	22.4	22.6	26.4	21.9	23.4	12.8	10.1
不就业拟升学	1.7	4.8	2.9	3.1	2.4	2.0	2.2	3.0
其他暂不就业			2.4	2.2	2.1	1.8	1.3	1.4
其他	2.7	3.0	1.1	1.2	1.5	0.9	0.7	0.9

高校毕业生就业问题是关系到社会民生的核心问题。高校毕业生作为雄厚人力资本的载体，若不能充分就业将造成经济和社会资源的极大浪费。有效利用高校毕业生资源也关系到中国经济发展能否从劳动力密集型发展模式转向创新型发展模式，关系到能否成功进行产业升级并将中国由制造业大国打造成制造业强国。

对大学生流动行为的研究出于解决毕业生就业问题的初衷。随着近年来高校毕业生就业难问题日益凸显，国内一些学者试图从流动的角度解释高校毕业生就业难问题的原因，并发现"孔雀东南飞"现象，即毕业生对工作地区的偏好具有较高的一致性，毕业后集中流入东部、沿海地区及大城市就业，而只有极小比例的毕业生选择到中西部、农村等地区就业[①]。而随着就业人数的逐年增加，这种就业地域

---

① 赖德胜、吉利：《大学生择业取向的制度分析》，《宏观经济研究》2003 年第 7 期；岳昌君、周俊波：《高校毕业生为何跨省就业》，《清华大学教育研究》2005 年第 4 期。

失衡现象越来越突出①。同时，还有研究表明，高校毕业生的工作找寻是沿着地域—行业—单位的路径进行的②，即先确定就业的区域范围，再在此范围内锁定目标行业和单位。可见，要想解决当前"有业不就"和"无业可就"同时存在的矛盾局面，必须首先了解毕业生流动选择的特点、规律以及影响因素，并富有针对性地对毕业生的流向进行引导，鼓励毕业生流向中国经济社会发展最需要的地区、部门和行业，这是解决就业问题的一个重要切入点。

党中央、国务院历来高度重视高校毕业生的就业问题，明确提出把高校毕业生就业摆在当前就业工作的首位，并制定出台了一整套鼓励毕业生到中西部农村基层服务的政策措施，如"大学生志愿服务西部计划""农村教师特岗计划""选聘高校毕业生到村任职""三支一扶"等，并对到中西部农村基层服务的毕业生给予学费补偿和代偿助学贷款。这些政策是否发挥了作用？对毕业生的流动选择是否产生影响？如何进一步提高政策的针对性和效果？对这些问题的回答仍缺乏强有力的数据和实证研究作为支持。

二　概念界定

人口流动或劳动力的流动是经济学、人口学和社会学研究的重要内容。从经济学的角度看，流动是劳动力市场运行的核心，与劳动力市场调节紧密相关。早在19世纪末，英国学者Ravenstein曾对工业革命以来英国人口迁移的特征进行了系统总结，并从人口学的角度提出了人口迁移七法则③。此后，英国经济学家Hicks在1932年的研究中指出，区域间的经济利益差异，其中主要是工资差异，成为劳动力流动的首要动因。这些都是关于劳动力流动的最早也是最基础的研究。

---

① 钟秋明、文东茅：《高校毕业生就业地域失衡及其对策》，《求索》2007年第9期。
② 孟大虎：《风险条件下的个人选择与大学生就业》，《复旦教育论坛》2005年第1期。
③ Ravenstein E., "The Laws of Migration", *Journal of the Royal Statistical Society*, 1889, 52: 241-301.

劳动力流动在很大程度上受到劳动力市场化程度的影响。在改革开放前的传统计划经济体制下，中国政府通过特定的工资和社会保障制度以及严格的行政控制手段，对劳动力在不同单位、经济部门以及地区之间的流动进行了严格控制。那些通过行政和计划部门批准的居住地转移才能称之为迁移，在这类迁移之外，临时性的区域间、城乡间的人口，都被称为流动人口。随着市场经济体制改革的不断深化，人口跨区迁移的范围和规模有了大幅度的提高，这种迁移一部分反映在户籍登记中，以常住人口的形式存在，还有一部分尽管明显地表现出经济学或人口学的迁移特征，但在统计上仍表现为流动人口①。本书对存在户籍变动的迁移和不存在户籍变动的流动不进行具体区分，都纳入流动的范畴。

劳动力的流动往往伴随着职业或地点的变化，即进入新的职业或进入了新的工作地区。于是，以职业或地点是否发生变化便可以将劳动力流动分为四类（见图3）。其中，横坐标表示工作所在地区是否与流动前相同，纵坐标表示所从事的职业是否与流动前相同，于是劳动力的流动被划分为四类：（Ⅰ）只变换工作而不涉及职业和地点的变化；（Ⅱ）职业变化但地点不变；（Ⅲ）同一职业内的地区间工作变动；（Ⅳ）伴随职业改变的地区迁移。方格Ⅰ表示只更换了工作但职业和工作地都没有发生变化，如某银行雇员从某地的一个支行到另一个支行工作。方格Ⅱ表示的是劳动力职业发生了变化，但工作地没有发生变化，这类流动往往被称为职业流动（Occupational Mobility）。方格Ⅲ是指劳动力从一个城市、地区或国家流动到另一个城市、地区或国家，而流动前后从事的是同一份职业，这类流动被称为地区间流动（Geographic Mobility）。方格Ⅳ则是指劳动力地区间流动的同时也伴随着职业的改变。本书研究的重点是地区间的流动类型，也兼顾讨论了一些职业流动的问题。

关于大学生流动的概念，相关文献并没有提供明确的定义，但均表达了这样一个含义：大学毕业生在由高等教育机构向劳动力市场的

---

① 蔡昉：《人口迁移和流动的成因、趋势与政策》，《中国人口科学》1995年第6期。

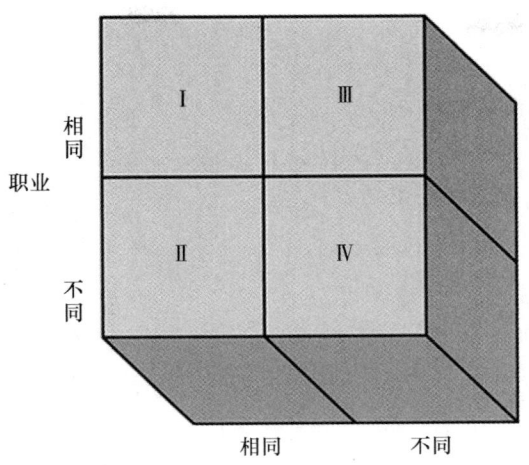

图3 劳动力流动类型

资料来源：McConnell, C. R., Stanley R. B. & David A. M., *Contemporary Labor Economics*, 9th. ed., New York: McGraw-Hill, 2010。

过渡中，如果发生了地理位置上的变化，则认为发生了就业流动；反之，则认为未发生就业流动。同理，在大学生由家乡所在地到高等教育机构的过渡中，如果发生了地理位置的变化，则认为发生了就学流动；反之，则认为未发生就学流动（见图4）。

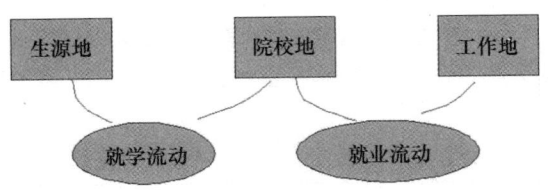

图4 大学生的就学流动和就业流动

资料来源：由《教育部高校毕业生就业调查》数据整理而得。

国内外文献因研究目的的不同，对"地理位置变化"的测量也不尽相同。有的以州为单位，即如果离开本州到其他州就业，则认为发生了就业流动，而在本州内即使发生了地理位置的变化也被认为没有发生流动。有的以郡、学区为单位，或者通过邮政编码的变化来测算发生流动的距离。中国对大学生流动的研究多以省为单位，即研究大学生在省际的流动行为。如果对研究单位进一步细化，还可以将这种流动细化为省内城市间流动以及城乡流动等类型。

在上述定义的基础上，岳昌君和周俊波首次对大学生的流动行为进行分类（见图5）①。图5中的3个圈分别代表大学生的生源所在地、高等院校所在地以及就业所在地，于是，流动行为被分为了三类：（1）跨省就业，即学生就读的大学与毕业后第一个工作单位不在同一个省份（1和2部分）；（2）跨籍就业，即学生的生源地与毕业后第一个工作单位不在同一个省份（1和3部分）；（3）跨籍上学，即学生的生源地与就读的大学不在同一个省份（3和6部分）。

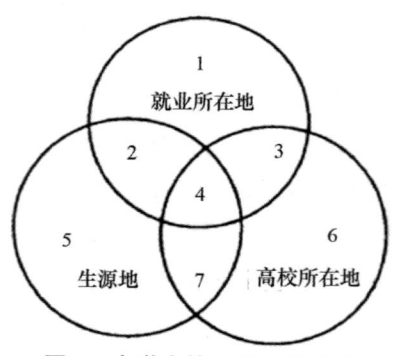

图5　大学生的区域流动类型

资料来源：岳昌君、周俊波：《高校毕业生为何跨省就业》，《清华大学教育研究》2005年第4期。

Faggian 等则将大学生的就学流动与就业流动视为一个连续的过程，并按照是否发生区域的变化将流动分为五类②：（1）不断流动，

---

① 岳昌君、周俊波：《高校毕业生为何跨省就业》，《清华大学教育研究》2005年第4期。
② Faggian, B. A., McCann., P. & Sheppard, "An Analysis of Ethnic Difference in UK Graduate Migration Behavior", *Journal of Regional Science*, 2006, 40: 461–471.

指学生为就读大学从生源地流动到院校所在地，毕业后又从院校所在地流动到生源地和院校地以外的地方就业，共发生了两次流动行为；（2）返回流动，指学生为就读大学而发生了由生源地到院校所在地的流动，毕业后又从院校所在地返回生源地就业；（3）前期流动，指学生由生源地流动到院校所在地就学，毕业后就留在院校所在地就业；（4）后期流动，是指学生留在生源地接受高等教育，而毕业后流动到其他地方就业；（5）不动，指学生在生源所在地就学，毕业后也留在生源地就业，未发生任何流动。五种流动类型的特征、流动次数以及流动路径如表2所示。其中，流动路径中的数字指的是图5中的区域：不断流动，即从生源地5流动到院校地6，再流动到就业地1；返回流动，即从生源地2流动到院校地6，再流回到就业地2；前期流动，即从生源地5流动到院校地3，此后便留在了院校地3就业；后期流动，即在生源地7就读，毕业后则流动到就业地1；最后一类是不动，即始终在生源地4就学和就业，没有发生任何流动行为。

表2　　　　　　　　　大学毕业生的流动类型

流动	A 不断流动者	B 返回流动者	C 前期流动者	D 后期流动者	E 不动者
从家乡到院校地是否发生了就学流动	是	是	是	否	否
从院校地到工作地是否发生了就业流动	是	是（返回家乡）	否	是	否
流动次数	2	2	1	1	0
流动路径	5—6—1	2—6—2	5—3	7—1	4

资料来源：由《教育部高校毕业生就业调查》数据整理而得。

这一分类方法不是把就学流动或就业流动看作孤立的行为，而是将两者结合起来作为一个连续的过程来分析，充分地考虑了前期流动对后期流动的影响，也更为真实地还原了大学生的流动状态。本书也将在其后的章节中参照这一分类方法来研究中国大学生的区域流动行为。

在分析劳动力流动与大学生流动的基础上，我们不难发现大学生流动较一般劳动力流动的一些特殊性。首先，从流动的目的来看。经济学视角的研究认为，个体进行任何决策都遵循效用最大化的原则。尽管如此，但一般劳动力和大学生发生流动的目的却不尽相同。一般劳动力之所以在劳动力市场内部发生流动，是因为在流入地的新工作能比流出地的旧工作带来更多的收益①。毕业生的流动行为按其目的可以分为两类，以接受高等教育为目的而发生的跨区域流动和以寻求工作机会为目的而发生的跨区域流动。流动目的的差异，决定了个体在进行流动选择时所考虑到的影响因素的差异。大学生在进行流动选择时，不仅会考虑各地区的经济发展水平以及工作机会，还会受各地区高等教育机会的资源分布状况等因素的影响。

其次，从流动的环境来看。不同学历、不同专业的毕业生，在由高校向劳动力市场过渡的过程中，所面临的就业流动环境有很大不同。对于高学历毕业生和紧缺专业的本科生，部分流出地限制学生到外地就业，而流入地则为这些毕业生提供落户便利。对于各地普遍过剩的专科生，流出地的态度是允许甚至鼓励流动，而流入地则往往加以限制②。就业环境的差异是影响流动行为的重要外因，会在大学生进行流动决策上发挥一定的影响作用。

最后，从流动发生的时间来看。一般劳动力的区域流动可以发生在一年当中的任何时间，是自发而零散的。相比较而言，大学生区域流动的发生时间则非常集中。其中，就学流动发生在每年9月的入学时间，而就业流动则发生在每年7月毕业离校的时候。这种大规模的集中流动，代表了地区间人力资本的大规模集中流动，不仅会影响整个劳动力市场的劳动力资源配置，还会因人力资本的外溢作用而对地区产生重要影响。

---

① Sjaastad, L. A., "The Costs and Returns of Human Migration", *Journal of Political Economy*, 1962, 70: 80–93.

② 岳昌君、周俊波：《高校毕业生为何跨省就业》，《清华大学教育研究》2005年第4期。

三 理论基础

(一) 人力资本理论:流动是一种重要的投资手段

人力资本理论是教育经济学的基础理论,它将教育和培训看作人力资本投资的重要方式,并认为可以通过这种投资提高劳动生产力,进而增加劳动者的收入。个人和家庭因变换就业机会的流动或迁移也被认为是人力资本投资的重要手段之一,这种流动不仅会提高劳动生产力,进而提高收入,还与人力资本投资的其他方式(如教育和培训)之间有着千丝万缕的联系。人力资本理论对劳动力流动的解释体现在以下几个方面[①]。

当个人或家庭能够通过流动到一个新的地方来改善其生活状况时,就会倾向于发生流动行为。流动所发生的成本具有在人力资本上进行自我投资的性质,流动到新的地方之后所获得的金钱和非金钱性的收益即代表未来的利润。从投资的角度来看,年轻人具有较长的未来时期,能够在这段时间内使自己的投资得到补偿,因此流动的可能性更大。

受过良好教育的劳动者通常能更全面地了解各地的就业机遇和工作机会,更好地估计自身的能力、与某项职业的匹配以及流动所需发生的费用等,因此他们的流动行为会比受教育较少的劳动者具有更多的收益。

在一个国家内各个地区经济的增长会呈现不平衡趋势,实际工资也大不相同,流动可以调整这些工资方面的不平等。在停滞的、传统的经济体系中,流动的经济作用十分微小,但是在经济和人口都在不断增长的地方,这种作用却非常重要。

舒尔茨将流动看作一种可以在长期内得到经济补偿的投资,这为之后研究劳动力流动打开了一种崭新的思路,很多学者对劳动力流动的研究都是在人力资本理论框架下进行的探索和尝试。其中,第一位

---

① Schultz, T. W., "Investment in Human Capital", *American Economic Review*, 1961 (3): 1–17.

将人力资本理论正式应用于研究劳动力流动且产生深远影响的是新古典主义经济学家 Sjaastad，他在 1962 年发表于《政治经济学》上的文章提出，流动是一种具有成本和收益的资源配置方式。流动所引发的成本包括：因流动而需额外负担的交通费、食宿等金钱损失，因寻找、适应新工作而损失的部分机会成本，以及因离开家人、朋友等熟悉的环境而引发的心理成本。流动所能产生的收益包括：名义工资的增加、工作成本的降低、物价的下降等经济收益，以及个体对流动的满意程度等非经济收益。在成本—收益的框架下，个体进行流动决策的关键就在于因流动而增加的预期收益的现值是否超过流动所引发的成本的现值。如果预期收益增加值的现值超过流动的投资成本的现值，人们就会选择流动；反之，人们便认为流动是不值得的。流动净现值的表达公式①如下：

$$V_P = \sum_{n=1}^{N} \frac{E_2 - E_1}{(1+i)^n} - \sum_{n=1}^{N} \frac{C}{(1+i)^n} - Z \tag{1}$$

其中，V_P 为净收益的现值；E_2 为第 n 年在新的工作地所获得的报酬；E_1 为第 n 年在旧工作地所获得的报酬；N 为在新工作地工作的预期时间；i 为利率（贴现率）；n 为成本和收益增长的年份；C 为在第 n 年由于流动所带来的直接和间接成本；Z 为流动的净心理成本（心理成本扣除心理收益）。如果 $V_P > 0$，则意味着预期收益超过货币和心理成本之和，个人就会选择流动。反之，如果 $V_P < 0$，则个人会选择不流动。一般来说，在其他条件相同时，流动起始两地间的平均收入差距，差距越大（$E_2 - E_1$），净收益现值越高（V_P），个人就越有可能发生流动；流动所带来的经济成本（C）和心理成本（Z）越高，净收益现值越低（V_P），个人流动的可能性就越小。

Sjaastad 这一具有开创性的研究为后人的相关研究提供了一种新的研究思路和有效的研究工具，也为解释劳动力流动的原因及其影响提供了一个清晰的分析框架，此后一些学者在人力资本理论的分析框架下，通过建立流动方程来分析影响流动决策的因素以及因流动而引

---

① McConnell, C. R., Stanley R. B. & David A. M., *Contemporary Labor Economics*, 9th. ed., New York: McGraw-Hill, 2010.

发的收益，均证实了流动的积极影响——那些发生了流动行为的劳动者的收入要显著高于未发生流动的劳动者——流动是一种将劳动力配置到更高收入地区的资源配置方式。

尽管人力资本理论对流动行为具有较强的解释力，但也遭遇到一些挑战。按照人力资本理论进行推论，劳动力应该一致地由经济收入较低的地区流向经济收入较高的地区，因为两地之间的收入差距是促使发生流动行为的重要原因。而事实却是，仍然有相当数量的劳动力由经济发达地区流向经济欠发达地区。人力资本理论将这种"逆向"流动解释为相同职业在不同地区的收益差异以及信息的不完全，然而，研究发现，这种逆向流动中有相当比例的劳动力都是返回流动者，即曾经发生过由经济欠发达地区向经济发达地区的流动，而现在又从经济发达地区流回了经济欠发达地区就业。以美国为例，流动者中一年内重新回到原来工作地区的可能性是13%①。这种"返回流动者"应该比较了解两地的经济特征以及各类职业的地区收益率，因此所谓的信息不完全和相同职业者不同地区的不同收益，似乎无法很好地解释这一现象。由此看来，人力资本理论并非解释劳动力地区流动的万能理论，仍需其他理论的补充来解释劳动力不同类型的流动。

（二）预期收入差距理论：对两地收入差异的预期决定了流动决策

20世纪60年代末，美国发展经济学家托达罗提出了预期收入差距模型，解释了城市大批失业人口的存在与农村劳动力相继涌向城市的现象②。该模型认为，发展中国家农村劳动力向城市迁移取决于两个因素：一是城乡劳动者实际收入的差别，二是农村劳动力在城市中找到工作的可能性。也就是说，决定城乡劳动力迁移的根本因素是城乡间的预期收入差异，而非实际收入差异。托达罗模型可以用公式表述如下：

---

① Da Vanzo J., "Repeat Migration in the Unitedt States: Who moves Back and Who Moves On?", *Review of Economics and Statistics*, 1983, 65: 552-559.

② Todaro, M. P., "A model of Labor Migration and Urban Unemployment in Less Development Countries", *American Economic Review*, 1969, 69: 486-499.

$$M = f(d) = f(\omega \times \pi - \gamma)(f' > 0) \quad (2)$$

其中，M 表示从农村迁入城市的人口数目，d 表示城乡预期收入差距，ω 表示城市平均实际收入，γ 表示农村平均实际收入，π 表示就业概率，$f'>0$ 表示人口流动是预期收入差距的增函数，即预期收入差距越大，流动的可能性及流动的规模就越大。

如果将托达罗模型的应用范围扩展到城乡流动之外，那么就应该在式（2）中加入流出地的就业概率 π，也就是说，劳动力在地区之间的流动情况，不仅取决于两地的收入水平，还取决于在流入地和流出地找到工作的概率。因此，式（2）便可以改写成：

$$M = f(d) = f(\omega \times \pi - \gamma \times \pi)(f' > 0) \quad (3)$$

托达罗模型为大学毕业生的区域流动提供了两种解释思路。第一，大学生在由高等院校向劳动力市场过渡的过程中，在面临是否流动以及流向何方的选择时，不仅考虑各地区之间的收入差距，还会考虑其在各地区找到工作的概率。第二，发达地区较落后地区的工资水平较高，但由于经济发达地区的工作竞争相对激烈，因此，失业的概率相对较大；而欠发达地区的工资水平尽管相对较低，但由于竞争压力小，找到工作的概率就大。因此会有大学生做出由经济发达地区流入经济落后地区的决策，这为"逃离北上广""返乡就业""基层就业"等现象提供了有力解释。

托达罗模型是针对发展中国家的劳动力流动而提出的，尽管一些学者认为该模型存在一定的缺陷，不完全适合中国劳动力流动的现实情况，但绝大多数学者则充分肯定了托达罗模型的合理之处，将其视为解释区域劳动力流动尤其是农村劳动力向城市转移的经典模型，并在此基础上进行了适当修正。如有学者提出，托达罗模型还应将工作目的地的生活费用纳入其中，因为生活费水平高低决定了预期收入的高低，这也会在很大程度上决定流动决策的制定。

人力资本理论和预期收入差距理论均是从劳动力的供给方——劳动力角度提出的，且多偏重于对经济因素的考察，还有一种理论侧重从劳动力的需求方——劳动力市场特征以及制度因素的考察，并与前两类理论互为补充，这就是经典的劳动力市场分割理论。

(三) 劳动力市场分割理论:"无业可就"与"有业不就"

劳动力市场分割理论[①]起源于 20 世纪 70 年代,它的诞生主要源于人力资本理论在解释收入不平等等问题时遭遇了挑战。该理论认为,由于市场竞争的不充分以及劳动力在不同职业和领域存在的不平等,劳动力在劳动力市场中的流动非常困难,甚至是完全不可能的,即存在着某种程度的分割。劳动力市场分割理论的发展经历了一个不断完善的过程,从工作竞争理论到二元劳动力市场分割理论,再到激进的劳动力市场分割理论。而在庞大的理论体系中,居于主导地位的是二元结构学派。

二元劳动力市场分割理论认为,现实中的劳动力市场被分割成两个非竞争性部门:主要劳动力市场和次要劳动力市场。其中,主要劳动力市场是指大公司和政府部门所提供的工作,收入高、工作稳定、工作条件好、培训和晋升机会多;而次要劳动力市场主要是由小企业、小公司提供的工作岗位,收入低、工作不稳定、工作条件差、培训机会少、缺乏晋升机会。次要劳动力市场中的劳动者对自己的工作并不满意,但其在次要劳动力市场中的行为特征使其无法直接进入主要劳动力市场。主要劳动力市场中的劳动者则由于两个市场在工作条件以及收入等方面的差异,也不愿意进入次要劳动力市场,加之一旦进入次要劳动力市场将很难重返主要劳动力市场,因而宁愿选择失业也不愿意到次要劳动力市场就业。这种因存在分割性收益而造成的劳动力市场的分割性,使得主要劳动力市场就业压力大、竞争激烈,甚至存在劳动力的供大于求,而次要劳动力市场却人才供给不足。

劳动力市场分割理论对于大学生流动行为的启示在于:它不仅解释了大学生就学和就业流动方向的原因,还解释了大学毕业生自愿失业的原因。根据劳动力市场分割理论,劳动力市场在城乡、地域、行业以及职业之间的严重分割,会大大增加劳动者在劳动力市场中流动的障碍和成本,一旦进入次要劳动力市场后就很难再流入主要劳动

---

① Doeringer, P. B., Piore, M. J., *Internal Labor Markets and Manpower Analysis*, Revised Edition, New York: M. E. Sharpe, Inc, 1971.

市场。于是，对于初次就业的毕业生来说，宁愿暂时失业也要想方设法进入主要劳动力市场成为主流的就业趋势。随着高校毕业生人数的逐年剧增，那些收益较高的地区就业竞争日益加剧，甚至无法提供满足毕业生需求的就业机会，而经济欠发达地区和基层农村尽管存在需求缺口，但考虑到今后重返城市或发达地区的机会渺茫，毕业生仍不愿问津。

（四）推拉理论：流动受推力和拉力的共同作用

高校毕业生的流动从广义上来讲，也是人口迁移的一种特殊形式，因此，除了从劳动力供给方和需求方入手研究流动问题，还可以借鉴人口迁移的相关理论。从经济学的角度看，流动是劳动力市场运行的核心，与劳动力市场调节紧密相关。19世纪末，Ravenstein对工业革命以来英国人口迁移的特征进行了系统总结，并从人口学的角度提出了人口迁移七法则，如女性的流动率高于男性，长距离的流动基本上是向大城市的流动，每一次大的人口迁移也带来了作为补偿的反向流动等[①]。这些研究被认为是研究人口迁移的起源，为后人研究人口的迁移和流动奠定了重要的基础。

人口迁移的推拉理论（Push and Pull Theory）是研究流动人口和移民的最具影响的理论之一，最早由Bogue[②]提出。他认为，人口迁移和流动是在流入地的"拉力"和流出地的"推力"的共同作用下产生的。在人口流出地，起主导作用的"推力"因素包括农村劳动力过剩、较低的经济收入水平等；而在人口流入地，起主导作用的"拉力"因素则包括更多的就业机会、更好的教育和卫生设施等。事实上，在流出地存在"推力"的同时，也存在一定的"拉力"因素，如生活习惯、气候条件等，只不过相比"拉力"，"推力"占主导地位。同样，流入地也存在抑制人口流动"推力"因素，比如就业歧视、激烈的竞争环境等。

[①] Ravenstein, E., "The Laws of Migration", *Journal of the Royal Statistical Society*, 1889, 52: 241–301.

[②] D. J. Bogue, *Principles of Demography*, New York, Wiley, 1969, pp. Xiii, 917.

在推拉理论提出后，很多学者利用这一理论来分析人口迁移问题，并不断地对该理论进行一些修正。比如有学者在"拉力"和"推力"之外又补充了第三个因素：中间障碍因素，主要包括距离远近、物质障碍、语言文化的差异，以及移民本人对于以上这些因素的价值判断。人口流动是这三个因素综合作用的结果。

随着家庭规模的扩大，流动的潜在成本也在成倍增加[①]。不难推测，在年龄、教育背景等其他因素相同的情况下，单身劳动力比已婚劳动力的流动成本更低，流动的可能性更大；而已婚的劳动者当中，若配偶不工作或工资收入较低，则流动的成本相对较低，流动的概率也相对较高。此外，是否有正在读书的孩子也会影响流动的心理成本和经济成本，从而影响流动的可能性。与家庭流动决策相关的实证研究验证了这些推测：（1）未婚人口较已婚人口流动的可能性更大；（2）配偶（主要指妻子）的工作年限越长，家庭流动的可能性越小；（3）家庭中有学龄孩子会降低流动的可能性[②]。

（五）小结：理论述评

以上四种理论尽管研究视角互不相同，但都为解释大学生为何流动、如何流动以及流动的影响提供了有益的解释。其中，人力资本理论是最具解释力的研究视角。它将流动视为一种人力资本投资方式，并将流动的决策过程纳入成本—收益的分析框架中，认为只有当流动所带来的收益现值大于因流动所发生的全部成本时，个体才可能选择流动。这一理论可以很好地解释大学毕业生为就业所发生的流动行为：大学生在毕业时，是选择留在院校地就业，还是返回家乡，抑或继续流动到其他地区，取决于流动是否能带来超过成本的额外收益。相比较而言，继续流动所产生的成本最高，因为留在院校地和返回家乡的心理成本会相对较小，生活成本也可能相对较小，于是，那些选

---

① McConnell, C. R., Stanley R. B. & David A. M., *Contemporary Labor Economics*, 9th. ed., New York: McGraw-Hill, 2010.

② Mincer. J., "Family Migration Decisions", *Journal of Political Economy*, 1978 (10): 749–774; Costa, L. C. & Kahn, M. E., "Power Couples: Changes in the Locational Choice of the College Educated, 1940–1990", *Quarterly of Journal of Economics*, 2000: 1287–1315.

择继续流动的学生必然是能够通过流动获得超出各类成本的更多收益;而那些选择留在院校地和返回家乡的学生,则是认为继续流动收益无法弥补所产生的各类成本。

人力资本理论还能解释大学生在入学选择时的流动行为。尽管就学流动是为了追求更高受教育水平而进行的流动选择,但其最终目的还是为了通过这种流动和接受这类教育来增加未来的收入,从这个角度来说,可以将其看作一种人力资本投资的方式。是否选择异地就学,取决于是否能够通过流向异地来获得未来可能带来更多收入的教育,如果预期未来收益能够弥补到外地就学所产生的交通费用、通信费用等各类成本,即学生认为就学流动"有利可图",便可能选择到外地就读大学;反之,则选择留在当地就学。人力资本理论除了解释流动的原因之外,还能解释学生流动所能带来的影响。既然流动的目的是为了获得更高的预期收入,那么流动的群体基本上代表了一个积极选择的群体,流动可以给个体的未来收入带来的积极影响,此外,从地区的层次来说,因为流动使得个体流动到更高回报的地区,也就带来了人力资源更为有效的配置。

预期收入差距理论的视角,同样能较好地解释大学生就学和就业流动的动机,还弥补了人力资本理论在"逆向"流动现象上的缺陷。在经济学效用最大化的研究框架下,地区间的收入差距是影响流动决策的重要因素,但是,并非所有个体都能通过流动来获得这种收入差距,因为个体特征的差异会导致在不同地区获得工作的可能性的差异以及获得工资水平的差异。因此,个体在选择流动时,便会考虑因流动所能获得的额外收益的可能性,也就是流动到新地区获得工作的可能性。于是,个体在各地区的预期收入就是当地的实际工资收入乘以在各地找到工作的概率。当个体对新地区的预期收入高于所在地的预期收入时,就有可能发生跨地区流动。对于"逆向"流动的学生个体来说,之所以从经济较发达地区流向经济欠发达地区,是因为在经济欠发达地区获得工作的可能性较大,尽管在经济较发达地区的平均工资收入水平相对较高,但找到工作的概率较小,也不能实现更高的预期收入。

除此之外,预期收入差距理论也能较好地解释大学生的就学流动选择。个体在进行入学选择时，不仅会考虑各地区高等教育资源的规模、层次、质量以及与自身成绩和兴趣的匹配，还会考虑被各地区院校录取的可能性。于是，两个地区就学的预期效用之差就是影响大学生是否选择就学流动的重要影响：当流入地的预期效用大于流出地的预期效用时，个体就有可能发生就学流动；反之，则选择留在当地就学。

劳动力市场分割的理论视角，是从劳动力市场自身特征出发的理论，它不仅能够解释大学生自愿失业的现象，也能较好地解释大学毕业生流动方向高度一致的原因。由于劳动力市场分割的存在，劳动力在主要劳动力市场和次要劳动力市场之间的自由流动遇到很大障碍，一旦进入次要劳动力市场，就很难再重返主要劳动力市场。而主、次要劳动力市场由于在收入水平、工作环境、未来发展等方面存在显著的差异，导致劳动力对主要劳动力市场的高度偏好。已有研究证明了国内的劳动力市场也存在着一定程度的分割，于是，对初次择业的大学生来说，积极进入主要劳动力市场的地区、行业和职业，就成为就业的首选，这也就是大学毕业生就业流动方向高度一致的原因。另外，由于主要劳动力市场的容纳范围有限，且近年来大学毕业生的规模逐年增加，大学生在择业上的相对优势有所下降，于是，便有一部分毕业生不能在毕业时顺利进入主要劳动力市场就业。如果选择进入次要劳动力市场，那么由于市场分割的存在，将来可能很难再重返主要劳动力市场，出于这种考虑，一部分大学生就选择自愿失业从而进一步寻求进入主要劳动力市场就业的机会。

与预期收入差距理论相比，劳动力市场分割理论在解释毕业生流动动机时存在着一定的差异。预期收入差距理论认为，个体在进行流动选择时会充分考虑在各地区找到工作的概率，一个平均收入很高但很难找到就业机会的地区，与另一个平均收入较低但就业概率很大的地区，在权衡预期收入的差距后，个体可能会选择进入后一个地区，因为后者的预期收入更高。但从劳动力市场分割理论出发的个体，则有可能因担心日后不能再重返前一个地区，从而不顾失业风险积极努力进入前一个地区。这两种理论的解释，尽管可能会造成选择结果的不同，但各自代表了一定的群体。个体究竟如何选择，不仅会受个体特征的影响，还会受劳动力市场特征的影响。

推拉理论可以有效帮助我们理解影响高校毕业生流动的地区因素，从推拉理论的视角来看，高校毕业生在流入地的拉力和流出地的推力的共同作用下做出就学流动和就业流动的决策。流出地农村劳动力过剩、较低的经济收入水平，以及流入地更多的就业机会、更好的教育和卫生设施会促进毕业生发生合理的流动。当流入地的拉力和流出地的推力作用大于流出地舒适的生活习惯、气候条件，流入地激烈的竞争环境、就业歧视等成本时，毕业生则会选择发生就学和就业流动。

因此，总的来说，以上四个理论互为补充，为解释大学生的区域流动行为提供了较为全面而深入的分析框架。

四 研究数据

本书所使用的数据包括以下几个部分。

第一部分数据是北京大学教育学院分别于 2003 年、2005 年、2007 年、2009 年、2011 年、2013 年、2015 年和 2017 年进行的全国毕业生就业抽样调查数据。从 2003 年开始，北京大学教育学院教育经济研究所每隔一年对全国高校毕业生的就业状况进行问卷调查。调查对象是当年的应届毕业生，调查时间是当年的 6 月。每次调查都参照中国高等教育的地区结构、学校类型结构、学历结构、专业结构、性别结构等进行抽样，调查样本具有较好的代表性。在发放问卷时，对每所抽样高校根据毕业生学科门类和学历层次按一定比例发放 500—1000 份问卷，每所高校调查数据并不能代表该校的毕业生总体，但是对全部调查高校的汇总数据作为全国高校毕业生的样本具有代表性。调查的主要内容包括学生的背景信息（包括性别、民族、受教育水平、所在院校类型、家庭收入、父母受教育情况、家庭社会关系等）以及就业信息（目前的就业状况、就业单位的性质、就业单位所在地、工资起薪等）。

这 8 次调查的数据具有很好的时间代表性。第一，样本包含了 2003—2017 年的高校学生信息。由于 2003 年的本科毕业生是 1999 年入学的，2017年两年制的专科生和硕士生是2015年入学的，因此样本数据包含了1999—2015年入学的学生信息。第二，1999年开始高校扩招，实际上只有1999—2005年的扩招速度达到两位数，2006年之后都是以个位数的速度增长，而1999—2005年扩招入学的本科生于2003—2009年毕业，因此样本数据包含了大幅度扩招后进入高校的学生信息。第三，2001—2010年，中国GDP的年均增速高达10.5%，是改革开放以来发展最快的时期。2001年中国人均GDP自中华人民共和国成立以来首次超过了1000美元，之后经济发展进入了起飞阶段，2006年人均GDP超过2000美元，2008年超过3000美元，2010年超过4000美元，在这一年中国超过德国成为世界第一出口大国，超过日本成为世界第二大经济体。第四，2010—2017年，中国经济发展逐渐呈现出"新常态"，表现为经济增长从高速转为中高速，产业结构优化升级，经济增长模式从要素驱动转向创新驱动。在经济增长上，2015年是中国"十二五"规划的收官之年，经济增长速度出现新低，仅为6.9%。这一数字不仅是"十二五"期间最低的，也是1991年以来最低的。从产业结构来看，第一产业增加值的比重不断下降，第三产业增加值的比重不断上升，2012年第三产业的占比首次超过第二产业，成为占比最大的产业。2015年又是特殊的一年，第三产业在国内生产总值中的占比首次超过半壁江山，达到50.5%，成为拉动中国经济增长的重要源泉。从驱动要素来看，劳动力成本持续上升，大量资金游离在实体经济之外，创新驱动不再是经济发展的一种选择，而是不得不面临的现实和挑战。

  2003—2017年既是高等教育规模和毕业生总量迅速扩张的重要阶段，也是中国经济腾飞和经济结构调整升级的关键时期，对这一时期高校毕业生的就业状况和变化趋势进行分析，对于实施更加积极的就业政策、创造更多适合大学生的就业岗位、提高就业质量，具有重要的现实意义①。

  表3呈现了8次调查的样本数据说明。在问卷调查实施过程中，

---

① 岳昌君、周丽萍：《中国高校毕业生就业趋势分析：2003—2017年》，《北京大学教育评论》2018年第1期。

抽样中的个别高职院校由于某些特殊原因未能完成调查,使得样本中的学历结构波动较大。

表3 全国毕业生就业调查数据

类别	2003年	2005年	2007年	2009年	2011年	2013年	2015年	2017年
东部高校（所）	16	14	17	21	10	11	14	15
中部高校（所）	8	9	9	5	9	8	8	9
西部高校（所）	21	11	2	3	11	11	7	9
"985工程"院校（所）	4	5	3	3	3	5	4	5
"211工程"院校（所）	8	4	1	6	4	4	5	5
一般本科院校（所）	16	19	11	14	9	9	11	11
高职大专院校（所）	15	3	8	5	7	7	5	9
民办高校（所）	2	1	3	0	4	2	1	2
独立学院（所）	0	2	2	1	3	3	3	1
专科生（%）	39.3	16.6	38.5	26.3	38.9	21.3	20.5	27.9
本科生（%）	57.0	78.5	53.9	61.9	55.3	69.3	66.7	62.8
硕士生（%）	3.0	4.1	6.6	11.2	5.5	8.9	11.5	8.5
博士生（%）	0.6	0.7	1.0	0.6	0.3	0.5	1.2	0.8
男性（%）	57.9	56.7	54.6	53.6	49.1	52.8	49.8	50.0
女性（%）	42.1	43.3	45.4	46.4	50.9	47.2	50.2	50.0
样本学校数（所）	45	34	28	29	30	30	29	33
样本学生数（人）	18723	21220	16388	21753	19768	15928	15421	18076

注：删除了样本量过小的被调查学校。

由于本书主要分析大学生的流动，因此主要聚焦在那些已经就业的学生群体，8次调查中已就业学生的学历和性别分布如表4所示。

表4 已就业学生数据情况

类别	2003年	2005年	2007年	2009年	2011年	2013年	2015年	2017年
专科生（%）	22.2	17.5	43.5	31.6	48.1	27.1	26.51	36.37
本科生（%）	72.5	76.7	48.2	54.1	45.5	60.0	58.82	52.82
硕士生（%）	4.3	5.0	7.0	13.5	6.2	12.3	13.37	10.02
博士生（%）	0.9	0.8	1.3	0.8	0.2	0.5	1.30	0.78
男性（%）	64.4	60.7	58.2	58.9	50.7	57.4	51.52	52.23
女性（%）	35.6	39.3	41.8	41.1	49.3	42.6	48.48	47.77
样本学生数（人）	7918	11477	8717	9802	10980	8610	9006	10502

第二部分数据为全国高校上报教育部的就业调查数据，该数据的特点是涵盖了2008年全体毕业生的受教育状况和就业基本信息，对其进行分析可以了解全体毕业生的就业及就学流动状况，但缺点是变量较少，无法进行深入细致的分析。

第三部分是麦可思公司于2010年完成的对2009年毕业生毕业半年后的调查数据。抽样50万人，回收问卷24.5万份，其中有效问卷22万份，涵盖了"211工程"院校、非"211工程"院校、高职高专院校的应届毕业生。本书依据此调查数据，删除了样本中的高职高专学生以及缺乏关键信息的个体，最后筛选出78756个本科生样本。

第四部分是2016年面向北京大学在校学生发放在线问卷数据，回收了300份有效问卷，其中男性占46.2%，女性占53.8%，本科生占34.9%，硕士生占44.9%，博士生占20.3%。这部分数据主要用于在第六章中分析大学生群体的留京意愿。

第五部分是访谈数据。为了了解大学生留京意愿的产生机制，一共访问了10名北京大学在校学生，表5展示了受访者多样化的学部、年级、生源地来源。

表5　　　　　　　　受访者基本信息及就业地选择

受访者编号	所属学部	性别	年级	生源地	就业地选择
01	社会科学学部	男	研一	江苏（县）	犹豫
02	理学部	男	大三	上海市	回家
03	信息与工程科学部	男	研一	浙江（省会）	犹豫
04	理学部	女	直博	山东（地级市）	回家
05	医学部	男	大五	湖南（地级市）	犹豫→回家
06	信息与工程科学部	女	研三	吉林（地级市）	长期留京
07	社会科学学部	男	博二	云南（地级市）	短期留京
08	人文学部	女	大四	四川（地级市）	短期留京
09	理学部	男	研三	安徽（省会）	长期留京
10	社会科学学部	女	研一	河南（地级市）	留京→其他一线城市

在分析地区间流动时，本书沿用中国区域经济划分方法将中国31

个省（直辖市、自治区）划分为东、中、西三部分，其中：东部地区包括北京、天津、上海、河北、辽宁、江苏、浙江、福建、山东、广东和海南；中部地区包括山西、吉林、黑龙江、安徽、江西、河南、湖北和湖南；西部地区包括内蒙古、广西、重庆、四川、贵州、云南、西藏、陕西、甘肃、青海、宁夏和新疆。

五　篇章结构

本书的前三章利用全国高校毕业生的普查数据分析毕业生从就学到就业的系列流动行为特点。

第一章首先分析了中国高等教育资源的区域分布特点，并由此分析因高等教育资源在质量、层次、类型等方面的区域分布特点所引发的大学生的就学流动特点。其次，从地区层次入手，关注高等教育资源分布外的其他地区特征，如经济发展水平、生活费成本、失业率等因素对大学生区域流动规模和比例的影响。最后，从个人层次入手，分析跨省就学和省内就学大学生的特征差异。

第二章重点关注大学毕业生的就业流动行为。首先分析了毕业生的就业地区偏好和就业地的分布特征，其次分别从跨省就业流动和跨籍就业流动两个方面介绍毕业生的就业流动选择，最后从劳动力市场分割的角度分析了毕业生的城乡、部门、职业流动选择。

在分别介绍就学流动与就业流动特点之后，第三章将就学流动和就业流动联系起来视为一个连续的流动行为，呈现高校毕业生由生源地到院校地再到就业地的系列流动行为，总结大学毕业生就学—就业的流动模式，并揭示毕业生的就业地选择与生源地、院校地之间的关系。

本书第四章、第五章和第六章从与流动相关的社会热点问题，即相关政策入手，关注返乡流动、基层就业以及逃离"北上广"三种特殊的流动行为，探究行为背后的机制和原因，并试图从政策评价的角度探讨如何缓解高校毕业生的就业难问题。

其中，第四章呈现了中国大学毕业生返乡就业的特点、趋势、去向，通过建立计量模型研究返乡就业的影响因素，探讨返乡就业决策的性别差异，以及重点高校毕业生返乡就业的决策机制。

第五章首先梳理了从中央到地方基层就业政策的演变历程，并分别总结了中央和地方基层就业的特点；接下来分析在此政策背景下中国大学毕业生基层就业的比例、趋势以及群体差异，以及在不同基层就业政策下，毕业生基层就业行为的差异。

第六章首先分析了高校毕业生落户北京的政策背景下大学生的留京选择，并通过建立计量回归模型分析落户北京的大学生群体特征；然后选取某重点大学作为分析对象，通过访谈细致深入地分析重点高校大学生的留京意愿及决策机制。

第七章和第八章分别从收入和工作匹配两方面来梳理流动的经济收益和非经济收益。第七章绘制了分学历的流动收入曲线，并采用工具变量的方法消除内生性，客观、准确地估计就学流动与就业流动的收入效应。第八章从学历匹配、专业匹配、预期匹配三个方面刻画工作匹配，采用计量模型分析流动对工作匹配的影响，并分析了匹配的工资溢价以及对不同群体的作用的异质性。

第九章和第十章则超越地区流动的范畴，从社会公平的角度探索职业和地区两方面的代际流动状况。第九章重点关注大学毕业生与父辈之间的职业代际流动，从体制内单位这一特殊职业类型切入，验证了体制内单位的代际传递现象，并结合教育、家庭、在校表现、求职渠道等因素分析了体制内单位代际传递的机制。第十章关注大学毕业生的地区级别代际流动，即相对父辈就业所在地级别的纵向流动，呈现了地区代际流动的方向、比率和级别，以及不同学历毕业生在地区代际流动方面的差异。最后结合计量模型分别分析了生源地到院校地以及生源地到就业地的地区代际流动的影响因素。

第一章　就学流动

一　中国高等教育资源的区域分布特征

在当今知识经济迅猛发展的国际环境下，高等教育资源越来越成为一国或一个地区的核心竞争力。高等院校存在与否以及以何种形式存在，会对社会、文化、科技以及经济发展水平产生直接影响。如何将高等教育资源合理有效地配置到不同经济发展水平的地区，使之更好地服务于当地经济发展以及国家发展战略，是亟待解决的重要课题。高校作为人们接受高等教育的机构和场所，它们分布在哪里，学生就会为接受教育而在哪里聚集。如果本地的高等教育资源无法满足需要，就会发生为就学而产生的流动迁移。因此，从理论上来说，大学生地区间的就学流动选择，会在很大程度上受高等教育资源地区分布的影响。

中国高等院校的布局在很大程度上取决于历史原因。中华人民共和国成立前，大学主要分布于北京、上海、广州等文化名城或具有显赫地位的中心城市①。中华人民共和国成立后，大部分大学几乎原封不动地保留了下来。同时，政府又在各大行政区的领导机关所在地，如华北的京津、华东的沪宁、东北的沈阳新增一些高等院校，这对后来国内高等教育高度集中分布的格局产生了很大的影响②。关于高等院校区域布局的研究由来已久，但近年来才逐渐丰

---

① 薛颖慧、薛澜：《试析我国高等教育的空间分布特点》，《高等教育研究》2002年第4期。
② 侯龙龙、薛澜、黄沛：《我国地方高等院校空间分布研究——对三个案例省份的考察》，《北京师范大学学报》（社会科学版）2008年第3期。

富起来。总的来说，研究结论分为两类：一类认为高等教育规模在东中西三大区域的不平衡性明显[1]，尤其是一些经济相对落后的省份负担了庞大的高等教育规模，如陕西、湖北，而一些经济发达的省份所负担的高等教育规模却很小，如广东、浙江[2]。另一类则认为高等教育资源分布在东、西部地区，且不存在明显的分布不均衡，不均衡性主要体现在省内：高等教育在一些经济发展相对滞后的省会城市聚集过多，而在地级市的分布密度过低[3]。

在分析大学生的就学流动前，有必要先了解一下目前中国大学生在全国各个省份的分布情况，这也反映了目前高等教育资源在各个省份的布局情况。从东、中、西三大区域来看，基本符合东部最高、中部次之而西部最低的情况。位于西部地区的 12 个省（直辖市、自治区）培养的大学毕业生仅占全国大学生的 20%。中部地区和东部地区培养的大学毕业生比例分别占全国大学生的 45.1% 和 34.7%。

从区域内的各个省份来看，西部地区的新疆、宁夏、西藏和青海四省所培养的毕业生比例最低，均不足全国毕业生总人数的 0.5%；其次是新疆、甘肃、贵州和云南；而四川和陕西在西部地区中的比例遥遥领先，两省所培养的毕业生总数超过全国毕业生的 9.0%。中部地区的江西、河南、湖北和湖南培养的毕业生比例相对较高，湖北省高校的大学生比例占全国大学生的 7.5%，而最低的吉林省，仅有 2.3%。培养大学生人数最多的东部地区中，仅山东和江苏两个沿海省份培养的大学生就超过了全国大学生的 15%，位居其次的是河北、广东等省，比例最低的海南，仅有 0.4%。这说明，从规模上来说，中国的高等教育资源在东部和中部集中的特点比较突出，西部地区的个别省份也培养了较多的大学生，但是新疆、西藏、青海等省份所培

---

① 罗明东：《中国教育发展地域性不平衡的地理学分析》，《云南师范大学学报》1998 年第 4 期；潘璐璐：《我国东西部高等教育布局结构研究》，《数学的实践与认识》2005 年第 11 期。

② 梁志、曾冬梅：《从经济和人口的区域分布看我国高等教育的布局调整》，《广西大学学报》（哲学社会科学版）2000 年第 5 期。

③ 薛颖慧、薛澜：《试析我国高等教育的空间分布特点》，《高等教育研究》2002 年第 4 期；赵宏斌、苗招弟：《我国高校的区域分布研究——基于人口、GDP 的视角》，《高等教育研究》2007 年第 1 期。

养的大学生很少。

那么，这些学生是从哪里来的？是本省生源的学生还是从其他省份流入当地的学生？流动的方向如何呢？为了分析高等教育资源分布与大学生就学流动的关系，本章选取各院校所在地区的本地就学率这一指标来刻画各院校地区中有多大比例的学生为本省生源，即没有发生就学流动。同时，选取各地区的普通高校在校生数、每亿元GDP的在校生数以及每万人口的在校生数作为衡量各地教育和经济发展水平的变量。每亿元GDP的在校生数反映的是当地高等教育发展规模相对其经济发展水平的情况，数值越高，说明相对当地经济发展规模来看，高等教育规模较大，负担较重；反之，则说明相对当地经济发展规模来说，高等教育规模较小，负担较轻。每万人口的在校生数反映的是当地高等教育发展规模相对其人口规模的情况，数值越大，说明相对当地人口规模来看，高等教育规模还比较大，受教育机会相对充足；反之，则说明相对当地人口规模来说，高等教育规模较小，受教育机会相对不充足。

二 分地区和院校类型的省内就学比例

表1-1第一列数值呈现了各地区高等院校中本地生源的比例。总的来看，各地区高等院校所招收的学生中，80%左右均为该地区生源的学生，所吸收的外地生源学生比例非常小。其中经济较为发达的东部地区所吸纳外地生源入学的比例最小，仅有13.5%，且在各个省份间存在很大差异。而经济较为落后的中部地区吸纳的外地生源比例最大，但也刚超过20%。经济最为落后的西部地区吸纳外地生源的比例介于东部和中部地区之间，不足20%，且各个省份吸收外地学生的比例差异不大。说明中国的高等教育较强的属地化性质，这种特征会在很大程度上影响学生获得教育机会的可能性和公平性。

分地区来看，东部地区的"每亿元GDP的在校生数"较小，而"每万人口的在校生数"较大，说明东部地区的高等教育机会相对较为充足，负担较轻。中部地区的高等教育规模相对其经济发展水平来

表 1-1　　　　　　　　分地区的高等院校规模及生源构成

院校所在地区	本地生源比例（%）	在校生数	每亿元 GDP 在校生数	每万人口的在校生数
北京	36.0	578206	61.8	39.7
天津	42.0	371136	73.5	37.5
上海	65.7	484873	39.8	29.0
河北	77.7	930516	67.9	14.7
辽宁	76.7	777758	70.6	19.8
江苏	83.4	1472317	57.2	21.2
浙江	90.6	777982	41.4	17.0
福建	88.5	509482	55.1	15.6
山东	89.4	1440378	55.5	16.8
广东	89.1	1119655	36.0	13.1
海南	32.2	108296	88.5	14.1
东部地区	86.5	8570599	52.0	18.0
山西	81.8	484490	84.5	15.6
吉林	62.7	470188	89.0	18.8
黑龙江	71.3	634902	89.9	18.0
安徽	89.4	730546	99.2	13.0
江西	46.9	781686	142.1	19.6
河南	83.3	1095195	73.0	12.7
湖北	55.3	1163686	126.1	22.2
湖南	74.8	898622	97.7	15.4
中部地区	78.9	6259315	97.0	16.0
内蒙古	88.5	284057	46.6	12.9
广西	85.5	434347	72.9	10.0
重庆	48.2	413355	100.3	16.0
四川	72.1	918438	87.4	12.2
贵州	77.1	241692	88.1	7.0
云南	73.2	311111	65.6	7.5
西藏	95.6	17951	52.5	6.9
陕西	63.8	776516	142.1	22.6
青海	81.6	37665	48.1	7.5
甘肃	66.7	295992	109.5	12.3
宁夏	75.0	62411	70.2	11.2
新疆	77.6	216389	61.4	11.5
西部地区	82.2	4009924	84.0	12.0

资料来源：第一列数据由《教育部高校毕业生就业调查》数据抽样计算而得，后三列数据来源于《中国教育统计年鉴》整理而得。

说负担最重，西部地区的高等教育规模相对其人口规模来说发展得还不够，受教育机会相对不充足。这说明，对比中部和西部地区的整体情况，中部地区经济虽欠发达，但高等教育规模已相对充分，且相对其人口规模来说，高等教育机会也相对较多。而西部地区的高等教育规模在其经济发展水平与人口规模，都有待进一步扩大。

分省来看，"每亿元 GDP 的在校生数"较小的省份为东部的上海、浙江和广东，这说明相对各地的经济发展水平来看，这 3 个省份的高等教育负担较轻；而江西、陕西和湖北 3 个省份的高等教育负担较重。"每万人口的在校生数"较大的省份为北京和天津，说明这两个地区的受教育机会较其人口规模来看较为充足，而贵州、云南、西藏和青海的受教育机会相对不充足。

由上述分析可以看出，高等教育规模在东中西三个地区的分布并不均衡。东部地区相比中西部地区处于明显的优势地位。考虑到当地的经济发展水平，则发现中部地区的高等教育规模相对其经济发展水平来说负担最重，西部地区次之。而若考虑当地的人口规模，则发现西部地区的受教育机会相对不充足，中部地区次之。因此，总的来说，中部地区的高等教育机会相对充足，而西部地区的高等教育规模相比其经济发展水平与人口规模，都有待进一步扩大。

具体到各省来看，东部地区中浙江、福建、山东和广东高校的本地生源比例高达 90% 左右，对比这几个省份较低的"每万人口的在校生数"可以发现，这几个省份的高等教育规模相对当地人口还较小，因此这些地区的高等院校主要为满足当地生源学生接受高等教育的需求。吸纳外地学生比例较高的省份为北京、天津，高达 60% 左右，其中北京和天津"每万人口的在校生数"数值很高，说明这两个地区的高等教育规模相对其人口总量来说充足，因此能吸纳一定比例的外地生源学生来此就学。对中部和西部地区的分析也得到相似的结论，高等教育规模相对人口总量来说较为充足的地区，如中部地区的广西和湖北、西部地区的重庆和陕西，吸纳外地生源来本地就学的比例较大，而高等教育规模相对人口总量来说较为不足的地区，如中部的河南和西部的西藏，吸纳外地生源来本地就学的比例较小，优先满足当地学生的受教育需求。

上述分析呈现了这样的结论：高等院校对满足其所在省份及邻近地区的受教育需求具有重要影响。与当地人口规模相比，高等教育规模较小的地区，其提供的受教育机会主要满足当地学生的需求，而高等教育规模相对充足的地区，还承担了吸纳一定比例外地学生的任务。可见，各地区学生受教育机会的可能性在很大程度上会受到高等院校布局的影响，高等院校选在哪里，哪里的学生就有可能受益更多。

以上分析了各地区院校的生源构成，由于不同类型院校办学宗旨和社会责任的不同，所提供的受教育机会的分布也会有所不同。为了进一步研究各类院校对不同地区生源提供受教育机会的差异，表1-2列出了各地区、各类型高等院校的生源构成。

表1-2　　分地区、分类型的高等院校的本地生源比例　　单位：%

院校所在地区	院校所在省份	重点院校	一般本科院校	高职高专院校
东部地区	北京	16.0	57.7	68.8
	天津	20.7	40.1	57.4
	上海	47.3	73.2	85.4
	河北	27.3	74.6	79.4
	辽宁	52.6	74.6	89.1
	江苏	49.3	82.8	94.5
	浙江	51.9	84.4	97.8
	福建	66.2	87.2	96.3
	山东	64.1	90.1	91.1
	广东	63.7	91.0	95.4
	海南	21.2	25.7	45.9
	地区小计	66.3	87.3	92.8
中部地区	山西	62.6	76.4	90.8
	吉林	48.0	70.2	77.4
	黑龙江	40.8	74.1	76.7
	安徽	54.3	90.6	95.3
	江西	62.1	46.2	43.5
	河南	83.5	77.8	87.9
	湖北	50.9	64.9	44.3
	湖南	49.0	67.5	84.3
	地区小计	70.3	79.8	79.3

续表

院校所在地区	院校所在省份	重点院校	一般本科院校	高职高专院校
西部地区	内蒙古	80.2	87.0	92.4
	广西	67.1	81.2	90.3
	重庆	33.6	50.4	60.4
	四川	47.2	71.3	85.4
	贵州	58.1	75.7	85.9
	云南	51.7	70.7	92.0
	西藏	100	89.3	100
	陕西	38.4	61.8	85.3
	甘肃	43.4	73.6	94.8
	青海	56.0	57.5	90.4
	宁夏	84.1	81.0	84.4
	新疆	61.5	87.2	74.3
	地区小计	65.5	80.8	92.5

注：①百分比表示某地区的某类大学中当地生源所占的比例；②重点院校即指所有的"211工程"院校；③"地区小计"指的是所有在东部地区院校就读的学生中生源地也为东部地区的学生比例。

资料来源：由《教育部高校毕业生就业调查》数据整理而得。

从院校类型来看，吸收当地生源比例最高的是一般本科和高职高专院校，为80%—90%，而"985工程"和"211工程"院校所吸纳的当地生源比例较低，说明一般本科和高职高专院校以满足当地学生的受教育需求为主，而重点院校则在一定程度上承担了吸纳外地学生就学的责任。

具体分院校所在地区来看，东部和西部地区的高职高专院校吸纳的当地生源比例最高，满足当地受教育需求的贡献非常突出。而西部地区的"985工程"和"211工程"院校吸纳其他地区学生的比例最高，接近35%，这一方面说明东部和中部地区的学生为追求较高质量的教育，也会流入西部地区就学，但从另一方面也说明，西部地区的优质高等教育资源被挤占的程度最大，而满足当地学生接受优质高等教育资源的能力较差。

从以上对高等院校布局与大学生区域就学流动的分析可以看出，高等院校的布局对大学生的入学选择有重要影响,各地区高等院校都以吸收本地生源学生为主,尤其是人口规模相对高等教育规模较大的地区,高等院校为当地学生提供受教育机会的比例较高,而吸纳的外地生源学生比例较小。从地区内不同的院校类型来看,办学层次较低的院校招收的本地生源学生越多,重点院校则吸纳了相当比例的外地学生。尤其是东部和西部地区的高职高专院校,所招收的学生中超过九成都是该地区内生源的学生。可是设在西部经济落后地区的重点高校,在向当地学生提供优质教育机会上并无优势,而是招收了相当比例的外地学生。

三 就学流动毕业生的学历和专业结构

表1-3呈现了就学流动学生的学历特征。其中,未流动指学生的学籍所在省份与当前毕业院校所在省份相同。可以发现,各学历层次的大学生中,专科生在本省就学的比例最高,这也与高职高专类院校主要面向本省招生的情况有关;其次是本科生,而博士生和硕士生选择在本省就读研究生的比例则不足一半(分别是46.5%和44.4%)。学历层次越高,由经济欠发达省份流向经济较发达省份就学的比例就越高,其中博士生的这一比例约为44.4%,而专科生的这一比例仅为8.4%。博士生和专科生中由经济较发达省份流向经济

表1-3 就学流动的学历层次特征 单位:%

就学流动	学历层次				合计
	博士	硕士	本科	专科	
未流动*	46.5	44.4	66.5	81.9	73.3
由低人均GDP省份流向高人均GDP省份	44.4	39.1	19.3	8.4	14.8
由高人均GDP省份流向低人均GDP省份	9.1	16.5	14.2	9.6	11.9

注:* 由于数据限制,只能获得硕士生和博士生2008年毕业院校的相关信息,无法获得硕士生的本科院校以及博士生的本科院校和硕士院校信息。因此,本研究只能获得从家乡所在地到当年毕业院校所在地的流动信息。

资料来源:由《教育部高校毕业生就业调查》数据整理而得。

欠发达省份的比例较低（分别为9.1%和9.6%），而硕士生和本科生的这一比例相对较高（分别为16.5%和14.2%）。

表1-4呈现了就学流动学生的院校类型特征。可以发现，一般本科、高职高专和独立学院学生的本地就学率最高，而"985工程"院校和"211工程"院校学生的本地就学率相对较低。"985工程"院校中学生由经济欠发达省份流向经济较发达省份的比例最高，其次是"211工程"院校，一般本科和独立学院的比例较低，而高职高专院校的这一比例最低。"985工程"院校和"211工程"院校学生由经济较发达省份流向经济欠发达省份的比例最高，其次为一般本科和独立学院，高职高专院校的比例最低。

表1-4　　　　　　　大学生就学流动的院校特征　　　　　　单位：%

就学流动	院校类型					
	"985工程"院校	"211工程"院校	一般本科	高职高专	独立学院	合计
未流动	40.1	50.5	74.0	81.7	73.8	73.3
由低人均GDP省份流向高人均GDP省份	42.9	33.1	13.2	8.8	13.1	14.8
由高人均GDP省份流向低人均GDP省份	17.0	16.4	12.8	9.5	13.1	11.9

资料来源：由《教育部高校毕业生就业调查》数据整理而得。

表1-5呈现了就学流动学生的专业分布特征。可以发现，在本科、硕士和博士中，教育学和医学学生留在生源地就学的比例最高，均超过70%，哲学和军事学学生不流动的比例最低；而由经济欠发达省份流向经济较发达省份的比例最高，均超过了1/3，其中哲学的这一比例最高。而各专业中由经济较发达省份流入经济欠发达省份的比例相差不大。

表1-6呈现了高职高专学生就学流动的专业分布特征。可以看出，农林牧渔、文化教育和公安专业的学生不流动的比例最高，接近90%；交通运输、资源开发与测绘、水利、环保气象与安全专业的学生由经济欠发达省份向经济较发达省份流动的比例较高；水利、轻纺食品、环保气象与安全和制造专业的学生则由经济较发达省份向经济欠发达省份流动的比例较高。

表1-5　　　　大学生就学流动的学科特征（本硕博）　　　单位：%

学科门类	未流动	跨籍就学流动	
		由低人均GDP省份流向高人均GDP省份	由高人均GDP省份流向低人均GDP省份
哲学	51.2	34.5	14.3
经济学	61.7	23.1	15.2
法学	61.2	25.2	13.5
教育学	74.2	15.4	10.4
文学	66.9	18.0	15.1
历史学	67.7	21.4	10.9
理学	65.6	21.3	13.1
工学	58.2	25.9	15.9
农学	68.1	19.2	12.7
医学	72.4	15.5	12.1
管理学	67.0	19.5	13.5
军事学	47.5	38.7	13.9

资料来源：由《教育部高校毕业生就业调查》数据整理而得。

表1-6　　　　大学生跨籍就学流动的专业特征（高职高专）　　　单位：%

学科门类	未流动	跨籍就学流动	
		由低人均GDP省份流向高人均GDP省份	由高人均GDP省份流向低人均GDP省份
农林牧渔	88.5	6.0	5.5
交通运输	73.9	13.7	12.3
生化与药品	80.8	9.8	9.4
资源开发与测绘	77.2	12.3	10.6
材料与能源	78.1	9.1	12.8
土建	78.6	9.6	11.8
水利	74.8	11.5	13.7
制造	77.1	9.9	13.1
电子信息	84.3	7.6	8.0
环保、气象与安全	74.7	11.5	13.8
轻纺食品	77.2	9.3	13.5
财经	81.3	8.8	9.8
医药卫生	81.7	8.1	10.2
旅游	83.2	8.4	8.4
公共事业	79.3	9.8	10.8
文化教育	89.0	5.4	5.6
艺术设计传媒	76.9	10.4	12.7
公安	89.3	6.4	4.3
法律	80.4	8.7	10.9

资料来源：由《教育部高校毕业生就业调查》数据整理而得。

四 地区特征与就学流动规模的关系

流动具有选择性,即流动者在受教育程度、职业、技术、年龄、性别等方面具有不同的特点。这种选择过程体现在几个不同但又相互关联的层次。第一,流动者的自我选择。只有那些具有流动意愿且有条件流动的人才会流动,且这种流动在很大程度上取决于与工作间的匹配。总的来说,个体特征如性别、婚姻状况、种族、年龄、受教育程度、前期流动行为等都会影响劳动力的流动行为。第二,流入、流出地的特征会影响流动选择。人才净流入、净流出地区都具有各自的特点,如当地的失业率、工资水平、犯罪率等,这些不仅影响是否流动,还影响流动的方向。如果流动者较多受目的地拉力因素的影响,一般是正向选择;如果是较多受流出地推力的选择,则通常发生的是负向选择。两地间特征的差异性也会影响流动的选择性,以收入分配是否平均为例,如果流出地的收入分配不平等性大于流入地,则流动者的流动则是负向选择;反之则是正向选择[①]。第三,政策和制度因素。一些国家和地区的劳动力市场特征也会对劳动力的流入、流出产生影响,如劳动力市场的分割程度、户籍制度等。第四,对特定类型劳动力的需求也会影响流动的趋势。由于各个国家在政治和人才需求结构上存在很大差异,因此本书只对流入、流出地的地区特征和流动者的个人特征进行总结和分析。

总的来说,影响流动选择的地区特征可以分为三类:地区经济特征,如工资收入水平、物价水平、失业率情况等;地区教育特征,如大学的数量、学费水平等;地区消费特征、制度特征,如地区的气候、犯罪率等。

国外对大学生就学流动的研究,多出于对大学学费水平与学生来源多样性关系以及区域间人才流动问题的关注。早在1970年Tuckman就以美国49个州作为研究对象,分析大学生在这些州之间的就学流动情况。他选择了各个州的就学流出率作为因变量,

---

① Lee, E. S., "A Theory of Migration", *Demography*, 1966, 3: 47-57.

以各州的人均收入、平均学费水平、公立大学数量、本州大学的平均资助水平等作为自变量,来研究各地区大学生的就学流出与地区特征之间的关系。研究发现,当地公立大学的数量越多,平均教育质量越高,平均学费水平越低,大学生就学流出的比例越低[1];而对州外学生收取的学费水平越高,所能吸纳的州外学生人数就越少[2]。该模型奠定了流动的最基本模型,此后学者们便在此模型的基础上不断添加和修正变量,以求获得地区间学生就学流动的全部解释[3]。

不可否认的是,学生在地区间的就学流动不仅会受到流出地的"推力"作用,还可能会受到流入地的"拉力"作用。McHugh 和 Morgan 以及 Baryla 和 Dotterweic 考察了流入地特征对大学生就学流动的吸引力[4]。影响大学生就学流动选择的显著特征包括经济特征和教育环境两部分[5]。作为家庭收入水平的代理变量,当地人均收入水平越高,就学流出的可能性越大,原因是人均收入越高,说明家庭的支付能力越强,因此愿意支付额外学费送孩子到外地就学的可能性也就越大[6]。而被列为消费范畴的影响因素如地理位置、气候等都被证明

---

[1] Tuckman, H., "A Study of College Choice, College Location, and Future Earnings: Two Economic Models of College Choice", Unpublished Ph. D. dissertation, Wisconsin, 1970; Mixon, F. G., JR., "Factors Affecting College Student Migration Across States", *International Journal of Manpower*, 1992, 13 (I): 25 – 32.

[2] Morgan, J. N., "Tuition Policy and the Interstate Migration of College Students", *Research in Higher Education*, 1983, 19: 183 – 195.

[3] Mixon, F. G., JR., "A Public Choice Note on College Student Migration", *International Journal of Manpower*, 1992, 13: 63 – 68; Mixon F. G., JR., "College Student Migration and Human Capital Theory: A Research Note", *Education Economics*, 1994, 2 (1).

[4] McHugh, R. & Morgan, J., "The Determinants of Interstate Student Migration: A Place-to-place Analysis", *Economics of Education Review*, 1984, 3: 269 – 278; Dotterweich, D. & Baryla, E., "Regional Dynamics and Student Migrationn", East Tennessee State University Working Paper, 2000.

[5] Kyung, W., "In-migration of College Students to the State of New York", *Journal of Higher Education*, 1996, 67: 349 – 358; Tuckman, H. A., "Study of College Choice, College Location, and Future Earnings: Two Economic Models of College Choice", Unpublished Ph. D. dissertation, Wisconsin, 1970.

[6] Tuckman, H., "Determinants of College Student Migration", *Southern Economic Journal*, 1970, 37: 184 – 189; Kyung, W., "In-migration of College Students to the State of New York", *Journal of Higher Education*, 1996, 67: 349 – 358.

影响不显著[1]。以上研究结论说明，以追求更高层次教育为目的的就学流动，看重的是流动能否带来教育环境的改善，能否提高未来的预期收入，以及自身是否具有支付学费的能力，而气候和地理环境的好坏并不是大学生进行流动决策时所考虑的主要因素。

除了上述经济、教育和消费特征的影响，流入地与流出地之间的距离也是影响大学生就学和就业选择的重要因素。一般来说，距离越远，流动的可能性就越小[2]。这是因为，距离越远，潜在流动者获得相关信息就越少，交通成本和心理成本也就越大，即便流动也往往遵循家人、朋友或亲戚以前的路线，通过他们来获取工作、住宿等相关信息来降低流动的难度。Kyung 在 1996 年对进入纽约州就读大学的学生来源的研究发现，离纽约州的距离越远，进入纽约州就读的可能性越低[3]。那些发生就学流动的学生多数都是流向与家乡邻近的地区[4]。来自弗吉尼亚州高等教育委员会的报告也显示，1979 年由弗吉尼亚流向其他地区就学的学生中有 51% 都去往了邻近的地区，如华盛顿、马里兰、北卡罗来纳等地区。对就业流动的研究也得到了相似的结论：距离越远流动的可能性越小。国内研究同样发现距离对就业流动产生了重要的影响。卢姗等对来沪就读的上海高校本科毕业生的流动意愿进行研究，发现毕业生流动总体上符合距离衰减规律，邻省来沪学生更愿意留在上海发展[5]。

为了全面分析影响地区间就学流动的影响因素，接下来建立一般线性回归方程：

$$MO_{edu} = b_0 + b_1 GDP + b_2 CON + b_3 EMP + b_4 ENR + b_5 MAJ + \varepsilon \tag{1.1}$$

---

[1] Mixon, F. G., JR., "Factors Affecting College Student Migration Across States", *International Journal of Manpower*, 1992, 13 (1): 25–32.

[2] Herry W. Herzog, Jr. & Alan M. Schlottmann, "Labor Force Migration and Allocative Efficiency", *Economic Inquiry*, 1981: 459–475.

[3] Kyung, W., "In-migration of College Students to the State of New York", *Journal of Higher Education*, 1996, 67: 349–358.

[4] Christal, M. E., "The Sweep of the South: Fact or Fallacy", Paper presented at the Annual Conference of the Southern Association for Institutional Research, Birmingham, 1982.

[5] 卢姗、王琼：《来沪就读本科生地域流动与中国的地区平衡——大学生就业地选择的调查与思考》，《中国青年研究》2007 年第 4 期。

其中，因变量 MO_{edu} 为各生源省份的就学流出率；自变量 GDP 为代表地区经济发展水平的人均 GDP，该变量还在一定程度上反映了当地居民对高等教育的支付能力；自变量 CON 为当地居民的消费水平，它在一定程度上反映了在当地接受高等教育的生活成本；EMP 为当地的失业率，它是表示当地就业机会的变量；ENR 为代表地区各省高等院校在校生人数，它代表当地的高等教育规模，既反映了学生是否必须迁移到外地接受高等教育，又反映了对外地生源的吸引力。MAJ 是重点高校的学生比例，它代表了当地优质高等教育的数量。需要说明的是，该模型并没有将地区高等教育的学费和学生资助水平纳入其中，因为在中国各个地区之间不管是学费还是学生资助并不存在显著差别，基本上也不会成为学生就学流动决策的考虑因素。

表1-7 呈现了式（1.1）的回归结果。回归模型卡方值为5.085，显著性水平为0.003，表明整体模型在统计上是显著的，引入模型的解释变量对被解释变量具有显著的解释能力。

表1-7　　大学生就学流动的影响因素分析（地区层次）

自变量	标准化回归系数*	显著性
人均 GDP	-0.441**	0.023
居民消费水平	0.242	0.166
失业率	0.078	0.718
高等院校在校生数	-0.610**	0.014
重点高校学生数	-0.082	0.676
模型卡方值	5.085	
模型显著性水平	0.003	
R^2	0.514	

注：*由于各个变量的单位各不相同，因此这里以标准化回归系数的形式来呈现回归结果；*、**和***分别表示10%、5%和1%的显著性水平。

资料来源：自变量人均 GDP、居民消费水平、失业率的数据均来自《中国统计年鉴2008》，自变量高等院校在校生数和重点高校学生数的数据均由《2008年教育部高校毕业生就业调查》数据整理而得。

从回归结果来看，生源地的经济发展水平会对就学流出率有显著负影响：当地经济越发达，流往外地就读大学的学生比例越小，具体来说，当地的人均GDP每增加一个标准单位，当地的就学流出率就下降0.4个百分点（$P<0.05$）。此外，当地的高等教育规模也对就学流出率具有显著负影响：当地高等教育规模越大，流出该地到外地就学的学生比例越小，具体来说，当地高等教育的在校生数每增加一个标准单位，就学流出率会降低0.6个百分点（$P<0.05$）。而代表支付能力的居民消费水平、代表就业机会的失业率以及代表高等教育质量的重点高校学生数对地区就学流出率的影响则并不显著。

地区的人均GDP水平和高等教育规模对就学流出的影响均是负显著的，说明当地的经济发展水平越高，高等教育规模越大，选择到外省就学的学生比例就越低。那么为什么其他几个因素不显著呢？

居民消费水平这一变量的加入，用来表示学生的生活成本。按照人力资本理论，生活成本越高的地方，学生就学的成本也就相对越高，因此选择流出的可能性就越大。从该变量的系数来看，与预计是一样的，但没有通过10%的显著性检验。可能的原因是，尽管居民消费水平会影响就学成本，但相对于学费这一直接成本来说，平均的居民消费水平可能不会对就学成本产生太大影响。加之，一般消费水平越高的省份，其经济发展水平也相对较高，因此两者的作用可能有所抵消。

加入失业率这一变量，是为了考察学生将来在此找到工作的机会。按照预期收入差异理论，如果找到工作的可能性越大，那么流出的概率就越小。从这一变量的系数来看，与理论是一致的，但系数值非常小，且统计上不显著。一方面可能是因为该失业率是该省全体居民的失业率，而大学生在流动时考虑的失业率只是大学生群体在该地的工作机会，因此造成影响不显著；另一方面则可能是由于学生在进行就学流动时还不太考虑就业机会这一因素。

重点高校学生数这一变量，代表的是该地区院校的质量。院校质量越高，那么学生到外地就学的比例就可能越小。从系数来看，与上文预计是一样的，但系数值很小，且统计上并不显著。可能的原因是，学生在考虑是否到外地就学时，不仅会考虑各地区的高等教育质量，还会考虑高等学校质量与自身的匹配关系。对那些成绩较好的学生来说，也许当地的高校质量高的学校较多，便会促使他们留在当地就学。但对那些成绩相对较差的学生来说，他们考虑的则是与自身相匹配的高等教育情况，因此即便当地好学校很多，但如果没有与之成绩匹配的学校，他们也不会留在本地就学。

五 跨省就学和省内就学大学生的群体差异

大学生的就学流动选择，是为了追求高等教育机会而进行的流动选择，其最终目的是为了通过这种流动和接受教育来增加未来的预期收入。按照人力资本理论的观点，可以将其看作一种人力资本投资的方式。是否选择异地就学，取决于是否能够通过流向异地来获得未来可能带来更多收益的教育，如果对未来的预期收益能够弥补到外地就学所产生的交通、通信、心理等各类成本，就学流动是"有利可图"的，学生便有可能选择到外地就读大学；反之，如果生源地就学和跨籍就学在收益上没有显著差异，而生源地就学的成本更小，理性人就会偏向留在当地就学。因此，大学生的就学流动选择，不仅会考虑各地高等教育机会的数量、质量等教育因素，还会考虑各地的生活成本、就业机会等经济因素，而这些因素的影响也会因个体条件的不同而有所不同。

上一节从地区层次对高等教育资源的地区分布与大学生的地区就学流出关系进行了验证。为了进一步深入分析两者之间的关系，本节将从个体层次出发，分析大学生个体就学流动选择的地区经济和高等教育影响因素。

表1-8对不同学生群体的就学流动情况进行了描述性统计分析。结果显示，在全体样本中，有38.7%的大学生发生了就学流动，而未发生就学流动的学生比例为61.3%。其中，不同背景的学生个体在就学流动的选择上也存在一定差异。

从个人特征变量来看，男生发生就学流动的比例大大高于女生；少数民族学生就学流动的比例要小于汉族学生的流动比例；独生子女发生就学流动的比例要略小于非独生子女，不过差异不太大；

表1-8　　大学生就学流动影响因素的描述统计　　单位：%

变量		就学流动比例
全体		38.7
性别	男	42.9
	女	32.1
民族	少数民族	37.2
	汉族	52.2
独生子女	是	36.9
	否	40.7
风险偏好	爱冒险	37.5
	一般	40.7
	不爱冒险	38.8
院校类型	高职高专	8.9
	一般本科	34.4
	重点院校	68.1
家庭年收入	10万元以上	42.2
	1万—10万元	39.9
	1万元以下	37.1
父亲受教育程度	本科研究生	43.9
	专科高中	39.8
	初中及以下	34.2
家庭社会关系	广泛	30.1
	一般	34.8
	不广泛	46.8

注：就学流动为生源地的就学流动情况，即若由生源地流到其他省份就读，则认为发生了就学流动，反之则认为未发生就学流动。

资料来源：由《教育部高校毕业生就业调查》数据整理而得。

风险偏好一般的大学生中就学流动的比例最高，偏好风险的和风险规避的大学生中就学流动的比例相对较低，但差异并不大。从院校特征来看，不同类型院校的大学生中发生就学流动的比例差异很大，重点院校的学生中发生就学流动的比例最大，达到68.1%，一般本科院校次之，而高职高专院校的学生中发生就学流动的比例最小，仅为8.9%。从家庭特征变量来看，不同家庭收入的大学生发生就学流动的比例各不相同，家庭收入越高的大学生群体，发生就学流动的比率越大；父亲的受教育程度越高，大学生发生就学流动的比率就越高；家庭社会关系越广泛，大学生发生就学流动的比例越低。为了进一步分析在控制其他变量的情况下上述变量对就学流动选择的影响，接下来将建立计量回归模型进行深入的实证分析。由于大学生的就学流动选择是一个二元选择结果（流动或不流动），因此，建立了以下 Logit 模型：

$$(M_{edu})_{Logit} = \beta_0 + \sum \beta_{1i} X_i + u \tag{1.2}$$

其中，因变量 M_{edu} 表示大学生在给定解释变量条件下做出的就学流动决策；X_i 是解释变量向量，包括个人特征变量、家庭特征变量以及地区特征变量；系数 β_{1i} 为解释变量的系数，其正负号代表了解释变量对被解释变量影响的方向。

表 1-9 呈现了二元逻辑回归分析的结果。系数 B 为方程的直接回归系数，而系数 $Exp(B)$ 为发生比率，即测量自变量一个单位的变化给原来的发生比所带来的变化。当系数 $Exp(B) > 1$ 时，表明自变量一个单位的变化会使原发生比增加；系数 $Exp(B) < 1$ 时，表明自变量一个单位的变化会使原发生比减少。

模型 a 主要考察了个人特征变量对就学流动决策的影响，模型 b 加入了家庭特征变量，模型 c 在模型 b 的基础上加入了地区特征变量。3 个模型的整体显著性水平均为 0.000，说明该模型对解释大学生就学流动选择有显著作用。

从整体回归结果来看，模型 c 的卡方值最大，为 2082.37（P < 0.000），R^2 也最大，为 0.414，说明引入地区特征变量使得该模型对大学生的就学流动选择具有更好的解释力。从回归系数上来看，地区的经济特征变量和地区的高等教育特征变量对个体就学流动选择的影响都非常显著。家庭所在地的经济越发达，个体选择到外地就学的可能性越低；家庭所在地的高等教育规模越大，个体选择到外地就学的可能性越低。尤其是当控制了其他个体和家庭特征变量后，这些地区特征变量的影响仍然非常显著，说明个体的就学流动选择与高等教育资源的地区分布之间存在着显著的相关关系。而从个体和家庭特征变量的回归系数来看，男性、汉族、非独生子女、重点和一般本科院校

表1-9 大学生就学流动影响因素的二元逻辑回归结果

	变量	模型 a 回归系数 B	模型 a 机会比率 Exp(B)	模型 b 回归系数 B	模型 b 机会比率 Exp(B)	模型 c 回归系数 B	模型 c 机会比率 Exp(B)
个人特征变量	性别（男性为基准）	-0.404***	0.668	-0.465***	0.628	-0.386***	0.680
	民族（汉族为基准）	-0.549***	0.732	-0.548***	0.729	-0.476***	0.621
	独生子女（非独生子女为基准）	-0.055	0.946	-0.039	0.962	-0.306***	0.737
院校类型	重点比高职高专	2.472***	11.844	2.328***	10.261	2.257***	9.555
	一般本科比高职高专	1.796***	6.028	1.713***	5.544	1.633***	5.120
风险态度	爱冒险比不爱冒险	0.148*	1.160	0.169**	1.184	0.136	1.146
	一般不爱冒险	0.062	1.064	0.132*	1.142	0.004	1.035
家庭特征变量	家庭年收入 10万元以上：1万元以下	—	—	0.268	1.308	0.659***	1.933
	家庭年收入 1万—10万元：1万元以下	—	—	0.153**	1.165	0.296***	1.345
	父亲受教育程度 本科研究生：初中及以下	—	—	0.511***	1.667	0.427***	1.533
	专科高中比初中及以下	—	—	0.278***	1.321	0.254***	1.289

续表

变量		模型 a 回归系数 B	模型 a 机会比率 Exp(B)	模型 b 回归系数 B	模型 b 机会比率 Exp(B)	模型 c 回归系数 B	模型 c 机会比率 Exp(B)
家庭特征变量	家庭社会关系 广泛比不广泛	—	—	-0.786***	0.456	0.035	1.035
	一般比不广泛	—	—	-0.308***	0.735	0.136	1.146
地区特征变量	家庭所在地高等教育规模	—	—	—	—	-0.063***	0.939
	家庭所在地人均GDP	—	—	—	—	-0.772***	0.462
	常数项	-1.909***	0.148	-1.879***	0.153	1.443***	4.232
模型卡方值		954.643		1011.358		2082.373	
模型显著性		0.000		0.000		0.000	
R^2		0.199		0.214		0.414	

注：① *、** 和 *** 分别表示 10%、5% 和 1% 的显著性水平；② "—" 表示回归方程中不包括该变量。

（相比高职高专）毕业生、家庭收入更高、父亲受教育程度更高的个体，更倾向于发生跨省的就学流动。

本章小结

高等教育与经济发展的关系一直是学者们热衷讨论的话题，其中，高等教育对区域经济发展的影响也逐渐成为学界日益关注的焦点问题。简单来说，高等教育对区域经济发展的影响主要体现在两个方面：一方面，高校提供的受教育机会可以在一定程度上刺激消费和投资，带动当地相关产业的发展，为当地创造更多的就业机会；另一方面，高等院校聚集了较高受教育水平的人才，可以带动区域内居民素质的整体提高，而创造的知识财富还能直接应用于指导当地的经济发展。因此，从区域经济发展的角度来看，高等院校存在与否以及以何种形式存在，都会对当地的文化、科技以及经济发展水平产生直接影响。从国家的角度来看，如何将各种类型的高等教育资源合理、有效地配置到不同经济发展水平地区，使之能更好地与当地经济发展相互促进，也是需要解决的重要课题。《国家中长期教育改革和发展规划纲要（2010—2020）》明确提出，"教育公平的根本措施是合理配置教育资源"，在高等教育领域要"优化区域布局结构"。因此，全面深入地了解中国高校的区域分布特点，合理调整高等教育资源的区域分布，进一步优化人才配置结构和效果，这在中国向大众型高等教育与人力资源大国迈进的双重背景下，具有重大的理论和现实意义。

本章通过描述统计和计量回归模型研究了大学生就学流动与高等教育资源区域分布及经济发展之间的关系，得出以下主要结论。

第一，从各地高等教育的规模来看，东部地区相比中西部地区处于明显的优势地位。如果考虑到当地的经济发展水平，则发现中部地区的高等教育规模相对其经济发展水平来说负担最重，西部地区次之。如果考虑当地的人口规模，则发现西部地区的受教育机会相对不充足，中部地区次之。这说明，中部地区的高等教育机会相对充足，而西部地区的高等教育规模不管是相比其经济发展水平还是人口规模，都有待进一步扩大。

第二，高等院校对满足其所在省份的受教育需求具有重要影响。与当地人口规模相比，高等教育规模较小的地区，其提供的受教育机会主要满足当地学生的需求，而高等教育规模相对充足的地区，还承担了吸纳一定比例外地学生的任务。各地区学生的受教育机会在很大程度上会受到高等院校布局的影响，高等院校选在哪里，哪里的学生就有可能受益更多。分不同的院校类型来看，高职高专院校招收本地生源学生的比例较大，重点院校则吸纳了相当比例的外地学生。尤其是位于东部和西部地区的高职高专院校，所招收的学生中超过九成都是该地区内生源的学生。设在西部经济欠发达地区的重点高校，在向当地学生提供优质教育机会上并无优势，但是在吸引外地生源学生来当地就学的作用则比较突出。

第三，一些大学生为了就学而从经济发达地区向经济欠发达地区流动，且不同学历、院校类型和专业的学生间存在差异。博士生和专科生中由经济较发达省份流向经济欠发达省份的比例较低，而硕士生和本科生的这一比例相对较高；"985工程"院校和"211工程"院校学生由经济欠发达省份流向经济较发达省份的比例最高，其次一般本科和独立学院，高职高专院校的比例最低；专科生中，水利、轻纺食品、环保气象与安全和制造专业的学生则由经济较发达地区向经济欠发达地区流动的比例较高。

第四，在控制了其他条件的情况下，对各地区就学流动影响因素的分析证实了地区间的大学生区域流动与地区经济特征和高等教育特征之间的相关关系：当地经济发展水平越高、高等教育规模越大，则发生就学流出的学生比例就越低。也就是说，更多的高等教育资源分布在哪里，学生们就有可能选择在哪里就读。

高等教育资源的区域布局与大学生就学流动之间的相关关系还可能与高校的招生政策有关。在高考招生中，当地生源在选择本省大学时存在招生规模及分数线上的优势，这在省属院校的表现最为明显。而随着高等教育扩招的不断深入，扩招规模和比例最大的院校也是地方院校，因此更多的本地生源学生选择在本省院校就读大学就不难理解。在研究生招生中，尽管不存在这种明显的属地化特性，但是专业课由大学自主命题的政策就预示着本校学生在继续攻读方面存在明显的优势，而这种优势也较为容易扩散到本地其他大学的学生。因此，不管是高考招生还是研究生招生，选择在本地就学在成本和风险上都比到外地就学要低得多。当本省的高等教育资源相对丰富时，学生选择流入他省就学的可能性就会较小，毕业后留在本省就业的可能性也就越大。

第五，流动的确具有选择性，男性、汉族、非独生子女、重点和一般本科院校（相比高职高专）毕业生、家庭收入更高、父亲受教育程度更高的个体，更倾向于发生跨省的就学流动，即流动具有个体的差异性。

在当今知识经济迅猛发展的国际竞争环境下，高等教育资源越来越成为一个国家或地区发展的核心竞争力。区域的经济、社会和文化环境直接制约着高等教育的发展，同时，高等教育的发展也会对区域的经济、社会和文化发展水平产生重要影响。中国现有高等院校的区域布局，是长期以来受政治、经济、文化等多方面的影响而形成的。随着高等教育管理体制改革的不断深入，高等教育管理的重心下移，这为高等教育在地区间的合理性布局创造了良好条件。

中国西部地区不仅经济发展速度相对缓慢，其高等教育规模仍处于相对劣势的地位，高等教育机会仍不充足。考虑到当地院校吸收当地学生的能力较强，有必要通过进一步加强西部地区（尤其是贵州、云南、西藏、青海等地）的高等教育规模，为西部地区的学生提供更多的受教育机会。东部和中部地区的高等教育机会相对充足，尤其是那些相比经济发展水平高等教育规模已经较大的省份，"量"的扩大可以放缓，而将发展重点转移到"质"的建设中去。

在新增高校或者调整高等教育地区结构时，不仅要考虑高等教育系统的现有结构、发展目标以及各地区经济发展及人口规模概况，还应充分考虑因高等教育资源区域分布所引发的人才流动方向。以接受高等教育为目的的就学流动，势必追求更高水平、与自身更加匹配的高等院校。那么，更多的高等教育资源分布在哪里，学生们就有可能选择在哪里就读。那些经济较为发达的地区（如北京、上海），高等教育发展规模也较大，所能提供的入学机会也较多，因此当地学生不必到外地接受高等教育，从高校毕业后也就留在当地就业。而那些经济欠发达地区的高等教育规模较小,当地学生无法获得所需的教育,便流向其他地区就学,这增加了他们留在其他地区就业的可能性。从这个角度来说,高等教育与地区经济之间的"马太效应"便形成了。因此适当增加经济欠发达地区的高等教育规模,并将各地的发展战略与当地高等教育的发展目标紧密结合起来,重点培养适应当地需求、对当地社会和文化具有认同感的各类人才,将会在一定程度上减少人才流失,促进当地的经济发展。

总之,只有实现健康、合理、和谐的高等院校布局,才能有效引导地区间人力资本的健康流动,以局部效应带动高等教育体系的健康、协调和可持续发展,从而为中国高等教育建设以及经济发展提供有力支撑。

第二章　就业流动

相比就学流动，大学生的就业流动则更多地受到地区经济因素和消费因素的影响。对就业流动的考察发现，流动的可能性与当地工资收入的地区差异之间存在正相关关系：地区的收入水平越高、就业机会越多，则净流入就相对越高[1]；流动的可能性与地区的就业机会之间也存在相关关系：当地的失业率越高，劳动力流出的数量越高[2]。而对那些离开家乡到外地读大学的学生来说，大学所在地经济特征对就业流动的影响比对未发生就学流动的学生的影响更加重要[3]，非经济因素并不比经济因素对毕业生的流动影响小[4]。研究还发现，靠海地区的毕业生就业流出的可能性较小；低风速地区的毕业生就业流出的可能性较小。此外，地区创新能力、生活质量、移民数等也都是吸引和留住当地毕业生在当地就业的

---

[1] Faggian, B. A., McCann, P. & Sheppard, S., "Some Evidence that Women Are More Mobile Than Men: Gender Differences In U. K. Graduate Migration Behavior", *Journal of Regional Science*, 2007, 47: 517–539; Greenwood. M. J., "The Geographic Mobility of College Graduates", *The Journal of Human Resources*, 1973: 506–515; McHugh, R. & Morgan, J., "The Determinants of Interstate Student Migration: A Place-to-place Analysis", *Economics of Education Review*, 1984, 3: 269–278.

[2] Da Vanzo J., "Does Employment Affect Migration? Evidence from Microdata", *Review of Economics and Statistics*, 1978, 60: 504–514.

[3] Faggian, B. A., McCann, P. & Sheppard, S., "Some Evidence that Women Are More Mobile Than Men: Gender Differences In U. K. Graduate Migration Behavior", *Journal of Regional Science*, 2007, 47: 517–539.

[4] Gottlieb, P. D. & Michael Fogarty, "Educational Attainment and Metropolitan Growth", *Economic Development Quarterly*, 2003, 17: 325–336; Kodrzycki. Y., "Migration of Recent College Graduates: Evidence from the National Longitudinal Survey of Youth", *New England Economic Review*, January/February, 2001: 13–34.

重要因素①。以上研究发现说明，以追求职业发展和生活质量为目的的就业流动，不仅会考虑流动所带来的经济条件的改善，还会将当地所能提供的生活环境作为考察的重要因素。

国内学者也从地区的经济特征和非经济特征两方面着手分析。从劳动力市场的经济发展水平来看，中国的沿海和内地、城市和农村之间均存在较大差异，毕业生在经济利益的驱动下，倾向于发生趋同性的就业流动②。罗守贵对区域大学毕业生就业人数与地区经济发展水平关系的研究证实了大学毕业生流向沿海发达地区的主要原因是由于沿海地区可以获得较高的收入③。宁小华则发现毕业生往往选择离生源所在地最近、经济最发达的地区就业，这说明地区的经济条件以及与生源地的距离都是毕业生就业时所考虑的重要因素④。

此外，中国的户籍制度是影响流动选择的一个特殊的地区因素。中国城乡户籍制度引起的劳动力市场分割问题，"北上广"等大城市落户困难给毕业生的自由流动造成了很大障碍。正是由于户籍、社会保障等制度因素的存在，劳动力市场在城乡、地域、行业以及职业之间均存在着严重的分割，流动遇到很大的障碍。对于初次就业的毕业生来说，往往第一份工作就会决定终身的职业发展轨迹，因而毕业生不惜暂时失业也要想方设法留在主要劳动力市场，而次要劳动力市场尽管存在需求缺口但却无人问津⑤。赖德胜和田永坡对中国"知识失业"的分析发现，就业制度分割和社会保障制度分割提高了大学生的就业搜寻成本，导致大学生进入主要劳动力市场的"进入成本"和脱

---

① Faggian, B. A., McCann., P. & Sheppard, "An Analysis of Ethnic Difference in UK Graduate Migration Behavior", *Journal of Regional Science*, 2006, 40: 461–471.

② 罗守贵:《我国高校毕业生跨区域流动的机制、影响及其对策》,《软科学》2001年第2期；赖德胜、吉利:《大学生择业取向的制度分析》,《宏观经济研究》2003年第7期。

③ 罗守贵:《我国高校毕业生跨区域流动的机制、影响及其对策》,《软科学》2001年第2期。

④ 宁小华:《"极点"对大学生就业地区流向的影响》,《中国大学生就业》2002年第8期。

⑤ 赖德胜:《劳动力市场分割与大学毕业生失业》,《北京师范大学学报》(社会科学版) 2001年第4期；钟秋明、文东茅:《高校毕业生就业地域失衡及其对策》,《求索》2007年第9期。

离次要劳动力市场的"离去成本"都很高①。

除了上述因素之外，就业流动也存在个体差异，不同专业、种族的毕业生的流动选择存在差异。如有研究发现，医科毕业生更倾向于流动，而学理科的毕业生则更倾向于留在当地，社会科学专业毕业生的流动性则不如自然科学和人文艺术专业的毕业生②。白人比非白人就业流动的可能性更大③；且白人就业率的增长率越高，流出率越低，流入率越高；非白人就业率的增长率越高，流入率越高，而流出率并不显著④。

关于毕业生就业流动中性别差异，并未得到统一的研究结果。Faggian 等通过控制人力资本因素以及地区经济条件的差异，来估计性别与地理流动性之间的关系⑤。研究发现，控制了人力资本差异与工资差异后，女性比男性的地理流动性更强；如果控制前期流动，则这种差异更为显著。作者对此的解释是，女性通过流动来补偿劳动力市场上的性别差异。与之不同，Kodrzycki 则发现男性与女性间并不存在显著的流动差异⑥，而 Gottlieb 和 Joseph 对博士毕业生的研究则发现女博士毕业生较男博士毕业生流动的可能性更小⑦。

国内的研究发现，不同性别之间在流动倾向方面存在一定差异。对 2013 届高校毕业生的研究发现，男性毕业生跨省流动的倾向性要显著高于女性⑧；对 2015 届高校毕业生的研究发现，男性的流动率显

---

① 赖德胜、田永坡：《对中国"知识失业"成因的一个解释》，《经济研究》2005 年第 11 期。

② Faggian, B. A., McCann, P. & Sheppard, S., "Some Evidence that Women Are More Mobile Than Men: Gender Differences In U. K. Graduate Migration Behavior", *Journal of Regional Science*, 2007, 47: 517 – 539.

③ Kodrzycki. Y., "Migration of Recent College Graduates: Evidence from the National Longitudinal Survey of Youth", *New England Economic Review*, January/February, 2001: 13 – 34.

④ Greenwood. M. J., "The Geographic Mobility of College Graduates", *The Journal of Human Resources*, 1973: 506 – 515.

⑤ Faggian, B. A., McCann, P. & Sheppard, S., "Some Evidence that Women Are More Mobile Than Men: Gender Differences In U. K. Graduate Migration Behavior", *Journal of Regional Science*, 2007, 47: 517 – 539.

⑥ Kodrzycki. Y., "Migration of Recent College Graduates: Evidence from the National Longitudinal Survey of Youth", *New England Economic Review*, January/February, 2001: 13 – 34.

⑦ Gottlieb, P. D. & Joseph. G., "College-to-work Migration of Technology Graduates and Holders of Doctorates Within the United States", *Journal of Regional Science*, 2006, 46 (4): 627 – 659.

⑧ 岳昌君：《高校毕业生跨省流动的性别差异》，《教育与经济》2014 年第 1 期。

著高于女性①。针对特定的流动类型而言,就业流动的性别差异比就学流动的性别差异小,男性毕业生比女性具有更强的流动性,主要原因是女性的流动惰性②。此外,对甘肃高校毕业生的研究也发现甘肃生源男性比女性更容易流动③。

在分析大学生的就业流动前,首先有必要了解一下大学生的就业地区偏好和就业地区分布。

通过对国内外相关文献的回顾可以发现,有关大学生流动行为的研究按分析层次的不同可分为三类:第一类,以地方的综合或累积数据作为研究对象,分析各地大学生的净流入、净流出以及流动趋势,并在此基础上研究地区间人力资本的流动情况以及流入地、流出地高等教育资源和经济发展之间的关系④。国内学者多从理论分析和制度探讨的角度考察流向的原因⑤。第二类,以大学层次的数据作为研究对象,分析各类大学外地生源学生的规模和比例,并在此基础上研究大学学费、在校生人数、学校声誉等学校特征与所吸纳外地学生比例之间的关系⑥。第三类,以学生个体或家庭的微观数据作为研究对象,

---

① 岳昌君、李欣:《高校毕业生跨省流动的特征分析》,《教育与经济》2016 年第 4 期。
② 敖山、丁小浩:《基于性别差异的我国高校毕业生就业特征研究》,《教育与经济》2011 年第 2 期。
③ 张洋:《甘肃省高校毕业生跨省就业流动研究》,硕士学位论文,西北师范大学,2014 年。
④ Kodrzycki. Y., "Migration of Recent College Graduates: Evidence from the National Longitudinal Survey of Youth", *New England Economic Review*, January/February, 2001: 13 – 34; Tuckman, H., "A Study of College Choice, College Location, and Future Earnings: Two Economic Models of College Choice", Unpublished Ph. D. dissertation, Wisconsin, 1970; Tuckman, H., "Determinants of College Student Migration", *Southern Economic Journal*, 1970, 37: 184 – 189; Bound, J., Groen, J., Kezdi, G., Turner, S., "Trade in University Training: Cross-state Variation in the Production and Stock of College-educated Labor", *Journal of Econometrics*, 2004, 121: 143 – 173; Faggian, B. A., McCann., P. & Sheppard, "An Analysis of Ethnic Difference in UK Graduate Migration Behavior", *Journal of Regional Science*, 2006, 40: 461 – 471.
⑤ 赖德胜、吉利:《大学生择业取向的制度分析》,《宏观经济研究》2003 年第 7 期;钟秋明、文东茅:《高校毕业生就业地域失衡及其对策》,《求索》2007 年第 9 期;宁小华:《"极点"对大学生就业地区流向的影响》,《中国大学生就业》2002 年第 8 期。
⑥ Dotterweich, D. & Baryla, E., "Regional Dynamics and Student Migrationn", East Tennessee State University Working Paper, 2000; Mixon, F. G. & Hsing, Y., "The Determinants of Out-of-state Enrollments in Higher Education: A Tobit Analysis", *Economic of Education Review*, 1994, 13 (4): 329 – 335.

考察个体间的异质性，关注大学生个体的就业流动特征及其影响因素①。三个层次的研究互为补充，为揭示大学生流动行为的特点和规律提供了全面而深入的解释。

一些研究认为，流动者代表了一个积极选择（positively selected）的群体，与那些留在当地的人相比，通常他们更有野心、具有更高的工作意愿、也具有更高的受教育水平。流动者的高度自我选择可以解释为什么他们会在劳动力市场上有更好的表现——那是因为通常选择流动的人都是那些既有野心又很积极进取的人②。对美国同一年龄群体的研究发现，影响流动的最重要个体特征就是受教育程度——在其他条件相同的情况下，一个人的受教育水平越高，流动的可能性越大③，一些研究将其概括为"流动中的教育选择性"④，即指流动的人往往比那些不流动的人具有更高的才能以及更高的受教育程度。且流动和教育之间存在互补关系：在一方面的投资会提高另一方面的收益⑤。

对大学毕业生就业流动行为的研究也证实了个体人力资本特征与流动选择之间的正相关关系⑥。在控制了地区经济条件后，毕业生的

---

① Faggian, B. A., McCann., P. & Sheppard, "An Analysis of Ethnic Difference in UK Graduate Migration Behavior", *Journal of Regional Science*, 2006, 40: 461 – 471; Faggian, B. A., McCann, P. & Sheppard, S., "Some Evidence that Women Are More Mobile Than Men: Gender Differences In U. K. Graduate Migration Behavior", *Journal of Regional Science*, 2007, 47: 517 – 539; Gottlieb, P. D. & Joseph. G., "College-to-work Migration of Technology Graduates and Holders of Doctorates Within the United States", *Journal of Regional Science*, 2006, 46 (4): 627 – 659; Groen J. A. & White M. J., "In-state Versus Out-of-state Students: the Divergence of Interest Between Public Universities and State Governments", *Journal of Public Economics*, 2004, 88: 1793 – 1814.

② Chiswick, B. R., "The Effect of Americanization on the Earnings of Foreign-born Men", *Journal of Political Economy*, 1978, 86: 897 – 921.

③ Todaro, M., "Internal Migration in Developing Countries: A Review of Theory, Evidence, Methodology, and Research Priorities", International Labour Organisation, Geneva, 1976.

④ Greenwood, M. J., "Changing Patterns of Migration and Regional Economic Growth in the U. S.: A Demographic Perspective", *Growth & Change*, 1988, 19 (4): 68 – 86.

⑤ M. 卡诺依等：《教育经济学国际百科全书》，高等教育出版社 2000 年版。

⑥ Faggian, B. A. & McCann, P., "Human Capital Flows and Regional Knowledge Assets: a Simultaneous Equation Approach", *Oxford Economic Papers*, 2006, 52: 475 – 500; Faggian, B. A., McCann, P. & Sheppard, S., "Some Evidence that Women Are More Mobile Than Men: Gender Differences In U. K. Graduate Migration Behavior", *Journal of Regional Science*, 2007, 47: 517 – 539; Sjaastad, L. A., "The Costs and Returns of Human Migration", *Journal of Political Economy*, 1962, 70: 80 – 93.

学位越高、毕业学校越有声望，通常越有可能发生流动行为[1]，且就业流动的距离与学校排名之间高度相关[2]，而可能的原因在于流动能给那些受教育程度更高、人力资本存量更高的人带来相对更高的回报。博士毕业生相比其他学历的毕业生拥有更多的人力资本，因此有充足的议价能力，在地域上的选择范围也就更广[3]。

人力资本理论认为，年轻人具有较长的未来时期，能够在这段时间内使自己的投资得到补偿，因此流动的可能性更大[4]。对劳动力流动的研究也发现，年龄是决定流动性大小的一个主要因素。在其他条件相同的情况下，年龄越大，流动的可能性越小。其原因包括以下几个方面：第一，年龄大的流动者回收投资的年限较短。在流动成本既定的情况下，一个人获得流动收益的时间越短，发生流动的收益就越小，于是年轻人便更可能为了较长时间的投资收益而选择流动，距离退休不远的人则可能因为流动的成本无法在短期内收回而选择不流动。第二，年龄大的流动者所需支付的流动成本较大。一方面，流动的心理成本会随着年龄的增加而增加——对所住地区的感情、当地的朋友圈、孩子在当地就读等，都会增加流动的心理成本；而另一方面，有研究发现，年龄较大的劳动力若选择流动则可能损失较多的资历及养老金收益[5]。因此这些成本越高，收益净现值越低，流动的可能性也就越小。

---

[1] Kodrzycki. Y., "Migration of Recent College Graduates: Evidence from the National Longitudinal Survey of Youth", *New England Economic Review*, January/February, 2001: 13 – 34; Mixon, F. G. & Hsing, Y., "The Determinants of Out-of-state Enrollments in Higher Education: A Tobit Analysis", *Economic of Education Review*, 1994, 13 (4): 329 – 335.

[2] Faggian, B. A., McCann, P. & Sheppard, S., "Some Evidence that Women Are More Mobile Than Men: Gender Differences In U. K. Graduate Migration Behavior", *Journal of Regional Science*, 2007, 47: 517 – 539.

[3] Gottlieb, P. D. & Joseph. G., "College-to-work Migration of Technology Graduates and Holders of Doctorates Within the United States", *Journal of Regional Science*, 2006, 46 (4): 627 – 659.

[4] Schultz, T. W., "Investment in Human Capital", *American Economic Review*, 1961 (3): 1 – 17.

[5] Allen, S., Clark, R. & McDermed, A., "Pension, Bonding, and Lifetime Jobs", *Journal of Human Resources*, 1993: 463 – 481.

年龄与流动之间的反向相关关系只存在于特定的阶段，而非贯穿人的整个生命过程，某些特定年龄群体的流动性也具有一定的特殊性。对美国劳动力流动行为的研究发现，人们在完成长期人力资本投资后更容易流动，很多高中毕业生（18—19岁）在开始找工作时倾向于地区流动[①]。而对于进入地区性或全国性劳动力市场的大学毕业生来说，这种迁移就更加明显。美国学者的研究发现，劳动力流动最频繁的年龄是23岁[②]。尽管存在着类似的研究发现，但其并不与人力资本理论的主要观点相矛盾，从劳动力的整个生命周期来看，仍然遵循"年龄越大，流动的可能性越小"这一规律。

一 就业地区偏好和就业地分布

毕业生就业的地区偏好与流动意愿都可以被看作大学生就业期望的重要组成部分，也将会对毕业生的就业选择和行为产生重要影响。为了深入了解毕业生的地区偏好，本书的调查问卷中询问了毕业生"您想去工作的省份或城市：第一希望哪里？第二希望哪里？第三希望哪里"这一问题。尽管就业期望可能会随着就业环境的变化而发生变化，在毕业生找寻工作之前来调查其地区偏好应该会更为准确，但是一般来说，个体地区偏好的形成是长期而稳定的，为此，有理由相信，调查经历过一段时间求职后的毕业生求职偏好更能反映毕业生的真实偏好。

为直观而清晰地反映毕业生的就业地区偏好，本书在清洗"就业地区偏好"这一问题的调查数据时，进行了两类处理：第一类处理，将所填写的"偏好城市"统一划归为其所在的省份，使得所有调查结果均以省作为统一单位；第二类处理，对于在多类希望中填写城市均属于同一省份，或者在多类希望中填写的省份相同的情况，只保留前一希望中的数据，使得三类希望中的省份偏好互不重复。进行上述

[①] Johnson, W. A., "Theory of Job Shopping", *Quarterly Journal of Economics*, 1978: 261 – 278.

[②] McConnell, C. R., Stanley R. B. & David A. M., *Contemporary Labor Economics*, 9th. ed., New York: McGraw-Hill, 2010.

处理后，沿用中国区域经济划分方法将中国各省划分为东部、中部和西部三大地区，于是，三类希望中，偏好东、中、西部地区的毕业生比例如图2-1所示。

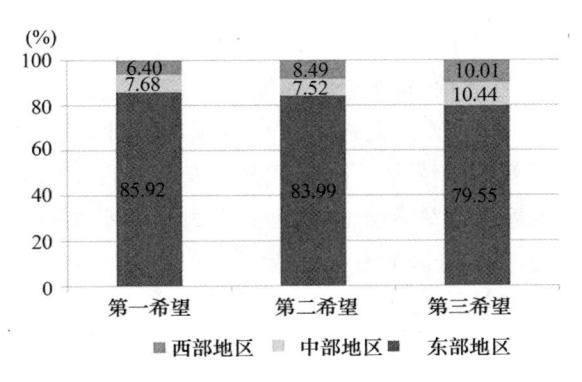

```
(%)
100 ┬  6.40      8.49      10.01
    │  7.68      7.52      10.44
 80 ┤
 60 ┤
 40 ┤ 85.92    83.99     79.55
 20 ┤
  0 ┴ 第一希望  第二希望   第三希望
        ■西部地区  ■中部地区  ■东部地区
```

图2-1　大学毕业生的就业地区偏好

从对地区偏好的差异来看，毕业生对东部地区的偏好最为强烈，有80%以上的毕业生都希望毕业后能够到东部地区就业，而愿意到中部和西部地区就业的比例则不到10%。而从第一希望、第二希望和第三希望之间的差异来看，第一希望偏好东部地区的毕业生比例最高，达到了86%，而第二希望和第三希望偏好东部地区的毕业生比例则略有下降；与之相反，第一希望偏好中、西部地区的毕业生比例分别为7.7%和6.4%，第二希望和第三希望的这一比例均有所上升，其中第三希望偏好中、西部地区的毕业生比例已突破了10%。

中国经济发展水平存在着地区间的差异，东部地区成为毕业生就业的首选地区，很可能是由于东部地区经济发展水平较高，就业机会和教育收益率也相对较高，相比之下，中、西部地区的就业环境则相对较差，经济收入也相对较低。尽管第二希望和第三希望中，毕业生选择中、西部地区的比例逐渐增多，但所增加的比例非常有限，说明尽管眼下高校毕业生面临极其严峻的就业形势，但绝大多数毕业生仍将东部地区的11个省（自治区、直辖市）作为就业的目标区域，而非选择"退而求其次"的策略。

近年来，随着毕业生人数的逐年激增，加之受经济危机影响，外资企业、外向型民营企业等单位吸纳大学毕业生的能力萎缩，毕业生的就业环境遭遇了前所未有的挑战。在这种情况下，毕业生的就业意愿是否能够得以实现？为了回答这一问题，下面来分析一下毕业生就业意愿与实际就业地区之间的关系。

调查问卷中询问了"您已经确定的就业单位在哪个省（自治区、直辖市）"，将其与之前的就业地区偏好中的三类希望进行对比，便得到结果如图2-2所示。左列表示在希望的就业省份就业和未能在希望的就业省份就业的毕业生比例，右列表示在希望的就业地区就业和未能在希望的就业地区就业的毕业生比例。需要说明的是，毕业生的三个希望省份（或地区）中，只要有一个与实际的就业省份（或地区）一致，就被认为是实现了就业期望。

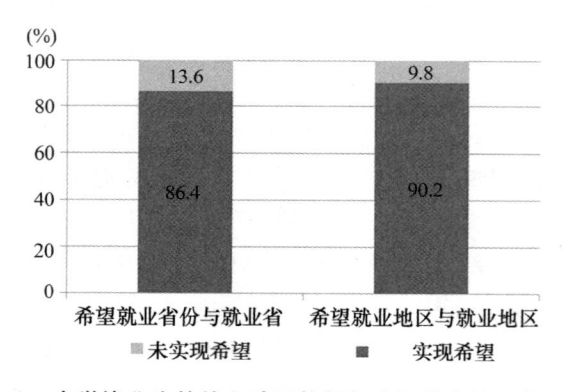

图2-2 大学毕业生的就业地区偏好与实际就业地区的一致性

由图2-2所反映的比例来看，到所希望的就业省份就业的毕业生占到了86.4%，而到所希望的就业地区就业的毕业生则达到了90.2%。如此高的比例说明了绝大多数毕业生都实现了在就业地区上就业的就业期望，也就是说绝大多数毕业生都遵循自己的地区偏好找寻工作，并最终在所希望的就业地区就业。以上分析从一个侧面说明，毕业生的求职地区偏好与其就业地区选择是相互一致的。

从东中西三大区域来看，京津沪吸纳的毕业生比例接近9.0%，而东部其他8省吸纳的毕业生约为44.6%，加总可以得出，选择在东部地区就业毕业生比例已经超过了毕业生总数的一半。在中部8省就业的毕业生比例约为1/4，而西部地区虽然有12个省（自治区、直辖市），但吸纳毕业生的比例还不足20%。可以看出，在大学毕业生就业地区的选择上，的确存在着东中西的不均衡，呈现由东往西依次减少的现象，这与多数研究的结论相一致。

从区域内的具体省份来看，西部地区中，宁夏、西藏和青海3省吸纳的毕业生比例最低，均不足全国毕业生总人数的0.5%；其次是新疆、甘肃、贵州和云南，均不足全国毕业生总人数的2%；而四川和陕西在西部地区中的毕业生比例却遥遥领先，两省所吸纳的毕业生总数接近8%。中部地区也有例外，河南和湖北两省吸纳的毕业生比例均超过5%，而最低的当数吉林省，不足2%。吸纳毕业生人数最多的东部地区中，山东、江苏和广东3个东部沿海省份吸纳的毕业生总数达到了全国毕业生的1/4，位居其次的浙江省超过了6%，比例最低的则当数海南，不足1%，与西部地区省份的比例相当。

从以上分析可以看出，尽管大学毕业生的就业地区分布基本符合从经济欠发达地区到经济发达地区逐渐增加的规律，但其中存在的诸多特例省份似乎又在暗示，经济发展水平并非造成目前大学毕业生就业地区分布状况的唯一原因，很可能还有其他未被发现的因素在影响着毕业生的就业地区选择。为了分析形成这种特点的原因，下文具体研究一下在各个地区就业的毕业生的构成和来源。

二 跨省就业流动特征

表2-1反映了大学毕业生的就业地区分布及跨省流动情况。其中，第一列数值反映了全国高校毕业生的就业地区分布，即大学毕业生选择在哪些省份就业；第二列数值反映了在某地就业的毕业生中有多大比例是当地院校培养的毕业生，即院校地就业的比例；第三列和第四列数值分别为由其他地区院校毕业而流入本省就业的毕业生占本省就业毕业生人数和占全国就业毕业生人数的比例，反映了跨省就业的毕业生流向及本地吸纳外地院校毕业生的能力。

从第二列数值在各地区就业毕业生中的本地院校生比例来看，总体上有74.5%的毕业生是本地院校毕业的学生，其中，在京津沪、

表 2-1 就业地区分布与跨省就业流动

就业地区		在该省就业的比例（1）	来自本省院校的比例（2）	由其他院校省份流入的比例 (3)	(4)
京津沪	北京	3.3	68.9	31.1	1.0
	天津	1.9	67.0	33.0	0.6
	上海	3.1	78.7	21.3	0.7
	小计	8.3	72.1	27.9	2.3
东部地区	河北	5.1	72.4	27.6	1.4
	辽宁	3.9	80.4	19.6	0.8
	江苏	8.5	79.8	20.2	1.7
	浙江	6.2	70.3	29.7	1.8
	福建	2.9	75.0	25.0	0.7
	山东	8.3	79.1	20.9	1.7
	广东	9.1	62.5	37.5	3.4
	海南	0.6	43.8	56.2	0.3
	小计	44.6	73.2	26.8	12.0
中部地区	山西	2.4	65.2	34.8	0.8
	吉林	1.7	78.3	21.7	0.4
	黑龙江	2.5	86.7	13.3	0.3
	安徽	3.6	80.8	19.2	0.7
	江西	3.1	82.5	17.5	0.5
	河南	5.7	75.8	24.2	1.4
	湖北	5.4	84.6	15.4	0.8
	湖南	3.4	81.2	18.8	0.6
	小计	27.8	79.8	20.2	5.6
西部地区	内蒙古	1.9	57.2	42.8	0.8
	广西	2.4	73.3	26.7	0.6
	重庆	1.6	68.2	31.8	0.5
	四川	4.4	80.9	19.1	0.8
	贵州	1.4	73.3	26.7	0.4
	云南	1.5	69.1	30.9	0.5
	西藏	0.1	46.7	53.3	0.1
	陕西	3.3	81.6	18.4	0.6
	甘肃	0.8	53.1	46.9	0.4
	青海	0.3	38.1	61.9	0.2
	宁夏	0.4	44.0	56.0	0.2
	新疆	1.2	61.8	38.2	0.5
	小计	19.3	71.1	28.9	5.6
	合计	100	74.5	25.5	25.5

注：(2) + (3) = 100；(4) = (1) × (3)。

资料来源：由《教育部高校毕业生就业调查》数据整理而得。

东部（除京津沪）、中部和西部地区就业的毕业生中，留在院校所在省份就业（即未发生就业流动）的比例分别为72.1%、73.2%、79.8%和71.1%。也就是说，在各个地区就业的高校毕业生中，有3/4是本地院校培养的学生。从地区内各个省份的比例来看，有27个省份的院校毕业生在就学地就业的比例超过了50%，其中25个省份的本省就业率超过了60%，其中，在院校所在省就业比例最高的省份为东部的辽宁，中部的黑龙江、安徽、江西、湖北和湖南，均超过了80%。最低的地区是西部的青海，但仍接近40%。可以看出，尽管毕业生的就业地区分布在各个地区和省份间存在很大差异，但绝大多数毕业生并没有发生跨省就业流动，而是选择留在院校所在省份就业。

与第二列数值相反，第三列数值则反映了在各地区就业的毕业生中来自外省份院校比例，即跨省就业比例。尽管西部地区的跨省就业的比例很高，但是否流入的毕业生最多，还取决于在当地就业的毕业生总数。为此，通过将（1）和（3）相乘，便得到了（4）由外地院校流入本省就业的毕业生占全国就业毕业生的比例，这一比例反映了那些发生跨省就业流动的毕业生的流向。

吸引外省份就业毕业生比例超过全部就业毕业生人数0.9%的省份共有7个，分别是东部地区的北京、河北、山东、江苏、浙江、广东，中部的河南，也就是说，这些省份是毕业生跨省就业较为集中的流向省份，其他省份吸纳的就业毕业生比例则相对较少，均不足全国就业毕业生的人数的0.9%。

上述以跨省流动作为研究对象的分析揭示了以下两点主要结论：第一，大学生毕业时的跨省就业流动性并不高，而是倾向于留在院校所在省份就业；第二，那些发生跨院校所在省就业流动的毕业生，多集中流入东部沿海地区的几个省份就业，中西部地区吸纳的外地院校毕业生虽相对于在当地就业的毕业生数量而言较高，但相对全国就业的毕业生数量来说却少之又少。这两条结论告诉我们，所谓大学毕业生"孔雀东南飞"的判断可能并不完全正确，事实上，绝大部分孔雀并没有"飞"，而是出于东南又留在了东南，而小部分"飞"了的孔雀则的确多"飞"往了东南。

三 跨籍就业流动特征

跨籍就业是指大学毕业生离开了生源地所在省份就业，即就业地与生源地不是同一省份的就业流动方式。

表2-2反映了大学毕业生的就业地区分布及跨籍就业的流动情况。其中，第一列数值反映了全国高校毕业生的就业地区分布，即大学毕业生选择在哪些省份就业；第二列数值反映了在某地就业的毕业生中有多大比例是当地生源的毕业生，即生源地就业的比例；第三列和第四列数值分别为由其他生源省份流入本省就业的毕业生人数占

表2-2　　　　　　就业地区分布与跨籍就业流动

就业地区		在该省就业的比例（1）	来自本省生源的比例（2）	由其他生源省份流入的比例	
				（3）	（4）
京津沪	北京	3.3	54.2	45.8	1.5
	天津	1.9	61.3	38.7	0.7
	上海	3.1	63.6	36.4	1.1
	小计	8.3	59.4	40.6	3.4
东部地区	河北	5.1	86.7	13.3	0.7
	辽宁	3.9	82.9	17.1	0.7
	江苏	8.5	83.1	16.9	1.4
	浙江	6.2	83.5	16.5	1.0
	福建	2.9	87.4	12.6	0.4
	山东	8.3	91.8	8.2	0.7
	广东	9.1	66.5	33.5	3.0
	海南	0.6	59.9	40.1	0.2
	小计	44.6	81.8	18.2	8.1
中部地区	山西	2.4	92.8	7.2	0.2
	吉林	1.7	85.7	14.3	0.2
	黑龙江	2.5	91.9	8.1	0.2
	安徽	3.6	91.1	8.9	0.3
	江西	3.1	88.9	11.1	0.3
	河南	5.7	88.1	11.9	0.7
	湖北	5.4	80.0	20.0	1.1
	湖南	3.4	90.2	9.8	0.3
	小计	27.8	87.9	12.1	3.4

续表

就业地区		在该省就业的比例（1）	来自本省生源的比例（2）	由其他生源省份流入的比例	
				（3）	（4）
西部地区	内蒙古	1.9	93.1	6.9	0.1
	广西	2.4	89.7	10.3	0.2
	重庆	1.6	75.6	24.4	0.4
	四川	4.4	86.9	13.1	0.6
	贵州	1.4	87.1	12.9	0.2
	云南	1.5	82.7	17.3	0.3
	西藏	0.1	82.8	17.2	0.0
	陕西	3.3	84.6	15.4	0.5
	甘肃	0.8	87.9	12.1	0.1
	青海	0.3	85.0	15.0	0.0
	宁夏	0.4	84.9	15.1	0.1
	新疆	1.2	74.9	25.1	0.3
小计		19.3	85.4	14.6	2.8
合计		100	82.3	17.7	17.7

注：（2）+（3）=100；（4）=（1）×（3）。

资料来源：由《教育部高校毕业生就业调查》数据整理而得。

本省就业毕业生人数和占全国就业毕业生人数的比例，反映了跨籍就业的毕业生比例及本地吸纳外地生源毕业生的能力。

从第二列数值在各地区就业毕业生中的本地院校生比例来看，总体上有高达82.3%的毕业生是本地生源的学生，其中，在京津沪、东部（除京津沪）、中部和西部地区就业的毕业生中，本地生源（即未发生跨籍就业流动）的比例分别为59.4%、81.8%、87.9%和85.4%。也就是说，在各个地区就业的高校毕业生中，有八成以上的毕业生是本地生源的学生，仅有不到两成是外地生源的毕业生。从地区内各个省份的比例来看，有26个省的当地生源比例超过了70%，其中24个省份的本省就业率超过了80%。其中，本地生源比例最高的省份为东部的山东，中部的黑龙江、安徽、湖南、山西以及西部的内蒙古，均超过了90%。最低的地区是北京和海南，但仍接近60%。可以看出，尽管毕业生的就业地区分布在各个地区和省份间存在很大差异，但绝大多数毕业生并没有发生跨籍就业流动，也就是说，不管大学生是否到外省就学，但毕业时选择留在生源地省份就业的比例却非常之高。

与第二列数值相反，第三列数值则反映了在各地区就业毕业生中来自外省生源的比例。尽管京津沪地区的这一比例最高，但是否流入的毕业生最多，还取决于在当地就业的毕业生总数。为此，通过将（1）和（3）相乘，便得到了（4）外地生源流入本省就业的毕业生占全国就业毕业生的比例，这一比例反映了那些发生跨籍就业流动的毕业生流向。

吸引外省份毕业生比例超过全部就业毕业生人数1%的省份共有7个，分别是东部地区的北京、江苏、上海、浙江、广东和中部的湖北，也就是说，这些省份是毕业生跨籍就业较为集中的流向省份，其他省份吸纳的毕业生比例则相对较少，均不足全体毕业生人数的1%。

上述以跨籍就业作为研究对象的分析揭示了以下两点主要结论：第一，大学生发生跨籍就业流动的比例很低，八成以上的毕业生都倾向于在生源地省份就业；第二，那些发生跨籍就业流动的毕业生，多集中流入东部沿海的几个省份就业，中西部地区吸纳的外地院校毕业生虽相对在当地就业的毕业生数量而言并不低，但相对全国就业的毕业生数量来说却少之又少。这两条结论告诉我们，生源地省份是大学毕业生最为集中的就业地区，不管是否曾经发生过为就学而进行的流动，但毕业时绝大多数学生仍选择在生源地省份就业。

表2-3　　　　　　高等院校分布与就业流动　　　　　　单位:%

院校所在地区	本地生源比例	本地就业比例
北京	36.0	58.7
天津	42.0	53.0
上海	65.7	88.8
河北	77.7	81.0
辽宁	76.7	79.8
江苏	83.4	89.1
浙江	90.6	95.1
福建	88.5	90.5
山东	89.4	89.5

续表

院校所在地区	本地生源比例	本地就业比例
广东	89.1	92.0
海南	32.2	66.4
东部地区	86.5	92.0
山西	81.8	78.4
吉林	62.7	59.3
黑龙江	71.3	66.6
安徽	89.4	75.6
江西	46.9	48.5
河南	83.3	81.6
湖北	55.3	58.5
湖南	74.8	61.0
中部地区	78.9	73.1
内蒙古	88.5	85.8
广西	85.5	72.5
重庆	48.2	53.4
四川	72.1	71.2
贵州	77.1	82.8
云南	73.2	80.1
西藏	95.6	99.5
陕西	63.8	59.8
青海	81.6	56.7
甘肃	66.7	69.9
宁夏	75.0	82.9
新疆	77.6	89.7
西部地区	82.2	80.5

资料来源：由《教育部高校毕业生就业调查》数据整理而得。

表2-3第二列数值呈现了各地区高等院校毕业生的本地就业率。从地区分布来看，在东部地区就学的大学生中九成以上都会留在东部地区就业，而由中西部地区到东部地区就业的毕业生只占8%。西部

地区院校毕业的大学生中则有 80.5% 会在西部地区就业，中部地区的本地就业比例最低，只占 73.1%，其余的 26.9% 的毕业生则流入了东部和西部地区。

与本地就学比例比较来看，东部地区的本地就业率高于本地就学率，说明来自中西部地区的大学生中有一部分在毕业后选择留在东部地区就业。中部和西部地区的本地就业率低于本地就学率，说明在中西部地区高校就读的本地学生中，有一小部分在毕业后没有在当地就业，而是选择流入其他地区。尽管东部地区存在着人才的净流入，而中西部地区存在着人才的净流出，但比例不大，说明从就学到就业，学生的流动性并不强，而是大多数选择就近入学和就近就业。

从各省的情况来看，本地就业率高达 90% 的省份为东部的浙江、福建和广东，西部的西藏，本地就业率高达 90% 以上。对比这些地方的本地就学率也可以发现，这些地方的本地就学率也相对较高，说明这些省份对于留住当地生源毕业生在当地就业的能力较强。本地就业率较低的省份有东部的北京、天津，中部的吉林、江西、湖北，西部的重庆、青海和陕西，本地就业率均不到 60%，而对比本地就学率则发现，造成这些地区本地就业率较低的原因并不相同：其中，北京和天津的本地就业率远远高于本地就学率，说明这两个省份留住当地毕业生的能力并不差，只是由于其经济发展水平较高吸引了一定比例的外地毕业生；江西、湖北和重庆的本地就业率略高于本地就学率，说明这些地方留住当地生源学生在当地就业的能力还比较强，但是由于经济欠发达，因此无法吸引外地生源学生来此就业；而吉林、陕西和青海的本地就业率低于本地就学率，说明这些地方不仅无法留住当地生源毕业生，更无法吸引外地院校毕业生来此就业。

以上分析呈现了这样的结论：本地就学率与本地就业率之间存在着一定程度的相关关系，往往那些本地就学率较高的省份和地区，其本地就业率也相对较高；那些本地就学率较低的省份和地区，其本地就业率也相对较低。对比本地就学率和本地就业率之间的差距可以发现，一些经济较为发达的地区如北京、天津，吸引了大量外地学生来此就业，因此在一定程度上降低了本地就业的比率。而经济欠发达的青海，则不仅无法留住当地生源毕业生，更无法吸引外地院校毕业生来此就业，因而造成本地就业率较低，甚至还远远低于本地就学率，存在着较大比例的人才流失。可见，尽管高等教育具有吸引人才流动的作用，但高等教育机构的布局会大大影响这种作用的发挥。从另一个方面来说，即便是位于不发达地区的高等院校，仍然在一定程度上影响着人才流动的方向，这也是促进当地经济发展的重要途径之一。

为进一步研究各类院校对当地输送人才所起到的作用，表2-4列出了各地区、各类型高等院校毕业生的就业地构成。其中的百分比表示某地区某类大学的毕业生中选择留在当地就业的比例。总体来看，一般本科和高职高专院校毕业的学生留在当地就业的比例最高，而"985工程"和"211工程"院校的毕业生在当地就业的比例相对较低。分院校所在地区来看，东部地区院校的毕业生八成以上都会留在东部地区就业，尤其是一般本科和高职高专院校的毕业生，九成以上都选择在当地就业。西部地区重点院校的毕业生中有55%—70%选择留在当地就业，而一般院校的毕业生则有80%以上选择留在当地就业。相比东部和西部地区，中部地区高校的毕业生流失最为严重，尤其是"985工程"院校的毕业生，一半以上都流入了其他地区就业，一般本科和高职高专院校的毕业生有70%多选择留在当地就业。

表2-4　　　各地区、各类型高等院校毕业生的本地就业情况　　　单位:%

院校所在地区	院校类型			
	"985工程"院校	"211工程"院校	一般本科院校	高职高专院校
东部地区	84.8	84.4	92.0	94.0
中部地区	45.7	65.4	74.4	73.2
西部地区	55.3	69.6	79.5	88.0

资料来源：由《2008年教育部全国高校毕业生就业调查数据》抽样计算而得。

对各地区、各类型院校毕业生的就业流向分析可以发现，各地区高等院校的毕业生中，绝大多数选择在院校所在地区就业，尤其是一般本科和高职高专院校的学生，毕业后留在当地就业的比例最大，重点院校的毕业生中则有相当比例发生了地区级的流动。这从一个方面验证了人力资本理论中关于人口流动的判断：人力资本越高的个体，越倾向于发生流动或迁移行为，而人力资本越低的个体，不动的可能性越大。从另一方面来说，一般本科和高职高专院校为当地留住人才的能力最高，这对经济较为落后地区的经济发展会有很大的促进作用。

四 劳动力市场分割与城乡、部门和职业流向

除了就业地区，高校毕业生的城乡、部门和职业流向也是反映就业情况的重要指标。表 2-5 呈现了高校毕业生的城乡、部门和职业流向。其中，主要劳动力市场的就业部门包括国有企业、股份公司、民营大公司、外资企业、政府机关、事业单位、公共部门，次要劳动力市场的就业部门包括小规模民营企业、个体私营企业和乡镇企业。主要劳动力市场的职业包括国家机关、党群组织、企事业负责人，专业技术人员和办事人员三类，次要劳动力市场的职业包括生产运输工人，服务性工作人员，商业工作人员，农林牧渔劳动者以及其他不便分类的职业共五类。其中，行政管理工作包括党政机关、事业单位、群体团体行政管理工作；企业管理工作包括经理、部门经理等；专业

表 2-5　　　　　　　高校毕业生的就业流向　　　　　　单位：%

劳动力市场	城乡	百分比	地域	百分比	部门	百分比	职业	百分比
主要劳动力市场	省会城市或直辖市	53.3	京津沪	25.5	国家机关	10.5	行政管理	14.2
	地级市	30.0	东部地区	52.9	国有企业	34.2	企业管理	15.1
	县级市或县城	12.4	—	—	三资企业	7.0	专业技术	45.1
	—	—	—	—	事业单位	12.0		
次要劳动力市场	乡镇	3.4	中部地区	10.7	私营企业	34.6	技术辅助	9.3
	农村	0.9	西部地区	10.8	乡镇企业	3.7	服务	11.5
	—	—	—	—	—	—	一线生产工人 农民	3.9 1.1

资料来源：根据北京大学教育学院全国高校毕业生就业调查数据计算而得。

技术工作包括工程师、会计师、教师、医生、律师、编辑以及记者等；服务工作包括保安、餐饮服务、销售服务和市场销售等。

从城乡流向来看，只有0.9%的毕业生去农村就业，3.4%的毕业生流向乡镇，其余95.7%左右的毕业生都在县市以上地区就业。由此可见，尽管中国劳动力市场存在着城乡二元分割的局面，但由于高校毕业生不管是来自农村还是来自城市，一旦入学都变为城镇户口，毕业后都可以突破城乡结构的束缚进入城市就业。因此，对高校毕业生而言，其就业并不存在城乡分割，城市尤其是大中城市仍然是高校毕业生最主要的就业流入地。

从就业部门流向看，主要的就业部门为机关、企业和事业单位。其中，约有10.5%的毕业生选择在国家机关就业；约12%的毕业生选择在事业单位就业；选择到企业就业的毕业生的比例高达80%，其中多数选择私营企业和国有企业。按照上文对就业部门依照主要劳动力市场和次要劳动力市场的划分[1]，则可发现约有六成的高校毕业生流入主要劳动力市场就业，到次要劳动力市场就业的比例约为四成，就毕业生的就业部门而言，存在较为明显的分流现象。

从职业流向来看，有超过半数的毕业生会从事与技术相关的工作，而与此相比，一毕业即从事管理工作的约有30%。按照前文对职业依照主要劳动力市场和次要劳动力市场的划分[2]，3/4左右的高校毕业生毕业后从事主要劳动力市场工作中的职业，而其余1/4的毕业生则从事次要劳动力市场中的职业，就职业而言，高校毕业生的就业也存在着一定程度的分流。

概括来说，对高校毕业生就业流向的考察可以发现，几乎所有高校毕业生都选择在城市就业，选择在农村就业的比例很低。如果将主要劳动力市场和次要劳动力市场按照地域、职业以及就业部门进行划分，则发现约有两成的毕业生进入经济欠发达的地区就业，约有四成的毕业生在次要劳动力市场中的部门就业，约有三成的毕业生从事次

---

[1] 朱农：《中国四元经济下的人口迁移——理论、现状和实证分析》，《人口与经济》2001年第1期。
[2] 郭丛斌：《二元制劳动力市场分割理论在中国的验证》，《清华大学教育研究》2004年第4期。

要劳动力市场中的职业。这说明,尽管高校毕业生是劳动力市场中相对优势的就业群体,但是随着毕业生人数的逐年递增,一部分毕业生已被挤压到次要劳动力市场就业。那么,进入主、次要劳动力市场就业的毕业生具有哪些特征上的差别?他们在主、次要劳动力市场中的收益是否相同?下文将试图回答这些问题。

图2-3为各学历层次毕业生的就业部门流向。不同学历层次的毕业生的就业部门分布有很大差异:博士毕业生中近90%都流向了主要劳动力市场的部门就业,硕士毕业生中有80%以上流向了主要劳动力市场的部门就业。本科毕业生中,有近1/3进入了次要劳动力市场就业,专科生进入次要劳动力市场就业的比例最高,接近60%。

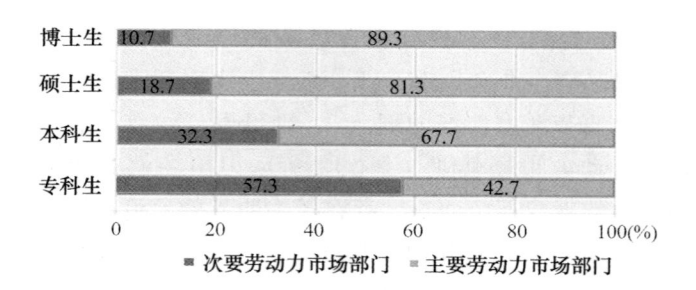

	次要劳动力市场部门	主要劳动力市场部门
博士生	10.7	89.3
硕士生	18.7	81.3
本科生	32.3	67.7
专科生	57.3	42.7

图2-3 分学历层次的毕业生就业部门流向

资料来源:根据北京大学教育学院全国高校毕业生就业调查数据计算而得。

图2-4为各学历层次毕业生的职业流向分布。不同学历层次的毕业生的职业分布有很大差异:博士毕业生中90%以上都流向了主要劳动力市场的职业,硕士毕业生中有86%以上流向了主要劳动力市场的职业;而本科和专科毕业生中则分别约有1/4和1/3从事着次要劳动力市场的职业。

由以上分析可见,学历层次可能是影响毕业生就业部门和职业差异的重要原因。博士和硕士毕业生是劳动力市场中的优势群体,其就业部门与职业流向均比较集中于主要劳动力市场。本科生和专科生处于相对弱势的地位,在从高校向劳动力市场的过渡中,有相当比例的学生被挤压进入次要劳动力市场就业。也就是说,主要劳动力市场中

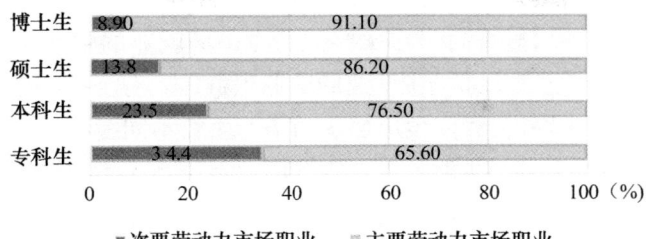

```
博士生  8.90    91.10
硕士生  13.8    86.20
本科生  23.5    76.50
专科生  34.4    65.60
       0   20   40   60   80  100（%）
       ■次要劳动力市场职业  ■主要劳动力市场职业
```

图 2-4　分学历层次的毕业生职业流向

资料来源：根据北京大学教育学院全国高校毕业生就业调查数据计算而得。

毕业生的平均受教育程度要高于次要劳动力市场，学历是决定进入主、次要劳动力市场的重要决定因素。

表2-6为主、次要劳动力市场中分就业部门和职业的毕业生平均起薪。可以看出，在主要劳动力市场的就业部门和职业的起薪均高于在次要劳动力市场的部门和职业的起薪，且方差分析结果显示，这种差异均在5%的水平下显著，也就是说，主、次要劳动力市场具有不同的工资特征。分学历层次来看，不管在主要劳动力市场还是次要劳动力市场，专科生都是相对弱势的群体，平均起薪最低，而其在次要劳动力市场的起薪也显著低于在主要劳动力市场中的就业起薪（5%的显著性水平）。本科生的工作起薪比专科生略高，且本科生从事主、次要劳动力市场中的职业起薪差异显著。硕士生的工作起薪则远远高于专科生和本科生，硕士生进入主、次要劳动力市场中的行业起薪差异显著。

表2-6　　主、次要劳动力市场中毕业生的平均起薪　　　　单位：元

类别	各类就业部门的平均起薪		各类职业的平均起薪	
	主要劳动力市场	次要劳动力市场	主要劳动力市场	次要劳动力市场
总平均	2558	1757	1548	1301
专科生	1762	1267	1674	1143
本科生	2392	1912	2304	2011
硕士生	3742	3660	3704	3504

注：由于样本中在次要劳动力市场就业的博士毕业生规模过小，故在此不做分析。

资料来源：根据北京大学教育学院全国高校毕业生就业调查数据计算而得。

由此可以判断，在主要劳动力市场就业的毕业生，其平均受教育水平和工资水平均显著高于在次要劳动力市场就业的毕业生，也就是说，在主、次要劳动力市场中就业的毕业生群体具有不同的教育水平特征和工资特征。此外，相同学历层次的毕业生在不同劳动力市场中的工资水平也有较大不同，也就是说，教育的收益率在主、次要劳动力市场也显著不同。由此我们可以判断，高校毕业生的就业市场存在着主要劳动力市场和次要劳动力市场的分割。

为进一步分析影响毕业生流入主、次要劳动力市场的因素，该部分研究以进入主、次要劳动力市场中的就业部门和职业的二分变量分别作为因变量，以代表个人特征的性别、学历、毕业院校的类型、学习成绩、辅修双学位情况、政治面貌，与代表家庭特征的家庭收入、父亲的职业作为自变量，分别建立两个逻辑斯特回归方程。模型中选择的基准组分别为次要劳动力市场中的就业部门和职业，当自变量系数为正，意味着具有此类特征的毕业生更倾向于进入主要劳动力市场就业；自变量系数为负，表示具有此类特征的毕业生更倾向于进入次要劳动力市场。模型回归结果如表2-7所示。

表2-7　　　　高校毕业生就业流向的影响因素分析

自变量	因变量	模型1：主、次要劳动力市场中的就业部门	模型2：主、次要劳动力市场中的职业
学历（专科为对照组）	研究生	1.825***	1.090***
	本科	1.087***	0.480***
性别（男性为对照组）	女性	-0.419***	-0.368***
学习成绩（后25%为对照组）	前25%	0.097	0.407**
	中50%	0.204	0.165
党员（非党员为对照组）	党员	0.312***	0.130*
家庭收入（1万元以下为对照组）	10万元以上	0.173	0.076*
	1万—10万元	0.215***	0.100
家庭社会关系（不广泛为对照组）	广泛	0.277***	0.053
	一般	0.077	0.034
父亲受教育程度（初中及以下为对照组）	本科及以上	0.562***	0.625***
	专科及高中	0.012	0.145**
常数项		0.312***	0.361***
R^2		0.168	0.206

注：*、**和***分别表示10%、5%和1%的显著性水平。

从毕业生的个人特征来看，与前文分析一致，毕业生的学历层次是影响其进入主、次要劳动力市场的重要因素。以专科毕业生作为基准可以发现，本科和研究生进入主要劳动力市场部门和职业就业的可能性更大；性别以及是否党员都是影响毕业生进入主、次要劳动力市场的重要因素：男性毕业生比女性毕业生进入主要劳动力市场的可能性更大；党员比非党员进入主要劳动力市场的可能性更大。从毕业生的家庭情况来看。家庭收入高的毕业生进入主要劳动力市场就业的可能性越大；父亲受教育程度高的毕业生进入主要劳动力市场的可能性更大；家庭社会关系对进入主、次要劳动力市场的部门也有一定影响；学习成绩在前25%的学生进入主要劳动力市场职业的可能性更大。

由此可见，毕业生在从高校到劳动力市场的流动中，若以是否进入主要劳动力市场就业作为判断优势就业群体和劣势就业群体的标准，那么优势就业群体包括学历层次高、党员、家庭收入高、父母受教育程度高、成绩更好的男性本科生，这类优势群体进入主要劳动力市场的可能性更大，其获得工资水平高、提升机会多的稳定工作的可能性更大。

本章小结

西方就业理论一直强调劳动力流动对于缓和就业问题的意义。根据西方经济学家的观点，如果限制劳动力的流动，不仅会造成局部过剩和局部短缺并存的人才配置失衡，降低社会经济效率，而且还可能使劳动者丧失择业的权利，成为工作单位的附属品，使人才受到压制、打击[1]。对中国大学生就业流动的研究主要得到以下结论。

第一，高等院校的区域布局会对当地经济发展的人才供给产生可观的影响。尽管各个省份之间的经济发展和人才结构存在一定差异，但从总体来看，当地高等院校的毕业生中有七成以上会选择留在当地

---

[1] 厉以宁：《就业趋势和就业目标——西方就业理论中合理成分的探讨》，《社会科学辑刊》1988年第1期。

就业，尤其是经济较为发达的东部地区，本地就业率高达90%以上。从各地区分院校类型来看，中西部地区重点院校的本地就业率相对较低，有一半左右的学生在毕业后选择到其他地区就业，而一般本科和高职高专类院校的本地就业率相对较高。可见，各地区劳动力市场的人才供给和结构会受到当地高等教育规模和结构的影响，高等院校选在哪里，哪里的劳动力市场就有可能受益更多。

第二，将大学生就学、就业流动结合起来看，尽管经济较为发达、高等教育供给相对充足的东部地区存在着人才的净流入，而经济欠发达、受教育机会供给相对匮乏的中西部地区存在着人才的净流出，但大学生由就学选择到就业选择的连续过程中，流动性普遍不大，大多数学生仍然选择就近入学和就近就业，而只有极少比例的学生发生了跨省或跨区的流动。

中国的劳动力市场由于长期受计划经济体制的影响，制度性分割的痕迹明显，劳动力的充分自由流动很难实现。在这种分割背景下，高校毕业生的就业流动还呈现另外一些特点。

第一，高校毕业生较一般劳动力具有更高的受教育水平，在劳动力市场中处于优势地位，因此主要劳动力市场是其就业的主要市场，而且可以突破劳动力市场的城乡分割，集中于城市就业。毕业生在地域、部门和职业上出现了分流，大部分的毕业生在经济发达地区、高收入的部门和职业就业，但也有相当比例的毕业生流入次要劳动力市场就业。

第二，高校毕业生的就业市场存在主、次要劳动力市场的分流。从受教育程度来看，硕士和博士毕业生几乎全部流入主要劳动力市场就业，而本科和专科毕业生中的大部分进入主要劳动力市场就业，但也有相当比例会流入次要劳动力市场就业。相同学历的毕业生在主要劳动力市场中的收入显著高于在次要劳动力市场中的收入，即毕业生在主、次要劳动力市场中的教育收益率存在显著差异。

第三，毕业生的这种就业分流受到毕业生的个人特征以及家庭因素的影响：学历越高，进入主要劳动力市场就业的可能性越大；男性、党员进入主要劳动力市场的可能性更大。此外，家庭背景也是决定毕业生进入主、次要劳动力市场不容忽视的因素，家庭收入高、父母的受教育程度高、家庭的社会关系广泛也都有利于毕业生进入主要劳动力市场就业。

毕业生就业流动的这种分割，是中国整体劳动力市场分割的延伸和体现，从一定程度上来说，也会进一步加剧整个劳动力市场的分割。经济学家和社会学家们长期以来都在强调教育是解决很多社会问题的"灵丹妙药"，包括促进生产力的提高、促进经济发展、调节收入分配、减少社会不公等，但教育的"万能"作用是有前提的，即受教育者必须能找到适合的、与之匹配的工作机会。目前中国劳动力市场分割的现状，会严重阻碍毕业生的自由流动，加剧毕业生的自愿失业，教育的配置能力受到抑制。要解决这一问题，最根本的途径是改变中国劳动力市场分割的现状。同时，随着高等教育大众化进程的推进，高校毕业生也应认清形势，适当降低对工作的心理预期，多渠道寻找匹配的工作，积极创造就业机会。

此外，随着中国高等教育管理体制改革的不断深入，高等教育管理的重心下移，为高等教育在各地区的合理布局创造了良好条件。在进行高等院校布局调整时，不仅要考虑高等教育系统的现有结构和发展目标，以及各地区经济发展及人口规模概况，还应将由此而引发的人才流动方向纳入研究框架。只有建立健康、合理、和谐的高等院校布局，才能有效引导地区间人力资本的健康流动，以局部效应带动高等教育体系的健康、协调和可持续发展，从而为中国高等教育建设以及经济发展提供有力支撑。

第三章 从就学到就业的流动模式

基于人力资本流动理论的相关研究会发现：即使考虑了个体人力资本的差异以及地区就业机会的可得性，前期流动与后期流动之间仍然存在显著的正相关关系，并且这种相关性会因当地工资差异的不同而不同[1]。以具有大学学位的劳动力为例，他们中的很多人是先离开家乡所在地到一个新地方上学，这种经历使得他们在工作机会出现时比较容易再次流动。而从另一个方面来说，这些人选择流动到新的地方就读大学本身就说明他们流动的心理成本比那些选择不流动的人的心理成本就低，或者说更加偏好流动，于是，有过流动经历的人再次流动的可能性就更大。

Faggian 等以苏格兰和威尔士 76000 名学生作为研究对象，分析其由家乡到大学所在地再到就业地的三阶段流动，结果证实了 Da Vanzo 关于"后期流动与前期流动相关"假设[2]。Kodrzycki 也发现，那些不在家乡所在地读大学的毕业生与在本地读书的毕业生相比，毕业 5 年后在外地就业的可能性要多 54%；出生后到高中期间跨州流动

---

[1] Da Vanzo J., "Differences Between Return and Nonreturn Migration: An Econometric Analysis", *International Migration Review*, 1976, 10: 13 – 27; Da Vanzo J., "Does Employment Affect Migration? Evidence from Microdata", *Review of Economics and Statistics*, 1978, 60: 504 – 514; Da Vanzo J., "Repeat Migration in the Unitedt States: Who moves Back and Who Moves On?", *Review of Economics and Statistics*, 1983, 65: 552 – 559; Da Vanzo, J. &Morrison, P., "The Prism of Migration: Dissimilarities between Return and Onward Movers", *Social Science Quarterly*, 1986 (67): 113 – 126.

[2] Faggian, B. A., McCann, P. & Sheppard, S., "Some Evidence that Women Are More Mobile Than Men: Gender Differences In U. K. Graduate Migration Behavior", *Journal of Regional Science*, 2007, 47: 517 – 539.

过的毕业生与那些从未流动过的毕业生相比，毕业5年后不在高中所在地就业的可能性多17%，毕业5年后不在大学所在地就业的可能性多8%；而高中到大学之间流动过的学生与那些没有流动过的学生相比，毕业5年后在大学所在地之外就业的可能性多31%[1]。Groen 对这一问题研究则发现，尽管在某州上学对毕业后5—10年内在该州就业的影响显著，但从其大小来看影响力不大[2]。

关于对就业流动与就学流动关系的解释，有的学者将其归因于个体自身的自选择[3]，而 Greenwood 则从教育结构的角度对此进行解释。他通过研究发现：那些就学流出率低的地区，就业流出率也很低，以至于净流量相对于总体发生流动的劳动力人数来说很小，地区配置劳动力资源的整体效率较低[4]。这在一定程度上说明，高等教育的结构可能是影响就业流动的因素之一[5]，大学不仅扮演着将潜在的人力资本输送到该地区的"导管"作用，还承担着促进毕业生在毕业后留到该地工作的重要职能[6]。

近年来美国针对大学生院校地和就业地选择的研究发现：学习成绩优秀的学生中有很大比例选择离开家乡到其他地区就读大学，且随着美国大学市场地理界限的不断融合，这种流动的趋势愈加明显[7]，而这些学生中有很多在大学毕业后也没有再回到家乡就业[8]。于是，为了吸引更多的学生留在本地就学继而就业，近年来美国政府实施了一系列

---

[1] Kodrzycki, Y., "Migration of Recent College Graduates: Evidence from the National Longitudinal Survey of Youth", *New England Economic Review*, January/February, 2001: 13 – 34.

[2] Groen, J. A., "The Effect of College Location on Migration of College-Educated Labor", *Journal of Econometrics*, 2004, 125 – 142.

[3] Ibid..

[4] Greenwood. M. J., "The Geographic Mobility of College Graduates", *The Journal of Human Resources*, 1973: 506 – 515.

[5] Kodrzycki. Y., "Migration of Recent College Graduates: Evidence from the National Longitudinal Survey of Youth", *New England Economic Review*, January/February, 2001: 13 – 34.

[6] Faggian, B. A. & McCann, P., "Human Capital Flows and Regional Knowledge Assets: a Simultaneous Equation Approach", *Oxford Economic Papers*, 2006, 52: 475 – 500.

[7] Hoxby, C. M., "How the Changing Market Structure of U. S. Higher Education Explains College Tuition", National Bureau of Economic Research Working Paper, 1997, No. 6323.

[8] Schmidt, P., "More States Try to Stanch 'Brain Drains,' But Some Experts Question the Strategy", *Chronicle of Higher Education*, 20 (1998), A36.

针对本州学生的奖学金计划，希望通过降低学费来吸引更多的本州学生留在本地就学，继而毕业后留在本州就业。一些研究证实了奖学金计划对于留住本州学生在本州就学的成效[①]，但是由于美国劳动力市场较高的流动性，该计划对于留住毕业生在本州就业的影响并不乐观[②]。

接下来，本章将把大学生的就学流动和就业流动视为一个连续的过程，并分析这一流动过程的不同模式及其影响因素。

一 多次流动、返回流动、前期流动和后期流动

Faggian等将大学生的就学流动与就业流动视为一个连续的过程，并按照是否发生区域的变化将流动分为五类：多次流动、返回流动、前期流动、后期流动、不动[③]。这一分类方法不是把就学或就业流动看作孤立的行为，而是将二者结合起来作为一个连续的过程来分析，充分地考虑了前期流动对后期流动的影响，也更为真实地还原了大学生的流动状态。本书也将在其后的章节中参照这一分类方法来研究我国大学生的区域流动行为。

为了还原一个真实的大学生流动过程，本章把大学生的就学流动和就业流动看作一个连续的过程，并按其特征将大学生的流动行为分为五种类型：不动、前期流动、后期流动、返回流动和多次流动，这五种流动类型概括了大学生的全部流动行为。

表3-1呈现了各生源地区的学生中，发生各种类型流动行为的百分比。其中，第一列学生比例表示来自各个生源地区的大学生比例，第二列流动类型表示在各生源地区的学生中发生各类流动的比例，倒数第二列生源地就学率表示留在各生源地就学的大学生占当地

---

① Dynarski, S., "Hope for Whom? Financial Aid for the Middle Class and Its Impact on College Attendance", *National Tax Journal*, 53 (2000): 629-661.

② Bound, J., Groen, J., Kezdi, G., Turner, S., "Trade in University Training: Cross-state Variation in the Production and Stock of College-educated Labor", *Journal of Econometrics*, 121 (2004): 143-173; Groen, J. A., "The Effect of College Location on Migration of College-Educated Labor", *Journal of Econometrics*, (2004): 125-142.

③ Faggian, B. A., McCann., P. & Sheppard, "An Analysis of Ethnic Difference in UK Graduate Migration Behavior", *Journal of Regional Science*, 2006, 40,: 461-471.

表 3-1　　　　　　　　大学生就学—就业流动特征　　　　　　　　单位:%

生源地		学生比例	流动类型					生源地就学率	生源地就业率
			不动	前期流动	后期流动	返回流动	多次流动		
京津沪	北京	1.6	84.0	1.3	1.2	13.0	0.6	85.2	97.0
	天津	1.3	71.1	4.9	2.5	17.8	3.7	73.6	88.9
	上海	1.9	92.4	0.8	0.9	5.5	0.4	93.3	97.9
	小计	4.8	84.0	2.0	1.4	11.3	1.3	85.4	95.3
东部地区	河北	5.9	62.2	9.7	4.1	18.0	6.0	66.3	80.2
	辽宁	3.9	72.1	6.2	6.4	11.3	4.0	78.5	83.4
	江苏	7.6	83.1	3.8	1.6	9.7	1.8	84.7	92.8
	浙江	4.8	75.3	4.0	0.7	18.4	1.6	76.0	93.7
	福建	2.9	70.3	5.6	3.3	17.3	3.5	73.6	87.6
	山东	9.3	71.6	7.4	2.4	14.6	3.9	74.0	86.3
	广东	5.5	90.0	1.6	0.1	7.9	0.5	90.1	97.9
	海南	0.6	19.1	16.6	2.7	47.4	14.2	21.8	66.5
	小计	40.5	75.0	5.6	2.3	14.0	3.1	77.3	89.0
中部地区	山西	3.5	52.0	13.4	3.0	23.7	8.0	55.0	75.7
	吉林	2.2	54.4	12.2	11.0	14.2	8.2	65.4	68.6
	黑龙江	3.0	68.3	8.7	9.1	8.7	5.2	77.4	77.0
	安徽	4.2	62.2	6.6	15.7	11.2	4.3	77.9	73.4
	江西	3.4	67.2	9.5	4.5	12.5	6.4	71.7	79.7
	河南	6.9	60.3	8.4	7.9	17.9	5.5	68.2	78.2
	湖北	5.4	69.1	6.6	9.0	10.4	5.0	78.1	79.5
	湖南	4.6	57.1	6.8	20.1	11.0	5.0	77.2	68.1
	小计	33.2	62.0	8.4	10.3	13.6	5.7	72.3	75.6
西部地区	内蒙古	2.4	44.0	14.4	3.0	30.1	8.5	47.0	74.1
	广西	2.6	56.2	5.8	15.7	17.9	4.3	71.9	74.1
	重庆	1.6	55.2	11.1	6.4	19.8	7.5	61.6	75.0
	四川	4.5	70.2	6.0	8.1	11.6	4.1	78.3	81.8
	贵州	1.4	62.1	8.3	4.2	19.1	6.4	66.3	81.2
	云南	1.5	63.0	7.1	2.1	22.8	4.9	65.1	85.8
	西藏	0.2	45.8	5.3	0.0	43.6	5.3	45.8	89.4
	陕西	3.6	50.1	5.5	0.0	38.7	5.7	50.1	88.8
	甘肃	1.7	64.7	7.5	12.1	10.6	5.1	76.8	75.3
	青海	0.4	34.2	14.8	13.5	26.0	11.5	47.7	60.2
	宁夏	0.5	28.5	16.2	1.2	39.4	14.9	29.5	67.7
	新疆	1.3	31.7	16.1	2.7	36.8	12.7	34.4	68.5
	小计	21.7	52.3	12.1	0.9	26.7	8.1	53.2	79.0
合计		100.0	67.5	7.1	6.1	14.8	4.5	73.6	82.3

注：生源地就学率 = 不动者 + 后期流动者；生源地就业率 = 不动者 + 返回流动者。
资料来源：根据北京大学教育学院全国高校毕业生就业调查数据计算而得。

生源大学生的比例，最后一列生源地就业率表示毕业时留在各生源地就业的大学生占当地生源大学生的比例。

从大学生的生源地构成来看，在全体大学毕业生中，有接近一半的学生是东部地区（包括京津沪）生源的学生，来自中部地区生源地的学生约占1/3，而来自西部地区生源地的学生则刚刚超过两成。可见，从生源地的角度来看，东部地区生源地的学生获得高等教育机会的优势最为明显，中部地区次之，而西部地区则显示出一定的劣势。从地区内的各个省份来看，东部地区海南籍的学生的比例最低，仅有0.6%，中部地区河南籍的学生的比例较其他省份高，达到6.9%，而西部地区西藏籍、青海籍和宁夏籍学生的比例仅有0.2%、0.4%和0.5%。

从大学生的总体流动情况来看。67.5%的大学生未发生过任何形式的就学和就业流动，也就是说，全国有七成的学生选择在本省就学，毕业后也留在本省就业。另有14.8%的学生尽管到外地就学，但毕业后仍然选择回到本省就业。这两者之和即为生源地的本地就业率，高达82.3%。尽管发生后期就业流动的比例仅为6.1%，但考虑到67.5%的不动者，生源地的本地就学率也达到73.6%。因而，从总体上看，我国大学生的流动性较差，既不愿意离开家乡就学，也不愿意离开家乡就业。

从东中西三大地区的流动情况来看。生源地就学率和就业率最高的地区均是京津沪地区，其中生源地就学率为85.4%，生源地就业率高达95.3%。也就是说，京津沪地区的学生中有九成都选择在本地就业，离开当地到外地就业的比例还不足5%。这其中，高达84%的京津沪生源地学生为选择在当地就学毕业后也留在当地就业的学生，另有11.3%的学生为离开当地到外地就学后又返回当地就业的学生。东部地区（除京津沪）的生源地就学率和就业率仅次于京津沪地区，其中，有75%为本地就学本地就业，另有14%为外地就学后又返回本地就业。

西部地区的不动者比例最低，仅有52.3%，说明仅有一半比例的西部生源学生选择在当地就学并留在当地就业。而返回流动的比例高达26.7%，说明超过1/4的西部生源学生选择离开当地就学，但毕业后返回当地就业。对比 12.1% 的前期流动比例则发现，西部地区本地就业率比例仅有 53.2% 的最主要原因是有较大比例的学生选择流出西部地区到外地就学，也就是说，西部地区所提供的高等教育机会不足以满足当地的受教育需求，导致大量学生因就学而流入其他地区，其中一部分学生在毕业后选择返回西部地区就业，尤其是随着近年来政府鼓励到西部地区就业政策的落实，西部地区吸引了较多本地生源学生在外地求学后回到本地就业，但仍然有相当比例的学生在毕业后选择留在东部和中部地区的省份就业。

与西部地区相比，中部地区的生源地就业率最低，流失到其他地区就业的比例高达 24.4%。这其中，后期流动的比例高达 10.3%，说明中部地区的生源流失主要是由于有相当比例的学生在当地就学后却流入其他地区就业，可能的原因是中部地区的高等教育资源虽相对充足，但由于经济欠发达，且近年来中部地区吸引毕业生的政策倾斜力度又相对于西部地区较小，因此很多学生选择到其他地区就业。关于这一推断也将在此后章节加以验证。

从各个省份大学生的流动情况来看，上海生源的学生中仅有 6.7% 选择到外地就读大学，而到外地就业的比例更低，仅为 2.1%。其他经济较发达地区如北京、天津和广东地区的生源地就学率和就业率也都相对较高。本地生源流失比例最高的省份有东部的海南、中部的湖南以及西部的青海、宁夏和新疆，最终选择在本省就业的毕业生仅有六成左右，但造成这一现状的原因则并不相同。海南、青海、宁夏和新疆毕业生流失率高主要是源于相当多比例的学生选择到外地就读大学，而其中只有一半在毕业后就返回本省就业，这种较高的就学流出率可能是由于这些省份的高等教育条件相对落后造成的。而湖南省毕业生流失率较高的原因是湖南生源的学生有两成选择在湖南就读大学后流入其他地区就业，这可能与湖南的经济欠发达以及就业机会相对不足有关。

根据前面的分析可以发现，河南省是唯一一个不位于东部经济发达地区但却吸收跨省流动毕业生最多的省份。从河南省生源的学生比例来看，全国高校毕业生中有 6.9% 是来自河南，相比其他地区这一比例是比较高的（没有考虑河南省适龄人口数量的情况下），其中，又有17.9%的学生在外省接受高等教育后返回到河南就业，两者结合来看可以发现，毕业时集中流入河南就业的学生中，有相当比例的学生是河南籍的学生，他们在从外省高校毕业后选择返回河南就业，这从一个侧面说明河南省高等教育资源对于满足本省需求的局限。

二 不动模式、聚集模式、交换模式和发散模式

为了更清晰地说明毕业生对就业城市的选择，笔者进一步对就业城市的类型进行了划分。一是区分中心城市和非中心城市，二是区分不同类型的非中心城市。由此，可以定义四种就业城市类型："北上广"（北京、上海、广州）、其他直辖市、副省级城市、地级及以下城市。"北上广"可以近似地看作全国的中心城市，其他2个直辖市和15个副省级城市近似为区域中心城市①。最后，通过区分毕业生的就业流动类型和就业城市类型，根据就学地—就业地的关系，可以定义出四种就业流动的空间模式②，即不动模式、聚集模式、交换模式和发散模式。不动模式包括在中心城市内停留不动、在其他直辖市内或者省内不动；聚集模式是指就业地的集中趋势，它包括向全国中心城市或者区域内中心城市的聚集；交换模式包括其他直辖市之间的交换，以及省际交换（包括副省级城市之间和地级市之间的交换）；发散模式主要指离开中心城市，或者离开其他直辖市或副省级城市等区域中心城市。本节研究采用麦可思公司于2010年完成的对2009年毕业生毕业半年后的调查数据。

以就学地—就业地的关系来分析，占据主导地位的是不动模式（45.5%），其次是聚集模式（20.9%）、发散模式（21.0%），最后

---

① 中心城市定义为北京、上海、广州。副省级城市有15个，包括10个省会城市所在市和5个计划单列市。地级及以下城市指除了副省级城市之外的所有省辖市，其中包括283个地级市和374个县级市。由于数据无法区分地级市和县级市，因此统称为地级及以下城市。

② 首先，根据毕业生就业城市的选择，确定他们的生源地或者就学地城市类型。然后，进一步确认他们的生源地—就业地或者就学地—就业地是否属于同一省、是否属于同一城市。

是交换模式（12.6%），具体数据如表3-2所示。较高的"不动"比例意味着高校毕业生较高的本地偏好。这符合预期收入差距和劳动力市场分割理论的预测：较高的不动比例既可能是由于本地较高的就业概率，也可能是出于各地劳动力市场之间的壁垒，导致迁移的困难。

表3-2　　不同群体毕业生占各类就业流动模式的比例　　单位:%

类别		不动模式	聚集模式	交换模式	发散模式
总体		45.5	20.9	12.6	21.0
性别	女性	51.3	19.9	8.3	20.5
	男性	44.6	21.7	12.6	21.2
院校类型	"985工程"院校	35.1	20.1	13.9	30.8
	非"985工程"、"211工程"院校	47.5	21.4	12.0	19.1
	其他本科院校	49.7	21.0	10.0	19.4
父亲受教育程度	小学毕业及以下	50.5	21.5	9.7	18.3
	初中毕业	45.8	24.1	13.9	16.2
	高中毕业	46.0	22.5	9.9	21.6
	大学毕业	44.0	23.0	12.0	21.0
	研究生毕业	28.6	42.9	14.3	14.3
就学地	东部	47.1	21.3	9.3	22.3
	西部	39.7	21.5	12.5	26.2
	中部	29.8	35.2	26.0	9.0
	中心城市	79.9	0	1.2	19.0

不动模式中存在大量毕业生的省内流动。在就业地和生源地均为副省级城市的毕业生中，约有57.5%的生源地和就业地属于同一省份的不同城市。在就业地和生源地均为地级及以下城市的毕业生中，有41.4%属于同省不同市的情况。省内流动符合劳动力市场分割理论的预期。省内劳动力市场比较同质，进入的成本较低，市场区域性分割和制度性分割程度都比较低，毕业生容易找到工作。

此外，聚集模式可以分为向着"北上广"这类全国中心城市的聚集和向着区域中心（直辖市或副省级城市）的聚集。不同的聚集模式可能反映了预期成本和收益的差异，亦可能是由于个人地区偏好或者聚集的困难程度。"北上广"的预期收益高于区域中心城市，预期成本也较高，进入困难程度大，找到工作的概率低。这会导致部分毕业生选择区域中心城市而非全国中心城市作为聚集的目的地。

最后，"北上广"地区的聚集模式的发生率远远高于离开"北上广"地区的发散模式。不论是以生源地还是就学地衡量，向中心城市聚集的毕业生远远多于离开中心城市的毕业生①。在初次就业的毕业生中，并没有出现大规模的"逃离北上广"或离开区域中心城市的现象。此外，以不动模式为代表的同层级流动的参与比例高于以聚集模式为代表的跨层级流动的参与比例。以往对"孔雀东南飞"的讨论重在强调东部和沿海地区预期收入的优势，而忽视了这些地区较高的"进入成本"和较低的就业概率。相对较低的聚集模式参与比例，一方面说明理性的高校毕业生就业选择时考虑了这些因素，而且可能对预期成本比对预期收益更敏感；另一方面也可能说明地区间的收入差异尚未达到吸引人才流动的程度。

无论以何种指标划分，北京、上海、广州仍是中国最具就业吸引力的城市。那么，到底是哪些毕业生在进入全国中心城市的竞争中取得了成功呢？笔者借助对毕业生生源地和就学地的分析加以说明。

研究发现，在"北上广"聚集的过程中，出现了"邻里效应"。即聚集的毕业生主要来自这三个城市的周边省份。邻里效应在上海和北京更为明显。从生源地的角度进行分析，在"北上广"就业学生中有9%来自副省级城市，57.7%来自地级及以下城市。在非本地生源中，多数毕业生来自邻近省份。

具体来看，在北京就业的学生中，其生源地多集中在其附近的几个省份，其中有超过20%的学生来自北京当地，山东籍的学生比例为10%—20%，河北和江苏籍的学生比例分别为5%—10%，除此之

---

① 向"北上广"聚集毕业生占全部毕业生的13%—14%，离开北上广的发散毕业生仅占全部的1%—2%。

外，山西、河南、陕西、辽宁、吉林和黑龙江籍的学生也较多。在上海就业的学生中，其生源地多集中在上海周边的几个省份，其中有超过20%的学生来自江苏，山东籍的学生比例为10%—20%，来自河南、安徽、浙江、湖北和江西这些邻近省份的学生比例也较多。在广州就业的学生中，其生源地多集中在周边的几个省份，其中有超过20%的学生来自广东本省，湖南、山东和江苏籍的学生比例均为5%—10%，除此之外，来自广西、江西、福建、安徽、湖北、四川、陕西等省份的学生也较多。以就学地划分也可以发现显著的邻里效应。"北上广"就业学生中有28.4%毕业于其他副省级城市，32.9%毕业于地级及以下城市。在集中到"北上广"的毕业生中，多数来源于在附近高等教育资源大省就读的学生。具体来看，在北京就业的学生中，其就读大学的来源地多集中在其周边的几个省份，其中有超过20%的学生来自北京当地的大学，从山东和江苏各省大学毕业的学生比例均为10%—20%，除此之外，毕业于河北和辽宁等省份大学的学生也较多。在上海就业的学生中，其毕业大学的来源地也多集中在其周边的几个省份，其中有超过20%的学生来自江苏省的大学，来自山东省大学的学生比例为10%—20%，除此之外，毕业于安徽和江西等省份大学的学生也较多。在广州就业的学生中，其毕业大学的来源地则相对分散，其中有超过20%的学生来自广东本省的大学，其次是来自江苏省大学的学生，比例为10%—20%，毕业于山东和湖南等省份大学的学生也较多，除此之外，四川、陕西、湖北、江西、河北等省份大学的毕业生来广东就业的学生比例也比较高。

　　邻里效应的存在进一步支持了人力资本理论。与其他毕业生相比，家庭属于中心城市的邻近省份或者在邻近省份就读的学生迁移到中心城市的预期成本比较低。在预期收益相似的情况下，他们的预期净收益更大，更有迁移的动力。

　　不同群体学生对流动模式的选择存在着较大的差异，详细数据如表3-2所示。通过描述统计分析，本书发现一些趋势。

　　首先，弱势群体的就业流动性小于其他学生。女生、来自非"985工程"和"211工程"院校本科生、父亲受教育程度较低的学生选择不动模式的比例高于男生、来自"985工程"和"211工程"院校本科生、父亲受教育程度较高的学生。这可能与流动的预期成本有关。虽然流动能带来较高的预期收益，但弱势群体学生未必能负担较高的流动成本，同时，他们的风险规避程度可能也高于其他学生。

其次，重点院校学生选择跨级流动（指聚集或发散模式）的比例远远高于非重点院校学生。例如，30.8%的"985工程"院校学生选择了发散模式，各有约19%的非"985工程""211工程"院校和一般本科院校学生选择了该模式。重点院校毕业生选择聚集模式的比例与其他院校相似（约21%），但是选择不动模式的比例远低于其他院校毕业生。重点院校毕业生选择离开中心城市可能反映了他们有能力在非中心城市找到合意的工作，也可能是由于重点院校集中在中心城市，而这些城市就业市场饱和，无力吸纳这些毕业生。

再次，生源地或就学地在中、西部的毕业生选择聚集和交换模式的比例高于东部和中心城市毕业生。35.2%在中部就学的毕业生选择向中心城市聚集，26%选择流向同层级的城市。这与以往研究的发现一致，即中、西部保留人才的能力较弱，属于人才净流出地区。

最后，不同流动模式的实际收益有很大差异。根据就学地—就业地划分，选择不动模式毕业生的平均起薪为2294元，聚集模式的平均起薪为2716元，交换模式为2362元，发散模式为2365元①。聚集模式的收益最高，其次为交换模式和发散模式，最低为不动模式。这验证了预期收入差异和人力资本理论的预测，即迁移会导致收益增加。弱势群体毕业生倾向于选择未来收益较低的不动模式；父亲受教育程度较高、男性、中西部学生更容易选择收益较高的聚集模式。

三 生源地、院校地和就业地的关系

国外的研究表明，就学流动与就业流动之间，前期流动与后期流动之间存在一定的关系。中国大学毕业生的流动是否存在一定内在联

---

① 若按照生源地—就业地划分，选择不动模式毕业生的平均起薪为2247元，聚集模式的平均起薪为2699元，交换模式为2407元，发散模式为2378元。

系呢？本节将从就业地选择与生源地、院校地之间的关系角度入手，探究就学流动与就业流动之间的关系。

根据研究问题的特点，笔者建立条件逻辑回归模型（Conditional Logit Model）进行分析。该模型是由诺贝尔经济学家 McFadden 在 1973 年提出的，用于分析个体面临多个选择时的决策过程，其基本原理是：个体在多个备选之间进行选择时遵循效用最大化的原则。与二元和多元逻辑回归模型相比，该方法更加强调各个备选的特征变量对其被选择概率的影响，并且可以得出个体选择每个备选的概率，从而更为清晰地还原毕业生的流动决策过程。本书的基本模型如下：

$$Y_{ij} = \beta_1 H_{ij} + \beta_2 C_{ij} + \beta_3 S_j + \varepsilon_{ij} \qquad (3.1)$$

其中，i 表示学生个体，j 表示省（自治区、直辖市）（$j = 1$，2，…，31）。因变量 Y_{ij} 是表示毕业生的就业地：$Y_{ij} = 1$ 表示学生 i 毕业后在 j 地就业，$Y_{ij} = 0$ 表示学生 i 毕业后不在 j 地就业。自变量中，S_j 表示 j 地的特征变量，如经济发展水平、就业机会、高等教育规模等；H_{ij} 表示学生个体 i 高考前的生源地：$H_{ij} = 1$ 表示学生个体 i 的生源地为 j 地，$H_{ij} = 0$ 表示学生个体 i 的生源地不在 j 地；C_{ij} 表示学生 i 的毕业院校地：$C_{ij} = 1$ 表示学生 i 在 j 地的高校毕业，$C_{ij} = 0$ 表示学生 i 不在 j 地的高校毕业。

在公式（3.1）中，由于 H_{ij} 是外生变量，因此估计出来的系数 β_1 是无偏的。而对于变量 C_{ij} 来说，如果 C_{ij} 与 ε_{ij} 不相关，那么估计出来的系数 β_2 就是无偏的。然而，可能有很多因素既与就学地的选择 C_{ij} 有关，又与就业地的选择 Y_{ij}，也就与 ε_{ij} 相关：个体在考虑选择哪里接受高等教育时，会考虑离家远近、经济条件、气候等因素，而在毕业后选择工作地时，这些因素同样会影响他们的选择。甚至，学生考虑在何地接受高等教育时，可能已经考虑了毕业后留在当地工作的情况。如果这种个体偏好被"遗漏"在随机扰动项中，就会使得那些在某地就读大学的学生对留在当地工作的偏好，大于那些不选择在此地就读大学的学生偏好。而系数 β_2 的估计值不仅反映了大学所在地的影响，还包含了一个自选择效应，即可能存在一个向上偏误的估计量。

为纠正这一误差，本节以学生"高考志愿集中所在的省份"① 作为学生地区偏好的替代变量。考虑到中国高考招生政策的特点，学生在填报高考志愿时，会综合考虑自己的高考成绩（或估计的高考成绩）、各地区院校的排名及类型、可能划定的分数线、自身的兴趣、家庭的社会经济背景等因素，并最终会在个体地区偏好的指引下来填报一个或多个地区的多所高校。尽管最终只能被一所学校录取，但所填报的志愿仍然能够在一定程度上反映学生个体在就学之前的地区性偏好。将这一偏好加入模型，能够在一定程度上调整自选择问题。

在加入高考志愿选择变量后，回归模型变为：

$$Y_{ij} = \alpha_1 H_{ij} + \alpha_2 C_{ij} + \alpha_3 A_{ij} + \alpha_4 S_j + \alpha_5 S_j * X_i + \omega_{ii} \quad (3.2)$$

其中，A_{ij} 为高考报考志愿情况：$A_{ij}=1$，表示学生 i 报考了 j 地的大学（至少一所）；$A_{ij}=0$，表示学生 i 未报考 j 地的任一所大学。模型中还需加入一些反映个体特征的变量 X_i 来控制选择过程中的个体差异，如性别、学历等个人特征变量。需要说明的是，由于个体变量并不随备选也就是就业省份的变化而变化，因此在加入这些变量时需要将这些变量与代表省份的变量进行交互之后再将其放入模型中。

表 3-4 呈现了条件逻辑回归分析的结果。系数 α 为方程的直接回归系数，系数 $Exp(\alpha)$ 为发生比率，反映自变量变化一个单位所引发的发生比的变化。当 $Exp(\alpha)>1$ 时，表示生源地为该省（或院校地为该省，或高考填报了该省的高校）的学生毕业后留在该省就业的可能性大于离开该省就业的可能性；$Exp(\alpha)<1$ 时，表示留下的可能性小于离开该省就业的可能性。

模型（1）为基础模型，主要考察在控制地区特征变量后，哪里出生和哪里就学是否会对选择在哪里就业产生影响。模型的整体显著性水平为 0.000，R^2 为 0.589，说明该模型能较好地解释高校毕业生就业地的选择。从回归系数来看，选择留在生源地就业的概率是离开生源地就业的 15.9 倍，选择留在院校地就业的概率是离开生源地就

---

① 本书所依据的调查是基于毕业生离校前的调查，尽管可以直接询问被试的地区偏好，但考虑到这一偏好很可能已经随时间发生了变化，不再能反映当初就学时的偏好。为此，问卷中询问了"你高考填报志愿时，所填报的学校多集中于哪些省份"，并且给出了 3 个空格供被试填写。

业的 15.54 倍，且两者的影响都是显著的。

模型（2）在模型（1）的基础上加入了个体变量与地区变量的交互变量，以此来控制个体差异对就业地选择的影响。该模型的整体性显著水平为 0.000，R^2 稍有增加。从回归系数来看，生源地和院校地对就业地的影响仍然是正显著的，回归系数和机会比率均略有增加。

模型（3）在模型（2）中加入了调整选择性偏差的变量 A_{ij}，即学生高考填报了哪些省份的高校。模型的整体性显著水平仍为 0.000，

表 3 – 3　生源地、院校地与就业地关系的条件逻辑回归结果（全样本）

变量	模型（1）		模型（2）		模型（3）	
	回归系数 α	机会比率 $Exp(\alpha)$	回归系数 α	机会比率 $Exp(\alpha)$	回归系数 B	机会比率 $Exp(B)$
H_{ij} 生源地	2.77***	15.90	2.79***	16.35	2.20***	8.95
C_{ij} 院校地	2.74***	15.54	2.75***	15.64	2.03***	7.62
A_{ij} 高考填报院校地	—	—	—	—	1.36***	3.90
省人均 GDP	+***		+*		+	
省高等教育规模	+***		−		−**	
性别 × GDP	—		+		+	
民族 × GDP	—		+		−	
研究生比专科生 × GDP	—		+***		+***	
本科生比专科生 × GDP	—		+***		+	
性别 × 省高等教育规模	—		−		−	
民族 × 省高等教育规模	—		−***		−***	
研究生比专科生 × 省高等教育规模	—		+***		+***	
本科生比专科生 × 省高等教育规模	—		+***		+***	
模型卡方值	21806.40		21681.96		20913.58	
模型显著性	0.000		0.000		0.000	
Pseudo R^2	0.589		0.600		0.613	

注：① *、** 和 *** 分别表示 5%、1% 和 0.1% 的显著性水平；②"—"表示回归方程不包括该变量。

R^2 增加到 0.613。从回归系数来看,生源地和院校地对就业地选择的影响均有所下降,说明模型(1)和模型(2)的确存在自选择偏差的问题,且加入 A_{ij} 也起到了在一定程度上纠正自选择偏差的作用。其中,生源地对就业地的影响概率比降低到 8.95,说明高校毕业生选择留在生源地就业的可能性是离开生源地就业可能性的 8.95 倍;而就学地对就业地的影响概率降低到 7.62,说明高校毕业生选择留在院校地就业的比率是离开院校地就业可能性的 7.62 倍。

为了分析不同类型高校毕业生其生源地、院校地和就业地三者关系的差异,研究还针对不同高校类型和不同学历层次的分样本建立了计量模型,回归结果如表 3-4 所示。

分不同院校类型来看,一般本科院校和高职高专院校的学生在生源地就业的可能性是离开生源地的 8.3 倍左右,略高于"211 工程"院校

表 3-4　　就业流动与就学流动关系的条件逻辑回归结果(分样本)

变量	回归系数 B	机会比率 Exp(B)	回归系数 B	机会比率 Exp(B)	回归系数 B	机会比率 Exp(B)
	"211 工程"院校		一般本科院校		高职高专院校	
H_{ij} 生源地	2.08***	8.02	2.13***	8.38	2.12***	8.30
C_{ij} 院校地	2.07***	7.92	1.93***	6.91	1.91***	6.77
A_{ij} 高考填报院校所在地	1.06***	2.87	1.46***	4.31	2.53***	12.57
模型卡方值	5739.92		7863.42		7571.33	
模型显著性	0.000		0.000		0.000	
Pseudo R^2	0.45		0.63		0.85	
变量	研究生		本科生		专科生	
H_{ij} 生源地	1.55***	4.73	2.17***	8.73	2.18***	8.88
C_{ij} 院校地	2.24***	9.35	2.01***	7.45	1.78***	5.92
A_{ij} 高考填报院校所在地	1.25***	3.50	1.37***	3.93	2.34***	10.35
模型卡方值	3199.09		20725.73		7368.55	
模型显著性	0.000		0.000		0.000	
Pseudo R^2	0.51		0.61		0.83	

注:①*、**和***分别表示 5%、1% 和 0.1% 的显著性水平;②"—"表示回归方程不包括该变量。

学生的8.02倍。而一般本科院校和高职高专院校的学生留在院校地就业的可能性是离开院校地就业可能性的7倍左右,"211工程"院校的这一数值则为7.92。这说明"211工程"院校毕业生更倾向于离开生源地就业,但更倾向于留在院校地就业。

分不同学历层次来看,本科生和专科生留在生源地就业的可能性是离开生源地就业可能性的8.8倍左右,远远高于研究生的4.73倍。而研究生留在院校地就业的可能性是离开院校地就业可能性的9.35倍,远远高于本科生的7.45和专科生的5.92。这说明研究生较本科生和专科生更倾向于离开生源地就业,而更倾向于留在院校地就业。

本章小结

研究发现,在控制了地区的经济发展水平和高等教育规模的情况下,毕业生更倾向于选择留在或返回生源地就业,且毕业生在哪里就学会增加他们毕业时留在哪里就业的可能性。不同类型的学生的情况也略有不同:"211工程"院校毕业生、研究生较其他类型学生更倾向于离开生源地就业,但更倾向于留在院校地就业。

相比美国毕业生的流动情况,中国高校毕业生更加倾向于留,而不是流。这种差异与两国劳动力市场的特征有重要联系。与美国的大学毕业生劳动力市场相比,中国的劳动力市场的流动性较差,对于高校毕业生来说,由于户籍制度的存在,初次择业的大学毕业生若不能通过第一份工作获得就业地的户籍,那么今后获得当地户籍的可能性则更小,这就意味着在收入、再次择业、子女入学等各个方面存在着收益的劣势。从这个角度来说,选择在生源地就业是最为稳妥的选择。即便假设毕业生在各个省份的收益相同,由于他们对生源地和院校地的劳动力市场比较熟悉,并建立了一定的社会关系网络,那么他们在生源地和院校地找到工作的概率就相对较大。加之由于仍能生活在原来的环境中,因此不会发生流动所带来的心理成本,也不会产生额外的交通和通信等成本。于是,在收益相同的情况下,毕业生选择在生源地或者院校地就业也就可以理解了。

此外,由于不同高校类型、学历、专业的毕业生所面临的劳动力市场环境有很大差异，也就造成就业地选择的不同。重点高校、高学历或紧缺专业的毕业生，因具有更高的人力资本而面临较小的流动障碍，因此离开生源地到全国范围的劳动力市场择业的可能性更大。而之所以更加倾向于留在院校地就业，一方面，可能是由于对院校地的固有偏好，一些学生在进行就学选择时就考虑过将来毕业时留在此地就业。另一方面，中国高等教育资源的分布特征决定了中国高校尤其是重点高校多集中位于经济较为发达的直辖市或省会城市，而这些地方也恰恰能为毕业生提供较好的工作机会。而对于一般高校尤其是高职高专院校的毕业生来说，其人力资本程度相对较低，更容易在地方劳动力市场找寻工作，因此流动的可能性就相对较小。

为解决高校毕业生过度集中在经济发达地区就业的问题，中国政府出台了一系列政策鼓励毕业生积极投身经济欠发达地区。然而，这些政策的出台仅着眼于毕业生的就业地区分布情况，而忽略了学生就业地选择与其生源地和院校地之间的关系。本章在控制了地区经济和教育特征的情况下，仍然发现毕业生更加倾向于留在生源地就业，且在哪里就学也会增加其留在当地就业的可能性。也就是说，毕业生选择在哪里就业，可能不仅仅考虑各地的经济发展水平，还会考虑自身流动产生的成本以及未来的可能收益，而最终选择在哪里就业，一定是基于个体情况而做出的理性的流动选择。不同群体的流动成本和收益并不相同，相同政策下的决策亦不会相同，因此在制定相关引导毕业生就业流向的政策时，应充分考虑所面向的对象的特点以及可能产生的影响。

除此之外，在疏导毕业生就业流动方面，还有一个不可忽视的因素就是地区高等教育发展水平对大学生流动的引导作用。高等教育与地区经济之间不仅是相互协调发展的关系，高等教育还会通过吸引人才流入来促进当地的经济发展。反之，高等教育规模过小，也会限制人才的引进，进而制约地区的经济发展。政府在对高等教育进行投资时应逐步缩小经济欠发达地区与经济发达地区之间在高等教育规模和层次上的差异，通过引导和鼓励学生在本地就学来增加他们留在本地就业的可能性。在新建高等教育机构以及进行高等教育资源布局调整时，须充分认识到这一重要性。

第四章　返乡就业流动

随着高校毕业生就业难问题持续升温，一线城市工作压力和生活成本日益增高，各级政府陆续出台了一系列鼓励高校毕业生基层就业、返乡创业的优惠政策，毕业生的就业观念有所转变，返乡就业的现象开始浮现。

2014年《中国青年报》社会调查中心的调查显示，89.3%的受访者有过回老家（特指二、三、四线城市或县城）工作生活的念头，且年龄越小返乡就业的意愿越强："90后"占39.2%，"80后"占43.4%，"70后"占12.4%[1]。针对2015届大学毕业生返乡就业意愿的报告显示，41.8%的毕业生希望返乡就业，68.5%对返乡就业持接受态度[2]。赶集网发布的《2018年毕业生就业报告》显示，42%的"95后"应届毕业生选择回家乡所在城市工作，而58%选择到外省工作。报告还指出，有的愿意奋斗打拼，有的愿意过闲适无压力的生活，观念的差异是"95后"选择回家乡工作抑或去外地工作的重要分水岭[3]。《中国青年报》的调查显示，63.3%的受访者发现年轻人离开一线城市后大多倾向回到老家的体制内，48.9%的人认为老家办事讲关系是年轻人进体制内的原因[4]。

---

[1] 《返乡就业：如何将大学毕业生"喊"回家》，http://www.banyuetan.org/chcontent/jrt/201442/98175.html。

[2] 《北上广吸引力减弱，超四成大学生回乡就业》，http://edu.gmw.cn/2015-06/25/content_16078133.htm。

[3] 《95后应届毕业生超4成选择回家乡工作，你怎么选?》，http://www.sohu.com/a/237888571_100055679。

[4] 《调查称超六成受访者发现返乡就业青年想进体制内》，http://news.163.com/14/0325/07/9O5SQFGS0001124J.html。

那么,实际的返乡就业行为如何呢?不同群体的返乡就业选择有何异同?哪些因素会影响毕业生的返乡就业决策?促进返乡就业的政策是否取得了预期的效果呢?本章将试图利用2003—2017年全国高校毕业生调查数据回答上述问题。

一 返乡就业的特点和去向

表4-1呈现了2003—2017年高校毕业生的就业流动类型。其中,返乡就业的比例从2003年到2013年呈逐年上升趋势,由2003年的8.8%上升至2013年的12.1%,而2015年和2017年返乡就业比例有所下降。不动比例均维持在50%以上,个别年份甚至接近70%,说明绝大多数高校毕业生都选择在生源省就学、毕业后继续留在生源省就业。前期流动、后期流动和多次流动均未呈现明显的变化趋势。

表4-1　　2003—2017年高校毕业生就业流动类型　　单位:%

流动类型	2003年	2005年	2007年	2009年	2011年	2013年	2015年	2017年
返乡就业(返回流动)	8.8	10.1	10.3	11.5	11.9	12.1	9.9	8.9
不动	55.4	68.2	55.9	51.4	59.6	50.6	56.8	61.2
前期流动	10.8	7.6	9.7	14.8	6.5	10.1	14.0	10.6
后期流动	11.2	8.4	11.3	8.0	12.8	13.3	10.6	12.0
多次流动	13.8	5.7	12.8	14.3	9.1	13.9	8.7	7.3

注:在计算各种流动类型时,只包括了毕业去向是就业的学生,排除了升学、出国、待就业的学生。

表4-2呈现了2003—2017年男性毕业生和女性毕业生返乡就业的比例,以及不同生源地区毕业生返乡就业的性别比较。总体来看,2003—2013年毕业生返乡就业比例逐渐增加,2013—2017年有所下降,其中,男性由2003年的10.0%增加至2013年的12.5%,2017年又回落至8.0%。女性的返乡就业比例由2003年的6.5%增加至2013年的11.6%,2017年又回落至9.9%。从性别差异来看,2013

年及以前,男性的返乡就业比例一直高于女性,但这一差异呈现缩小的趋势,2015年和2017年女性返乡就业比例开始反超男性。分地区来看,西部生源省份毕业生的返乡就业比例最高,尤其是2009年达到20%以上,这可能与近年来出台的一系列鼓励毕业生到西部地区就业的政策有关。分地区来看,中部生源省份返乡就业比例大多相对较低。分性别来看,东部生源省份的毕业生中,男性返乡就业比例一直高于女性,而来自中西部生源省份毕业生返乡就业的性别差异则呈现波动状态。

表4-2　2003—2017年分生源地区的返乡就业性别比较　　单位:%

年份	性别	生源省			合计
		东部	中部	西部	
2003	男性	11.14	10.31	8.23	10.02
	女性	6.70	4.88	7.01	6.45
2005	男性	11.79	9.30	12.55	11.17
	女性	8.68	6.96	11.56	8.81
2007	男性	10.62	7.68	15.82	10.37
	女性	8.51	10.42	18.07	10.21
2009	男性	10.49	10.34	22.88	12.47
	女性	6.71	11.18	30.24	10.21
2011	男性	11.69	11.77	14.52	12.56
	女性	9.87	11.24	13.14	11.37
2013	男性	13.82	7.31	18.40	12.49
	女性	11.04	8.53	18.50	11.59
2015	男性	13.67	5.06	13.04	9.85
	女性	10.75	6.67	12.17	9.91
2017	男性	11.75	4.85	8.90	8.02
	女性	11.36	6.06	12.78	9.88

表4-3呈现了不同性别毕业生返乡就业的就业地类型。可以看出,绝大多数毕业生都集中在省会城市、直辖市和地级市(统称大中

城市)就业,相比之下,返乡就业毕业生在地级市和县级市或县城就业的比例更高,这从一个侧面说明了返乡就业或基层就业政策的积极效果。从性别差异来看,返乡就业的毕业生中,女性在省会城市或直辖市就业的比例略高于男性;他省就业的毕业生中,男性在大中城市就业的比例更高。

表4-3　　　　　不同流动类型毕业生的就业地类型　　　　　单位:%

就业地类型	返乡就业		院校省就业		他省就业	
	男性	女性	男性	女性	男性	女性
省会城市或直辖市	43.9	46.8	65.3	68.2	61.0	58.5
地级市	40.2	38.9	23.8	21.2	33.2	33.1
县级市或县城	12.2	12.5	7.6	8.2	4.3	6.5
乡镇	2.3	1.5	2.9	2.0	1.2	1.5
农村	1.4	0.3	0.5	0.4	0.3	0.4

表4-4呈现了不同性别返乡就业毕业生的就业单位类型。绝大多数毕业生都集中在企业就业。如果将国家机关、国有企业和事业单位粗略合计为体制内就业单位,返乡就业毕业生在体制内单位就业的比例远远高于其他流动类型的毕业生。从性别差异来看,返乡就业毕业生中,男性在国企就业的比例高于女性,高出女性约1/4,而女性在事业单位就业的比例高于男性,高出12.7个百分点。

表4-4　　　　　不同流动类型毕业生的就业单位类型　　　　　单位:%

就业单位类型	返乡就业		院校省就业		他省就业	
	男性	女性	男性	女性	男性	女性
国家机关	10.1	9.7	6.6	8.9	5.5	4.4
国有企业	54.7	38.8	31.9	21.1	44.7	32.8
事业单位	9.5	22.2	18	21.1	9.8	13.7
企业	25.7	29.4	43.6	49	40	49.1

二 高校毕业生返乡就业质量

从表 4-5 的就业质量对比分析中可以看到，返乡就业毕业生的绝对起薪显著低于 1487.73 元，但起薪指数并没有显著差异，甚至略高于非返乡就业的毕业生，说明虽然返乡就业毕业生的绝对起薪较低，但是考虑了不同省份薪资水平后，返乡就业毕业生在就业省的相对薪资水平并不差。在就业匹配度方面，两类毕业生在专业对口率和学历匹配度方面均没有显著差异。在单位类型方面，返乡就业毕业生进入体制内单位，尤其是进入国有企业和事业单位的比例显著更高，与返乡就业毕业生的求职偏好和主要求职单位类型一致。在就业满意度方面，两类毕业生的就业总体满意度没有显著差异。但是分不同维度来

表 4-5　　就业质量对比分析

就业质量维度	测量变量	返乡就业	非返乡就业	差值及显著性
薪资水平	起薪（元）	5029.81	6517.54	-1487.73***
	起薪指数	0.98	0.94	0.04
匹配度	专业对口率	0.92	0.90	0.02
	学历匹配度	0.75	0.74	0.01
单位类型	体制内单位	0.63	0.45	0.18***
	其中：国家机关	0.10	0.08	0.02
	国有企业	0.34	0.24	0.10***
	事业单位	0.20	0.14	0.06***
就业满意度	总体满意度	0.83	0.84	-0.01
	工资福利	0.72	0.67	0.05
	工作地点	0.79	0.71	0.08***
	工作稳定性	0.81	0.74	0.07***
	个人发展空间	0.69	0.74	-0.05*
	社会地位	0.70	0.64	0.06*
	独立自主性	0.63	0.66	-0.03

注：*、** 和 *** 分别指 t 检验在 10%、5% 和 1% 水平上显著。

看，返乡就业毕业生对工作地点、工作稳定性和社会地位的满意度更高，对个人发展空间的满意度显著更低。结合回归中返乡就业毕业生看重工作舒适度、主要向体制内单位求职的求职偏好来看，返乡就业毕业生的就业结果可谓得偿所愿，满足了自身求职偏好，但毕业生本人也认为牺牲了一些个人发展空间。

图4-1展示了返乡就业毕业生在就业满意度上的性别差异及其变化趋势，可以看出，高校毕业生的就业满意度整体呈现上升趋势。从性别差异来看，2003年返乡就业的女性满意度高于男性，而自2007年开始，返乡就业中男性的就业满意度高于女性，且就业满意度的性别差距呈现先增大又回落的趋势。从一个侧面说明，近些年在就业政策的激励下，男性可能更加倾向于选择主动返乡，因此满意度更高。

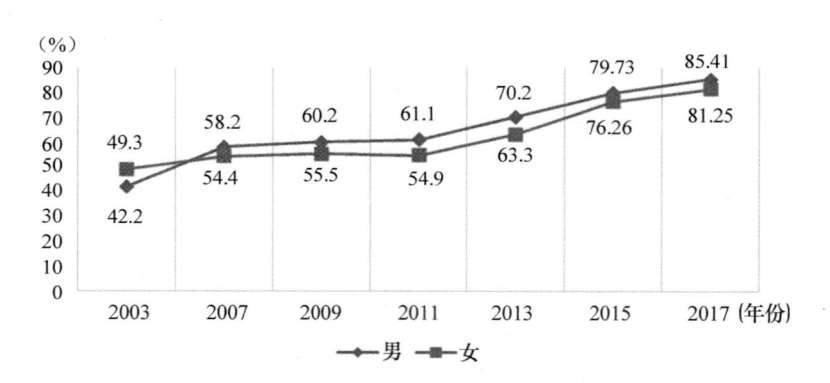

图4-1 2003—2017年返乡就业毕业生的就业满意度

上述结果呈现了高校毕业生返乡就业影响因素，那么，与非返乡就业毕业生相比，两类学生的就业质量是否存在差异呢？为了全面表征就业质量，同时考虑到直接比较不同地区的绝对工资水平会产生一定的偏差，因此本章构造了起薪指数，即起薪与就业省城镇单位就业人员平均月薪之比，来反映实际薪资在就业省的相对水平。

三 返乡就业毕业生的特征

不同群体毕业生在返乡就业决策中所看重的因素并不相同。返乡就业是就业流动的一种特殊形式，对其的研究也可以纳入推拉理论框架。有研究提出，返乡就业的拉力因素包括生活习惯、人才优势、社会资本、工作稳定性、乡土人情等，推力因素包括生活压力、就业竞争、生活成本、工作前景等；女性毕业生在考虑就业问题时更加注重对父母和家庭的依恋，而男性毕业生则更多从自身发展的角度选择就业地点[①]。女性毕业生选择返乡就业更看重微观环境，男性则更关注宏观发展环境。本科毕业生更看重家乡的地理位置、经济发展水平、照顾父母和亲人等，而研究生则比较看重家乡的工作环境、职业前景、工作稳定性、个人发展潜能等[②]。

不同群体毕业生的返乡就业意愿也并不相同。女性毕业生的返乡就业意愿高于男性[③]；农村户籍毕业生中男性比女性更倾向于返乡就业[④]；独生子女更倾向于返乡就业[⑤]；来自新疆、西藏、内蒙古等少数民族地区的毕业生多选择返乡就业，而来自渝东南少数民族地区的毕业生选择不返乡就业的比例更大[⑥]；"985工程"院校、"211工程"院校、一般本科院校和高职专科院校毕业生的返乡就业意愿依次递减；家庭收入越低的毕业生返乡就业的意愿越强[⑦]。乡镇农村的毕业生返乡意愿略高于来自城市的学生[⑧]；倾向于返乡就业的大学生更倾向于到家乡后找到所谓体制内的"铁饭碗"[⑨]；地域认同更高、对家

---

① 李婷：《大学生返乡就业路径选择过程研究》，硕士学位论文，中国青年政治学院，2015年。
② 邓红波：《人力资源竞争力视域下民族大学生返乡就业研究——基于广西壮族自治区和Z大学的实证调研》，硕士学位论文，中南民族大学，2012年。
③ 郭云贵：《大学生地域认同对返乡就业意愿的影响研究》，《周口师范学院学报》2012年第2期。
④ 薛肖飞：《农村籍大学生返乡就业意愿实证研究》，硕士学位论文，西南大学，2015年。
⑤ 李婷：《大学生返乡就业路径选择过程研究》，硕士学位论文，中国青年政治学院，2015年。
⑥ 温健琳、谭婧怡、王文辰：《渝东南少数民族地区少数民族大学生返乡就业创业现状探析》，《中国大学生就业》2014年第24期。
⑦ 薛肖飞：《农村籍大学生返乡就业意愿实证研究》，硕士学位论文，西南大学，2015年。
⑧ 李征等：《2011年北京高校本科毕业生就业地选择意向及原因调查分析》，《价值工程》2011年第26期。
⑨ 杨晓君：《关于大学毕业生返乡就业创业的思考——以泉籍大学生为例》，《齐齐哈尔师范高等专科学校学报》2015年第6期。

乡工作发展空间、社会环境和社会保障水平感知较好，对人才吸引政策了解深入有助于提高返乡就业意愿[①]。

表 4-6 呈现了返乡就业和非返乡就业毕业生在人力资本、社会资本、生源地特征、求职偏好各变量的均值、差值以及 t 检验的显著性。可以看出，在人力资本方面，返乡就业毕业生学历层次为本科的更多，为研究生的更少，更多毕业于重点院校，但是高考标准分更低，担任过学生干部、是党员的更少。在社会资本方面，返乡就业毕业生家庭社会关系广泛得更多，求职信息主要来自父母亲友的更多，父或母为管理人员的更多。从描述统计来看，返乡就业毕业生在社会资本方面有较大优势。在生源地特征方面，返乡就业毕业生更多来自省会直辖市，生源省房价、城镇单位就业人员平均工资、人均 GDP 均更高，生源省经济发展与就业环境较好。

在求职偏好方面，返乡就业毕业生主要向体制内单位求职，更注重工作舒适、劳动强度低，更希望通过工作获得权力和社会资源，更注重工作的稳定性以及能否兼顾亲友关系，对工作单位在大城市的偏好显著低于非返乡就业毕业生。两类学生在福利待遇好、能够解决户口问题两方面没有显著差异。结合求职偏好和主要求职单位类型来看，家乡的体制内单位能够很好地满足返乡就业毕业生的求职偏好。

综合而言，返乡就业毕业生在人力资本的学历层次、高考成绩、党员、学生干部经历方面存在明显劣势，但在院校类型上存在一定优势。返乡就业毕业生的社会资本显著更高，生源省经济发展与就业环境较好，更多来自省会直辖市，为其返乡就业创造了良好的地理、经济条件。在求职偏好上，返乡就业毕业生更青睐体制内单位，不看重工作地点是否在大城市。

为了进一步了解哪些因素会影响毕业生的返乡就业决策，接下来将基于 2003 年和 2013 年全国高校毕业生抽样调查数据建立计量回归模型。仍然采用 Faggian 等的分类方法将大学生的流动行为分为五类，

---

① 郭云贵：《大学生地域认同对返乡就业意愿的影响研究》，《周口师范学院学报》2012 年第 2 期；周海博：《亳州籍大学生回乡就业意愿及影响因素实证研究》，安徽大学，2017 年。

表4-6 人力资本、社会资本、生源地特征、求职偏好对比分析

类别	具体选项	返乡就业	非返乡就业	差值及显著性
人力资本	专科生	0.06	0.06	0.00
	本科生	0.69	0.57	0.12 ***
	研究生	0.24	0.37	-0.13 ***
	重点院校	0.54	0.48	0.06 *
	高考标准分	0.36	0.50	-0.14 *
	党员	0.34	0.45	-0.11 ***
	学生干部	0.61	0.69	-0.08 ***
社会资本	家庭社会关系广泛	0.40	0.33	0.07 ***
	求职信息主要来自父母亲友	0.20	0.11	0.09 ***
	父或母为管理人员	0.18	0.12	0.06 **
生源地特征	家在地级市	0.27	0.26	0.01
	家在省会直辖市	0.27	0.16	0.11 ***
	生源省2016年平均购房价格（元）	6412	5787	625 ***
	生源省2016年薪资水平（元）	5145	4886	259 ***
	生源省2016年人均GDP（元）	53853	48508	5345 ***
求职偏好	主要向体制内单位求职	0.82	0.66	0.16 ***
	看重工作单位在大城市	0.78	0.84	-0.06 ***
	看重福利待遇好	0.94	0.94	0.00
	看重工作舒适、劳动强度低	0.77	0.62	0.15 ***
	看重能获得权力和社会资源	0.81	0.71	0.10 ***
	看重能够解决户口问题	0.59	0.55	0.04
	看重工作稳定	0.89	0.84	0.05 **
	看重可兼顾亲友关系	0.69	0.55	0.14 ***

注：*、** 和 *** 分别指t检验在1%、5%和1%水平上显著。

并首先将样本限定在返乡流动（返乡就业）、多次流动和前期流动，原因是这三类学生均发生了从生源省到院校省的就学流动，具有更强的可比性。构造的多元逻辑斯特回归模型如下：

$$\text{Logit}(Y_{i/3}) = \ln\left(\frac{P(Y=i\mid X)}{P(Y=3\mid X)}\right) = \beta_0 + \beta_1 \times Gender + \beta_2 \times C + \beta_3 \times HC + \beta_4 \times Employ + \beta_5 \times Loc + \varepsilon \quad (4.1)$$

其中，因变量为毕业生选择返乡就业（流动）、前期流动还是多

次流动，基准变量是返乡就业。

自变量分为五类：第一类 *Gender* 代表性别变量，以男性为对照组。

第二类 C 代表个人和家庭特征变量，包括：①独生子女，以非独生子女为对照组；②汉族，以非少数民族为对照组；③家庭经济状况，将家庭年收入分为 1 万元以下、1 万—5 万元、5 万—10 万元和 10 万元以上，以 1 万元以下作为对照组；④家庭所在地类型，分为乡镇农村、地级市或县级市、直辖市或省会城市，以乡镇农村作为对照组；⑤家庭社会关系，分为不广泛、一般和广泛，以不广泛作为对照组；⑥父亲学历，分为初中及以下，高中，专科及以上三类，以初中及以下作为对照组；⑦父母职业，分为国家机关、党群组织、事业单位管理人员这类体制内工作和其他非体制内工作，以后者作为对照组；⑧家庭所在地区，分为东部、中部和西部地区，以中部地区作为对照组。

第三类 HC 代表人力资本变量，包括：①学历和院校类型，分为专科、非重点院校本科、重点院校本科、研究生四类，以研究生作为对照组；②学生干部，以非学生干部作为对照组；③奖学金，以未获得过奖学金作为对照组；④党员，以非党员作为对照组；⑤外语证书，以没有外语证书作为对照组①。

第四类 Employ 为求职相关变量，包括：①求职花费的自然对数值，表示毕业生的求职成本；②是否主要从熟人处获得求职信息，表示毕业生的求职信息渠道②。

第五类 Loc 为地区相关变量，包括：①生源省份的人均 GDP 对数，代表生源省份的经济发展水平。②院校省份省会城市的购房年限，代表毕业生返乡就业的生活成本，属于院校省的"推力因素"。

---

① 2003 年问卷只有"是否考取过证书"变量，因此 2003 年回归中该项为"是否考取过证书"，2013 年回归中证书变量为"是否考取过英语证书"。

② 2003 年的调查问卷询问了"最重要的求职信息来源是 _____，其次为 _____"，并提供了十种选择，本章将选择"亲戚、朋友或熟人介绍的信息"归为"从熟人处获得求职信息"。2013 年问卷则询问了十种信息渠道的使用程度，包括"从没用过、不太常用、比较常用、经常使用"，本章将"经常使用""父母、亲戚介绍的信息"或"朋友或熟人介绍的信息"归为"从熟人处获得求职信息"。

其计算公式为：（省会城市住宅均价×90）/（人均家庭总收入×2）①。之所以加入这一变量，是考虑到近年来中国房地产价格飞速增长，成为城镇居民最主要的生活成本，也是毕业生选择就业地的重要考虑因素之一。考虑到毕业生选择就业省时只能参照前一年的房价水平，所以回归模型中加入的是前一年的大中城市购房年限。根据计算，2002年各省大中城市购房年限与各省人均GDP之间不存在显著的相关关系，购房年限的均值是11.7，最大值是16.9，最小值是6.7，方差是4.7；2012年各省大中城市购房年限与各省人均GDP之间存在显著的相关关系，购房年限的均值是13.7，最大值是20.1，最小值是9.6，方差是7.1。可以看出近年来的房价上涨迅速，目前各地生活成本与经济发展水平直接相关。③院校省较生源省的经济发展水平，其计算公式为：（院校省人均GDP－生源省人均GDP）/生源省人均GDP。④生源地和院校地的距离，代表流动的成本②。

回归结果如表4－7所示。从个人特征变量的回归系数来看，性别对2003届毕业生返乡的就业决策没有显著影响，2013届毕业生中，女性毕业生更倾向于返乡就业而非多次流动，民族特征对2003届毕业生没有影响，但是对2013届毕业生来说，少数民族毕业生更倾向于返乡就业。从家庭特征变量的回归系数来看，2013届毕业生中，那些家庭所在地位于直辖市和省会城市的毕业生更倾向于返乡就业。家庭关系越不广泛的毕业生越倾向于多次流动而非返乡就业。

从人力资本特征变量的回归系数来看，2013届毕业生中，非重点院校的本科生（相比研究生）、党员更倾向于返乡就业而不是多次流动，而获得奖学金的毕业生更倾向于多次流动而不是返乡就业；专科生更倾向于前期流动而不是返乡就业。2003届毕业生中，重点院校本科生（相比研究生）更倾向于返乡就业而不是前期流动或多次

---

① 含义为：以各省人均家庭总收入代表高校毕业生的收入水平，夫妻双方在各省大中城市购买90平方米住房面积所需要的年限。各省大中城市住宅均价数据来自2002年和2012年《中国房地产统计年鉴》的《35个大中城市按用途分的房地产开发企业商品房平均销售价格》，从中选取了省会城市住宅均价，该数据不包含西藏拉萨住宅均价，样本学生中来自西藏的比例极低，对回归结果影响不大。人均家庭总收入来自各省的地区统计年鉴。

② 为了保证回归系数不会太小，这里除以1000后纳入回归方程。

表 4-7　　返乡就业的影响因素

模型	前期流动比返乡就业		多次流动比返乡就业	
年份	2003	2013	2003	2013
女性	0.117	-0.106	-0.069	-0.473***
独生子女	—	-0.049	—	-0.086
汉族	0.13	0.428*	-0.391	0.424**
家庭年收入1万—5万元	—	0.118	—	-0.019
家庭年收入5万—10万元	—	-0.089	—	-0.011
家庭年收入10万元以上	—	-0.054	—	-0.056
家在地级市或县级市	—	-0.076	—	-0.267*
家在直辖市或省会城市	—	-0.443**	—	-0.466**
家庭关系一般	—	-0.126	—	-0.388***
家庭关系广泛	—	0.005	—	-0.455**
父亲学历为高中	-0.004	-0.007	-0.233	0.147
父亲学历为专科及以上	-0.45*	0.206	-0.175	0.153
父母职业地位高	-0.031	-0.481***	-0.326	-0.120
东部生源	-0.776**	-0.682***	-0.316	-1.093***
西部生源	-0.718***	-0.316*	-0.986***	-0.734***
专科生	0.067	1.290***	-1.364***	-0.156
非重点本科	-0.528	0.380*	-0.914**	-0.468**
重点本科	-1.102***	-0.132	-1.164***	-0.019
学生干部	0.52***	0.224	0.495***	0.070
获得过奖学金	-0.262	0.011	0.141	0.215*
党员	0.05	0.015	-0.088	-0.246*
考过英语证书*	-0.101	-0.236	0.492*	0.003
求职花费自然对数	-0.113	-0.207***	-0.112*	-0.253***
求职信息主要来自熟人	-0.548**	-0.130	-0.583***	-0.218*
生源省人均GDP（对数）	-0.083	1.442**	-3.58***	1.369**
院校省大中城市购房年限	0.01	0.201***	0.006	0.032
院校省和生源省经济差异	-0.067***	-0.014***	0.009	-0.005*
生源省与院校省的距离	-0.011	-0.247***	0.199*	0.188**
常量	-1.758	-7.524**	11.224***	-4.19
R^2	0.314	0.117	0.314	0.117
样本量	1296	2006	1296	2006

注：①*2003年回归中证书变量为"是否考取过证书"，2013年回归中证书变量为"是否考取过英语证书"；②*、**和***分别表示统计达到10%、5%和1%显著性水平；③"—"表示该年的数据中不包含此变量。

流动，学生干部则正好与之相反，更倾向于前期流动和多次流动，而不是返乡就业。

从生源省特征变量的回归系数来看，2003届毕业生中，生源省经济发展水平越高，越倾向于返乡就业，而对2013届毕业生来说，生源省经济发展水平越低，越倾向于返乡就业。西部地区生源、生源省经济发展水平越低、较院校省经济发展差距越大，毕业生越倾向于返乡就业，这可能与近些年中国出台的一系列促进高校毕业生到西部和基层地区的就业政策有关。而从求职过程来看，求职花费越多、通过熟人获得求职信息的毕业生也更倾向于返乡就业。

上述研究结果显示，生源地区特征对毕业生的返乡就业具有显著影响，那么不同生源地区毕业生的返乡就业是否存在性别差异？按生源省所在地区分为东中西三个子样本的回归结果如表4-8所示，中部生源地区毕业生中女性更加倾向于返乡就业，东部生源地区毕业生中女性更加倾向于返乡就业而非多次流动就业，西部生源地区毕业生中女性更加倾向于前期流动而非返乡就业。

表4-8 分不同生源地区的2013届毕业生返乡就业的性别差异

就业流动行为	东部生源	中部生源	西部生源
前期流动比返乡就业	-0.308	-0.673***	0.601**
多次流动比返乡就业	-0.817***	-0.682***	-0.261

注：*、**和***分别表示统计达到10%、5%和1%显著性水平。

四 男、女毕业生返乡就业决策的异同

为进一步分析相同变量对男性和女性两类群体的影响是否一致，接下来将对不同性别的2013届毕业生建立计量回归模型。回归结果如表4-9所示。总体来看，影响男性返乡就业的显著变量要多于女性，说明男性在返乡就业决策中所受到的影响因素要更为一致，包括家庭背景、地方经济发展水平、生源省与院校省的距离等，而女性毕业生在做出返乡就业决策时所受到的影响因素存在更大的异质性，因

此统计上的显著性更低。

进一步比较男性和女性回归系数的主要差异可以发现：家在大城市的男性更倾向于返乡就业，而女性不存在这一特征；通过熟人获得求职信息的男性更倾向于返乡就业而非在院校省就业，而女性则更倾向于返乡就业而非多次流动；生源省与院校省距离越远，男性越倾向于返乡就业或多次流动，而非前期流动，距离对女性则没有影响。

表4-9　　　　　　　　分性别返乡就业的回归结果

模型	前期流动比返乡就业		多次流动比返乡就业	
	男性	女性	男性	女性
独生子女	0.010	-0.230	-0.154	0.029
汉族	0.312	0.576	0.540*	0.157
家庭年收入1万—5万元	0.213	0.108	0.024	-0.043
家庭年收入5万—10万元	-0.249	0.103	-0.171	0.284
家庭年收入10万元以上	-0.272	0.403	-0.307	0.341
家在地级市或县级市	-0.177	0.024	-0.456**	0.067
家在直辖市或省会城市	-0.676**	-0.369	-0.498**	-0.548
家庭关系一般	-0.233	-0.030	-0.382**	-0.399*
家庭关系广泛	-0.064	0.086	-0.622**	-0.120
父亲学历为高中	-0.006	0.044	0.096	0.337
父亲学历为专科及以上	0.492**	-0.066	0.167	0.246
父亲职业地位高	-0.486*	-0.516*	0.063	-0.483*
东部生源	-0.945***	-0.340	-1.185***	-0.963***
西部生源	-0.709***	0.292	-0.846***	-0.589**
专科生	1.695***	0.799	-0.011	-0.297
非重点本科	0.339	0.351	-0.504**	-0.445
重点本科	-0.266	-0.042	-0.041	-0.041
学生干部	0.249	0.171	0.080	0.072
获得过奖学金	0.017	-0.071	0.248	0.157
党员	-0.138	0.204	-0.444***	0.142
考过英语证书	-0.317	-0.124	-0.097	0.248

续表

模型	前期流动比返乡就业		多次流动比返乡就业	
	男性	女性	男性	女性
求职花费自然对数	-0.192***	-0.296***	-0.257***	-0.255***
求职信息主要来自熟人	-0.463**	0.357	-0.163	-0.439*
生源省人均GDP（对数）	1.586*	1.316	2.087***	0.000
院校省大中城市购房年限	0.213***	0.183***	0.027	0.062
院校省和生源省经济差异	-0.015***	-0.012**	-0.009**	0.001
生源省与院校省的距离	-0.319***	-0.147	0.177**	0.161
常量	-7.743*	-7.019	-7.150**	0.886
R^2	0.138	0.106	0.138	0.106
样本量	1296	710	1296	710

注：*、** 和 *** 分别表示统计达到10%、5%和1%显著性水平。

五 重点高校毕业生返乡就业的决策机制

为了深入了解毕业生返乡就业的决策机制，笔者对某重点高校毕业生进行了深入访谈。在受访者中，明确回家（或是回离家近的相对较大城市）的人考虑的因素比较单一，决定他们这种意愿的主要因素就是家庭和亲情因素。在这个过程中其他因素的影响比较有限，很多和北京相关的因素甚至是完全不被考虑而且不被在意的。有的群体这种意愿往往是被"携带"而来的，也就是从他们来北京念书之前就是这么考虑的，并没有或者很少思考过其他的情况。回家可能成为一种纯粹的目的，没有别的原因限制。这类群体的决策机制故事线如下所示：

明确回家的群体在思考将来工作和生活地时，出发点基本上都是家庭，这种意愿是被携带至北京的，也就是说他们压根没有考虑过其他的可能。例如编号02受访者："家在上海，会考虑回去，自己熟悉的环境会对职业发展提供帮助；更多地和家人交流，我来北京读书交

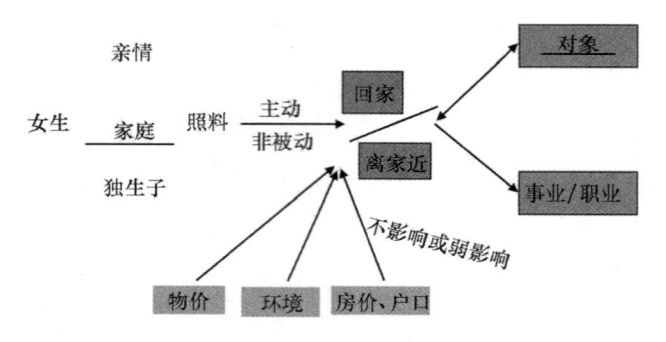

图 4-2 明确回家就业的受访者决策示意

流减少了，自己认识到是个问题。最近和家人联系少了，母亲来北京看我了。""我不是事先就想好回上海，而是没考虑过自己会去上海以外的其他地方工作。"04 号受访者："（毕业后）回山东，在老家附近。""（因为我是）女生，独生子女，离家近点，家里有事回去帮忙。""（这种想法）没有变过，一直如此。"

希望回家乡就业的大学生主要考虑两个方面的家庭因素，一是受访者的个人特质，如独生子女和女生，二是一些家庭关系的考虑，如父母的照料、亲情的维护。有受访者明确指出，来北京念书之后同父母的情感交流减少了，这使得他感到愧疚和对自己的不满。而且所有受访者基本上都会谈及家庭因素，有趣的是几个说父母希望他们回家的受访者并不十分在意父母的意见，反而明确留京的受访者的父母并没有对他们提出明确的要求甚至没有要求，父母完全尊重自己的意见。他们选择回家或是到离家近的城市主要是出于自己的考量。因此可以看出这是一个主动选择的过程。

受访者在选择回家就业的考虑中，对象和事业这两个因素被置于一种"被决定"或是"服从一致"的地位，或者至少不是一种阻碍的地步。受访者并非完全不考虑事业，他们会觉得留在北京在学术发展或是其他一些方面可能更好，但是回家或是选择一个离家近的大城市也是可以接受的，这类受访者相较于其他类型（比如明确留京和犹豫的）并没有那么高的事业发展期待，但并不是说完全不在意，不过会因为回家意愿降低这种期待。

在对象的这个考虑因素上，有受访者表示，因为自己非常明确回家的这种意愿，因此在找对象的时候会考虑和自己地域近或是能够和自己有共识的，例如02号受访者表示："（我和男朋友）两人要协调一致，在同一个地点工作；或许考虑找家乡接近的女朋友，不过遇到喜欢的地域也不是问题。（男朋友）在念书，异地。我们的想法目前是一致的。"

而诸如北京的物价、环境、户口和房价等问题对这些明确回家的群体而言，很多压根没有被考虑，或者是加强他们回家意愿的一种因素和考虑。"（北京吸引我的地方是）工作环境还好，（但是）自然环境不好，太干了，一直没有适应。宿舍摆了好几盆水。（北京的生活便利程度不好）总会堵车。不了解北京户口，我也拿不到，了解它干嘛。"（04号受访者）

综上，明确回家的群体主要考虑如下因素：①最主要的因素是家庭，出于亲情和照料等考虑，在意愿上会主动寻求回家或是选择离家近的大城市工作和生活。这类群体表现出强烈的家庭观念，将家庭置于非常重要的地位。②事业和对象也是会被考虑的因素，然而很多时候是置于一种"被决定"或是"服从一致"的地位，或者至少不是一种阻碍的地步。③关于北京的一些因素，诸如房价、环境等则往往不被考虑，如果不是访谈者提问，甚至往往不会被提及。

本章小结

近年来高校毕业生就业形势严峻，各级政府出台了一系列鼓励高校毕业生到基层就业和返乡就业创业的政策。与此同时，各大中城市房价上涨迅速，一些超大规模城市也开始出台限制城市规模的规定，在这些政策环境和经济环境的共同作用下，高校毕业生的返乡就业呈现以下特点。

随着就业形势的日益严峻，高校毕业生返乡就业的热情经历了升温后又有所回落的过程。西部生源省份的毕业生返乡就业比例相对更高，尤其是2009年达到20%以上。这可能与近年来出台的一系列鼓励毕业生到西部和基层地区就业的政策有关。

返乡就业行为存在一定的性别差异。2003—2013年男性毕业生的返乡就业比例一直高于女性，但两者的差异逐年缩小。2015年和2017年，女性返乡就业比例反超男性，差异逐渐增大。在控制相关特征变量后，2003届毕业生在返乡就业方面不存在性别差异，2013届女毕业生更倾向于返乡就业而非多次流动就业。东部生源地区的毕业生中女性更加倾向于返乡就业而非多次流动就业；中部生源地区的毕业生中，女性更加倾向于返乡就业；西部生源地区的毕业生中，女性更加倾向于前期流动就业而非返乡就业。

不同性别毕业生返乡就业决策的影响因素不同。男性在进行返乡就业决策时所受到的影响因素更为一致，如家庭背景、地方经济发展水平、生源省与院校省的距离等，而女性毕业生在进行返乡就业决策时所受到的影响因素存在更大的异质性。家在大城市、通过熟人获得求职信息、生源省与院校省的距离等对不同性别毕业生的影响都不尽相同。2003届和2013届毕业生返乡就业的影响因素也不尽相同。对2013届毕业生中少数民族更倾向于返乡就业，而民族对2003届毕业生则无显著影响。生源省经济发展水平越高，2003届毕业生越倾向于返乡就业，2013届毕业生则与之相反。

返乡就业毕业生多在地级市、县级市和县城就业的比例更高，且女性在省会直辖市就业的比例高于男性。返乡就业毕业生多集中在体制内单位就业，其中女性更集中在事业单位就业，男性毕业生则更集中在国企就业。返乡就业毕业生的就业满意度呈逐年上升趋势。这从一个侧面说明了返乡就业和基层就业政策的积极效果。

以上研究发现为我们提供了如下政策启示。首先，不同性别毕业生返乡就业决策的影响因素不尽相同，这体现了政策环境的异质性效果。比如，男性在进行返乡就业决策时所受到的影响因素更为一致，而女性所受到的影响因素存在更大的异质性；生源省与院校省间的距离越远，男性越倾向于返乡就业或多次流动就业，但距离对女性则没有影响；家在大城市的男性更倾向于返乡就业，而女性不存在这一特征；东部和中部生源的女性更加倾向于返乡就业，西部生源的男性更加倾向于返乡就业。因此，在制定或调整相关政策时应对这些异质性效果加以考虑，比如某些西部省份的政策可以更富针对性地吸引本省或者邻省毕业生，某些专项政策也可根据项目目标面向不同性别毕业生采取不同的政策举措，以增加政策的实施效果和针对性。

其次，不同年份毕业生返乡就业的特征及影响因素也不尽相同。2003 届毕业生不存在返乡就业的性别差异和民族差异，而 2013 届毕业生中，女性更倾向于返乡就业而非多次流动就业，少数民族更倾向于返乡就业；生源省经济发展水平越高，2003 届毕业生越倾向于返乡就业，2013 届毕业生则越不倾向于返乡就业。可见，随着社会经济环境的不断变化，毕业生的就业倾向也在发生着巨大变化，相关的就业政策也应随之灵活调整方能起到作用。

最后，毕业生返乡就业比例有所增加、满意度逐渐升高，这从一个侧面说明了针对高校毕业生到基层就业和返乡就业创业政策产生了一定的效果，毕业生返乡就业的热情得到激发。而返乡就业毕业生多集中于大中城市和体制内单位就业，且男性更集中在国企，女性更集中在事业单位，说明，虽然高校毕业生返乡就业在一定程度上缓解了就业压力，但是从短期来看，基层就业和返乡就业政策还没有给乡镇农村、体制外中小企业带来预想的收益。要解决这一问题，就需要基层地区和单位建立吸引和留住毕业生的长效机制，为毕业生创造适合的职业发展条件，真正实现"下得去"和"留得住"。

第五章　基层就业流动

改革开放以来，中国高校毕业生就业政策经历了由"统包统分"的政府指令性计划分配到"自主择业"的重大转变，并逐步建立起"市场导向、政府调控、学校推荐、学生与用人单位双向选择"的高校毕业生就业机制。随着中国高等教育规模的不断扩张，高校毕业生就业形势日益严峻。为解决高校毕业生就业难问题，在过去十年间，党中央、国务院频频动用政策手段，将促进就业政策的重要着力点放在拓展毕业生就业渠道上，将引导高校毕业生到基层就业作为拓宽就业渠道的重要突破口。

2003年是高校扩招后的第一批毕业生进入劳动力市场的首年，也是在同一年中央政府明确提出鼓励高校毕业生到基层工作。此后，教育部、人力资源与社会保障部、中组部等多个部委陆续颁布多项促进高校毕业生基层就业的政策，各地区也在中央精神的指引下，相继出台了一系列政策项目。随着政策的出台与实施，学界对此的关注日益增多。

总的来说，对高校毕业生基层就业的研究可以分为两类：第一类侧重对基层就业政策进行梳理。如石国亮从政策建构视角提出当前大学生基层就业政策中最主要的问题在于政策的措施与对策不具体、针对性不强等，应该从"谁去""为什么去""去什么岗位"和"去后怎么办"进行重点突破，提高大学生基层就业能力，实现岗位育才和实现自我价值等[1]。侯欣迪从工具视角的分析认为基层就业政策是缓解大学生就业形势、为基层建设吸纳人才的有效工具，但是政府的有

---

[1] 石国亮：《大学生基层就业的政策建构》，《当代青年研究》2007年第11期。

限理性决定了大学生基层就业政策仍须不断完善，如基层待遇有待提高，基层应吸纳各种人才等①。万飞燕从需求、供给、供需匹配三个方面对政策进行梳理，提出从需求方面要开拓大学生基层就业的新渠道，从供给方面要加大高校改革、加强基层就业培训，从供需匹配方面要建立基层就业信息共享平台等建议②。李姐增按项目类型对基层就业政策进行梳理之外，结合问卷调查分析政策影响的普遍限制性因素，提出从引导政策、激励政策和保障政策三个方面对基层就业政策进行完善③。

第二类研究侧重分析大学生基层就业的现状和影响因素。部分研究从理论角度指出高校毕业生基层就业存在的问题，如曾雅丽等从针对性、可操作性、长效性等角度分析阻碍毕业生基层就业的障碍性因素，提出应加强基层就业制度的执行监督，改善和优化就业环境和工作条件，加大就业政策信息宣传④。房欲飞则从人才培养角度出发，建议高校培养大学生吃苦耐劳、社会责任感等特殊素质，帮助大学生健全适应基层就业岗位的准备⑤。还有研究通过分析某地区或某个基层就业项目的基层就业状况以及在基层就业的高校毕业生特质探索影响毕业生到基层就业的因素。如王友航和文东茅对全国8省30所高校调查数据的分析发现：高校毕业生到基层工作的比例仍然较低，且呈现向东流动的特点，到基层就业的学生大多在人力资本、家庭背景、学校背景等方面处于弱势地位，且他们在基层工作的职业地位、学用匹配度、起薪和工作满意度都相对较低⑥。

本章将重点梳理2003年以来中央和地方政府的基层就业政策文本，分析在促进基层就业的政策背景下高校毕业生基层就业的特点及时间变化趋势，并通过比较地方基层就业政策的异同，研究在不同类

---

① 侯欣迪：《大学生基层就业政策的工具视角分析》，《科教文汇》2014年第7期。
② 万飞燕：《我国大学生基层就业政策研究》，硕士学位论文，首都经济贸易大学，2010年。
③ 李姐增：《高校毕业生基层就业政策研究》，硕士学位论文，东北林业大学，2013年。
④ 曾雅丽、鲍金勇、林佩云：《毕业生基层就业障碍性因素与对策探析》，《西南农业大学学报》（社会科学版）2012年第9期。
⑤ 房欲飞：《大学生基层就业与人才培养制度》，《当代青年研究》2012年第9期。
⑥ 王友航、文东茅：《高校毕业生基层就业的特征与影响因素》，《教育发展研究》2012年第21期。

型基层就业政策的影响下，高校毕业生基层就业特点的异同。

一　中央基层就业政策的演变

　　分配或鼓励具有一定知识技能的青年人到经济落后、地势偏远的地区就业在中国历史上并非新鲜事。从20世纪40年代的"知识分子必须走与工农相结合的成长道路"，到1965年中共中央《关于分配一批高等学校毕业生到基层工作的指示》；从1976年工农兵大学生分配报告提出"到农村去，到边疆去，到最艰苦的地方去，到党和人民最需要的地方去"，到1983年中组部决定每年选调一批应届优秀大学毕业生到基层进行重点培养锻炼；从90年代初国家教委提出"毕业生在选择工作志愿时……要到基层去，走与实践相结合、与工农相结合的成长之路"，到1995年《关于抓紧培养选拔优秀青年干部的通知》要求每年从应届高校毕业生中挑选品学兼优的"分配到农村乡镇或企业工作"[①]。

　　进入21世纪，扩招后的大批高校毕业生涌入劳动力市场，"毕业即失业""零工资就业"等逐渐进入人们的视野，"就业形势比较严峻"更是在高校毕业生就业政策文本中频繁出现。高校毕业生就业难问题，一方面源于毕业生供给迅速增加而需求没有持续跟进的供需总量矛盾，另一方面则源于毕业生对东部、沿海地区及大城市的一致性就业偏好导致地域失衡的结构性矛盾。针对这种结构性的就业矛盾，教育部门认为这是"由于长期的城乡差异、区域差异和分配制度的影响……基层地区吸引人才的物质条件又相对不足"。同时，"基层是最需要人才的地方""只要坚持面向基层就业、坚持到祖国最需要的地方就业，毕业生的就业空间是相当巨大的"。可是，"打开基层这样一个空间需要时间，如果完全依靠市场来进行调节，这将是一个非常漫长的过程……我们必须抓紧时间、抓紧工作，努力争取在短时期

---

① 王友航：《高校毕业生基层就业政策的认受性研究》，博士学位论文，北京大学，2013年。

内形成积极导向"①。正是在这样一个时代背景和政策逻辑下，中央政府开始逐步推出鼓励高校毕业生基层就业的政策组合拳。

2003年5月29日国务院办公厅印发《关于做好2003年普通高等学校毕业生就业工作的通知》（以下简称《2003年就业工作通知》）指出："基层就业是指到城市社区和农村乡镇基层单位，从事教育、卫生、公安、农技、扶贫和其他社会公益事业，以及到西部贫困县的乡镇一级教育、卫生、农技、扶贫等单位服务。"《2003年就业工作通知》还明确提出："鼓励高校毕业生到基层和艰苦地区工作""国家支持团中央、教育部组织实施'大学生志愿服务西部计划'"（以下简称"西部计划"），并进一步明确针对基层就业毕业生将从研究生考录、机关国企考录和工龄等方面给予优惠，由此开启了21世纪引导和促进高校毕业生到基层就业政策的大幕。

2003年6月8日，团中央、教育部、财政部、人事部印发《关于实施大学生志愿服务西部计划的通知》（以下简称《通知》），进一步细化了"西部计划"的内容，明确提出从2003年开始按照公开招募、自愿报名、组织选拔、集中派遣的方式，每年招募一定数量的普通高等学校应届毕业生到西部贫困县的乡镇从事为期1—2年的教育、卫生、农技、扶贫以及青年中心建设和管理等方面的志愿服务工作。志愿者服务期满后，鼓励其扎根基层，或者自主择业和流动就业。较《2003年就业工作通知》，《通知》拓宽了针对基层就业毕业生的优惠政策，加入了经济补贴、落户优惠、职务、奖励等措施。2004年4部委针对"西部计划"再次发文《关于做好2004年大学生志愿服务西部计划工作的通知》，进一步细化了"西部计划"政策内容和优惠举措，前者包括选拔对象、项目规模、西部基层的范围等，后者包括研究生考录加分、公务员考录加分、交通补助、助学贷款优惠、奖学金激励等。

为建立与社会主义市场经济体制相适应的高校毕业生面向基层就业的长效机制，2005年中共中央办公厅和国务院办公厅发布《关于引导和鼓励高校毕业生面向基层就业的意见》（以下简称《基层就业

---

① 周济：《在2006年全国普通高校毕业生就业工作会议上的讲话》，2005年。

意见》），全面提出了基层就业的项目计划，包括高校毕业生到基层自主创业或灵活就业、高校毕业生基层见习项目、选调生项目、"三支一扶"计划、大学生志愿服务西部计划、高校毕业生进村进社区等，重点说明了各类项目计划的优惠政策，并明确提出要进一步"完善鼓励高校毕业生到西部地区和艰苦边远地区就业的优惠政策"。《基层就业意见》的颁布为基层就业项目的扩展和深化奠定了坚实的基础。2006年2月，人力资源与社会保障部牵头组织开展高校毕业生到农村基层从事支教、支农、支医和扶贫工作（"三支一扶"计划），并计划从2006年开始连续5年每年招募2万名高校毕业生参与该项目。同年5月，由教育部主要负责的农村义务教育阶段学校教师特设岗位计划（以下简称"特岗教师"计划）颁布，公开招聘高校毕业生到西部地区"两基"攻坚县县以下农村学校任教，引导和鼓励高校毕业生从事农村义务教育工作。2008年中组部联合其他3部委印发《关于选聘高校毕业生到村任职工作的意见》，提出要在全国范围内开展选聘高校毕业生到村任职工作，连续选聘5年，选聘数量为10万名。至此，基层就业政策的"西部计划""三支一扶""特岗教师"和"到村任职"四大项目全部出台。

此后，相关基层就业政策的颁布多侧重对已有项目的补充、细化、整合和落实。比如，2009年中组部等五大党政机关联合发出《关于统筹实施引导高校毕业生到农村基层服务项目工作的通知》（以下简称《统筹实施通知》），提出在就业工作部际联席会框架下建立引导和鼓励高校毕业生面向基层就业部际协调机制。同年，多部委又颁布《关于做好2009年高校毕业生"三支一扶"计划实施工作的通知》（以下简称《"三支一扶"工作通知》），进一步明确和细化了2009年度"三支一扶"项目的组织招募、岗前培训，在岗服务人员的管理、培训与服务，以及详细的优惠政策。同年颁布的《高等学校毕业生学费和国家助学贷款代偿暂行办法》则调整了面向基层就业的学费补偿代偿与贷款补偿对象条件、范围、高校申请人数、逐年代偿标准、违约额度等内容。2010年出台的《关于下达2010年到村任职高校毕业生选聘名额的通知》则明确提出大学生到村任职项目选聘数量增加为20万名。

二　中央基层就业政策的特点

表 5-1 呈现了自 2003 年以来的主要基层就业政策，通过纵向比较可以发现，过去十年间中央政府出台的促进高校毕业生基层就业政策具有以下特点。

第一，多部委联合颁布、共同组织，逐步建立部际协调机制。除每年国务院办公厅发布的关于做好当年高校毕业生就业工作的通知外，其他高校毕业生基层就业政策多为相关部委联合发文，这从一个侧面说明基层就业的组织实施已经超出了教育部、人力资源和社会保障部的职能范围，还需要其他相关部委的组织与推动，比如财政部通过加大转移支付的力度专门安排经费支持基层就业，中央编办通过扩充编制鼓励高校毕业生在农村学校任教，中共中央组织部在农村毕业生到村任职项目中参与组织选拔和培养基层党政干部后备人才，农业部和卫生部在"三支一扶"计划中参与组织招募、岗前培训等。此外，为了保证各相关部委切实发挥在基层就业中的作用，2009 年颁布的《统筹实施通知》进一步明确了"在就业工作部际联席会框架下建立引导和鼓励高校毕业生面向基层就业部际协调机制"。

第二，项目类型不断扩展，政策内容逐步细化。目前的基层就业政策主要由四类项目组成："西部计划""三支一扶""特岗教师"和"到村任职"，这四类项目并非同时设立，而是由中央政府逐步提出，并根据项目进展不断细化政策的落实与完善。以"三支一扶"为例，最初在《2003 年就业工作通知》中第一次提出，2006 年由组织部会同多部委提出专项，2009 年颁布《"三支一扶"工作通知》进一步强调项目的意义、完善各项工作制度、加强对项目的管理以及对项目优惠政策的落实。

第三，激励举措多管齐下，规章制度逐渐明晰。针对基层就业毕业生的优惠激励，《2003 年就业工作通知》仅简单提及，2006 年的《基层就业意见》全面统筹，并进一步明确和细化每类项目的优惠举措，针对某个专项（如"三支一扶"）还进一步颁布政策以促进优惠政策落到实处。在优惠政策逐渐明晰的同时，生活补贴、学费代偿、落户优惠、升学深造、职务晋升、荣誉奖励等激励举措多管齐下，既包括经济激励，也包括荣誉激励，既涵盖短期激励，也涉及职业发展的长期激励，从而不断增加基层就业对高校毕业生的吸引力。

表 5-1　　　　　　　　中央基层就业政策文本分析

政策名称	出台年份	政策出台部门	激励举措
《关于做好2003年普通高等学校毕业生就业工作的通知》	2003	国务院办公厅	1. 报考研究生优先予以推荐、录取；2. 报考党政机关和应聘国有企事业单位优先录用；3. 计算工龄
《关于实施大学生志愿服务西部计划的通知》	2003	共青团中央、教育部、财政部、人事部	1. 生活补贴；2. 服务期间户口和档案保留在毕业高校；3. 计算工龄；4. 报考研究生、公务员适当加分，优先录取；5. 授予奖章；6. 可兼职或专职担任所在乡镇团委副书记、学校及其他服务单位的管理职务
《关于做好2004年大学生志愿服务西部计划工作的通知》	2004	共青团中央、教育部、财政部、人事部	1. 报考研究生总分加10分，优先录取；2. 报考中央国家机关和东、中部地区公务员的优先录取，报考西部地区公务员笔试总分加5分；3. 服务期间户口和档案保留在毕业高校；4. 享受往返于入学前户籍所在地与服务地之间每年4次火车硬座票半价优惠；5. 延期还助学贷款；6. 鼓励高校发放奖学金
《关于引导和鼓励高校毕业生面向基层就业的意见》	2005	中共中央办公厅、国务院办公厅	1. 户口来去自由和落户自由；2. 公务员和考研，适当增加分数及其他优惠政策，同等条件下优先录取；3. 经济补贴；4. 优先解决编制；5. 代偿助学贷款；6. 招录具有基层工作经验的高校毕业生比例不低于1/3；7. 优先评定职称及工资优惠
《关于组织开展高校毕业生到农村基层从事支教、支农、支医和扶贫工作的通知》	2006	组织部、人事部、教育部、财政部、农业部、卫生部、国务院扶贫开发领导小组办公室、共青团中央	1. 报考公务员适当加分，优先录用；2. 报考硕士研究生初试总分加10分，优先录取；3. 原服务单位优先考虑接收服务期满考核合格的"三支一扶"大学生，县、乡各类事业单位拿出一定职位专门吸纳这部分毕业生；4. 户口来去自由、落户自由；5. 国家助学贷款代偿；6. 补贴和保险；7. 自主创业优惠；8. 计算工龄，晋升中高级职称时优先评定；9. 经济补贴和保险

续表

政策名称	出台年份	政策出台部门	激励举措
《关于实施农村义务教育阶段学校教师特设岗位计划的通知》	2006	教育部、财政部、人事部、中央编办	1. 报考硕士研究生初试总分加10分，优先录取；2. 符合相应条件要求的特设岗位教师，可按规定推荐免试攻读教育硕士；3. 今后城市、县镇学校教师岗位空缺需补充人员时，应优先聘用特设岗位教师；4. 享受《关于引导和鼓励高校毕业生面向基层就业的意见》和"三支一扶"的各项优惠政策
《关于选聘高校毕业生到村任职工作的意见（试行）》	2008	中共中央组织部、教育部、财政部、人力资源和社会保障部	1. 户口来去自由；2. 生活补贴，办理保险；3. 计算工龄；4. 学费、助学贷款代偿；5. 在村任职2年后报考党政机关公务员的，享受放宽报名条件、增加分数等优惠政策，同等条件下优先录用；6. 报考研究生享受增加分数等优惠政策，在同等条件下优先录取
《关于统筹实施引导高校毕业生到农村基层服务项目工作的通知》	2009	中共中央组织部、人力资源和社会保障部、教育部、财政部、共青团中央	1. 工作、生活补贴和保险；2. 计算工龄；3. 享受党政机关录用公务员优惠政策，相关的事业单位拿出不低于40%的比例聘用各专门项目服务期满考核合格的高校毕业生；4. 考研初试加10分并优先录取、学费补偿及助学贷款代偿
《关于做好2009年高校毕业生"三支一扶"计划实施工作的通知》	2009	中共中央组织部、人力资源和社会保障部、教育部、财政部、农业部、卫生部、国务院扶贫开发领导小组办公室、共青团中央	1. 免试入读成人高等学历教育专科起点本科；2. 报考研究生的落实相关加分等优惠政策；3. 助学贷款代偿政策；4. 相关事业单位拿出不低于40%的比例聘用具有两年以上基层工作经历的高校毕业生，优先聘用"三支一扶"大学生；5. 补贴、保险；6. 计算工龄；7. 自主创业优惠
《高等学校毕业生学费和国家助学贷款代偿暂行办法》	2009	财政部、教育部	2009年起，对中央部门所属全日制普通高等学校应届毕业生，自愿到中西部地区和艰苦边远地区县以下基层单位工作、服务期达到3年以上（含3年）的学生，实施相应的学费和助学贷款代偿。每个高校毕业生每学年代偿学费和国家助学贷款的金额最高不超过6000元
《关于下达2010年到村任职高校毕业生选聘名额的通知》	2010	中央组织部	期满留村担任村党支部书记、副书记、村委会主任、副主任的，任职期间除继续享受大学生村干部工作、生活补贴外，同时可享受同级村干部补贴

三 地方基层就业政策的特点

在中央基层就业政策的指引下，地方政府也根据中央政策的精神，结合本地经济社会发展特色，制定了更具针对性的基层就业政策。2005年中共中央办公厅和国务院办公厅发布的《基层就业意见》是近年来涉及内容最广、影响范围最大的基层就业政策文件。《基层就业意见》共包括十六条意见，按照内容可以分为三个部分：第一部分包括第一条和第二条意见，主要强调基层就业的重要意义和引导高校毕业生树立正确的成才观、就业观；第二部分包括第三条到第十三条，介绍多项基层就业的项目以及优惠举措；第三部分包括第十四条到第十六条意见，提出建立基层就业的保障机制，包括加强就业信息服务、深化高等教育改革和加强对基层就业工作的领导。就笔者的搜寻范围而言，此后共有17个省（自治区、直辖市）相继出台了地方性质的《关于引导和鼓励高校毕业生面向基层就业的实施意见》（以下简称《基层就业实施意见》），包括北京、山西、内蒙古、辽宁、黑龙江、安徽、山东、湖北、湖南、广东、广西、四川、贵州、云南、青海、宁夏、重庆。本节将以该项政策为例，比较地方基层就业政策与中央基层就业政策的异同，以及地方间基层就业政策的异同。

（一）地方基层就业政策的出台时间和项目范围

中央颁布的《基层就业意见》为地方政策的出台确定了基调，各地相继出台的《基层就业实施意见》是对中央《基层就业意见》的进一步细化和深化，尤其是进一步明确了更具实施性的优惠举措。表5-2呈现了中央和地方基层就业政策的出台时间和项目范围。

从政策出台时间来看，中央《基层就业意见》于2005年6月颁布，在当年即颁布《基层就业实施意见》的地区为宁夏、山西、四川、北京、内蒙古和贵州。在第二年颁布《基层就业实施意见》的地区有广西、安徽、辽宁、湖南、湖北、云南、重庆、黑龙江、广东和山东，青海则在2008年出台相应政策，其余省份则无法找到公开

表5-2　中央《基层就业意见》和地方《基层就业实施意见》
的出台时间和项目范围

地区	政策出台时间	政策包含项目类别	地区	政策出台时间	政策包含项目类别
国家	2005年6月	1、2、3、4、5、6、7	湖南	2006年6月	1、2、4、5、6、7
宁夏	2005年8月	1、2、3、4、5、6	湖北	2006年7月	1、2、3、4、5、6、7
山西	2005年9月	1、2、3、4、5、6、7	云南	2006年7月	1、2、3、4、5、6、7
四川	2005年11月	1、2、3、4、5、6、7	重庆	2006年7月	1、2、3、4、5、6、7
北京	2005年12月	1、2、4、5、6	黑龙江	2006年11月	1、4、5、7
贵州	2005年12月	1、2、3、4、5、6、7	广东	2006年12月	2、4、6、7
广西	2006年4月	1、3、6	山东	2006年	1、2、3、4、5、6、7
安徽	2006年5月	1、2、3、4、5、6、7	内蒙古	2005年8月	1、2、3、4、5、6、7
辽宁	2006年6月	1、2、3、5、6、7	青海	2008年11月	1、2、3、4、5、6、7

注：政策包含项目类别中"1"指进村进社区；"2"指选调生；"3"指大学生志愿服务西部计划；"4"指三支一扶；"5"指鼓励、支持高校毕业生到基层自主创业和灵活就业；"6"指支持各类中小企业和非公有制单位聘用高校毕业生；"7"指建立高校毕业生就业见习制度。

颁布的相关政策。

从政策包含项目类别来看，中央《基层就业意见》所涉及的项目包括：1. 进村进社区；2. 选调生；3. 大学生志愿服务西部计划；4. 三支一扶；5. 鼓励、支持高校毕业生到基层自主创业和灵活就业；6. 支持各类中小企业和非公有制单位聘用高校毕业生；7. 建立高校毕业生就业见习制度。按照各地方《基层就业实施意见》所涉及的基层就业项目范围，大致可以分为三类：第一类为全部涵盖中央基层就业项目的地区，包括山西、内蒙古、安徽、湖北、四川、贵州、云南、青海、山东、宁夏和重庆。第二类为基本涵盖中央基层就业项目的省份，包括北京、辽宁、黑龙江、湖南、广东，其中也有一些省市建立了特殊的基层就业项目。第三类为涵盖中央基层就业项目较少的地区，如广西，只包括"进村进社区""大学生志愿服务西部计划"和"支持各类中小企业和非公有制单位聘用高校毕业生"。可见，地方基层就业政策与中央基层就业政策的内容基本一致，且那些全部涵盖中央基层就业项目的地区多位于中部和西部，中西部地区在促进基层就业力度相对更大。

地方政策除涵盖中央政策项目外，个别地区还根据地方特色制定了特别项目，如安徽的"大学生志愿服务安徽基层计划"，北京市的"首都大学毕业生基层志愿服务团项目"，辽宁省的"农村中小学'一校一名师范类本科毕业生计划'"。但制定特色项目的省份不多，且从政策内容来看，地方特色不突出。如"大学生志愿服务安徽基层计划"和"首都大学毕业生基层志愿服务团项目"与大学生"志愿服务西部计划"和"进村进社区"的服务内容和激励措施类似，"农村中小学'一校一名师范类本科毕业生计划'"则与特岗教师类似，只是服务地点和服务内容更有针对性。

（二）地方基层就业政策的优惠举措

中央《基层就业意见》中的大量篇幅介绍了高校毕业生到基层就业的优惠政策，也是基层就业政策第一次系统而全面地介绍优惠项目和具体举措。总的来说，优惠政策可分为四类：落户优惠、公务员和事业单位招录优惠、考研优惠和经济补贴。其中，落户优惠分为"来去自由"和"落户自由"，来去自由指"户口可留在原籍或根据本人意愿迁往西部地区和艰苦边远地区"，落户自由指"工作满5年以上的，根据本人意愿可以流动到原籍或除直辖市以外的其他地区工作，凡落实了接收单位的，接收单位所在地区应准予落户"。公务员和事业单位招录优惠主要指"对报考公务员的，可以通过适当增加分数以及其他优惠政策，优先录用"和"从2006年起连续3年，采取先进后出的办法，由组织人事部门会同编制部门每年给西部地区和艰苦边远地区的乡镇下达一部分周转编制，用于接收应届或往届高校毕业生"。考研优惠主要指"适当给予优惠并在同等条件下优先录取"。经济补贴主要包括生活及交通补贴、学费和助学贷款代偿、办理保险等。

地方《基层就业实施意见》的优惠举措也可以分为上述四类，但一些省份的具体措施有所不同。在落户优惠中，山西、内蒙古、辽宁、湖北、贵州和宁夏的"落户自由"与中央政策相同，而黑龙江的政策为"工作3年以上的，流动到省内其他单位不受户籍限制"，安徽、湖南、广东和云南则没有服务5年以上的限制，而且以后工作变动也可享受落户自由，北京、山东、广西、四川、青海和重庆则没有涉及此项优惠。

公务员招录优惠可以分为公务员笔试加分优惠、公务员招录中要求基层工作经验和在事业单位就业的优惠。笔试加分优惠政策中，除北京、黑龙江和广西外，其他地区均指出在基层就业的大学毕业生"享受一定的公务员录取优惠"，山西、山东、青海、宁夏和重庆则明确规定了加分额度，如山东省可加4分，其他各省均加5分。内蒙古、辽宁、安徽、湖北、湖南、贵州和云南只提到会"适当加分"或"同等条件下优先录取"等优惠条件，并未明确规定加分额度。广东则对基层工作的大学毕业生报考公务员实行"报考有年龄限制的岗位时报考年龄放宽2岁"的优惠。在基层工作经验的优惠政策中，除广东和广西外，其他地区均明确规定"招录具有2年以上基层工作经历的高校毕业生的比例不得低于三分之一"。在事业单位招录中为基层就业毕业生提供优惠的地区则相对不多，仅有宁夏、云南、湖北和山东。其中，宁夏的规定是："对支教、支农、支医以及进村、进社区工作服务满2年的毕业生笔试加5分，同等条件优先录取。"云南省规定："对于参加农村义务教育阶段学校教师特色岗位计划、'大学生志愿服务西部计划'的志愿者和'三支一扶'大学生以及进村、进社区工作的高校毕业生在机关、事业单位聘用工作人员时，适当加分。"湖北则提出："适当增加笔试分数，进入考核的，同等条件下优先录用。"山东规定："适当增加分数以及其他优惠政策，优先录用［参与'一村（居）一名大学生工程'和'服务基层'计划的学生］。"

在研究生招录优惠政策方面，北京、安徽、湖南和重庆明确指出"给予笔试成绩加10分"的优惠，云南的规定更为细致，提出"参加'三支一扶'项目，服务期满后3年内报考硕士研究生的，初试总分加10分；到云南省基层乡镇村、城市社区工作（服务的），服务期满报考省内研究生，在基层服务一年加5分，服务两年加8分，服务三年加10分"。山西、山东、广东、广西和贵州规定报考省内院校研究生时初试加10分，青海规定报考省属高校研究生加5分，黑龙江规定报考省属高校研究生加 20 分。辽宁未提及报考研究生的优惠条件，内蒙古、湖北、四川和宁夏则只提及"给予适当优惠"或"在同等条件下优先录取"，并未说明具体加分额度或优惠力度。

在经济补贴优惠方面，北京、山西、辽宁、黑龙江、安徽、山东、湖北、湖南、四川、贵州、云南、宁夏和重庆均为基层就业毕业生提供代偿就学期间国家助学贷款本息的优惠。由于一些省份未明确经济补贴数额，无法准确度量不同省份对基层就业高校毕业生的经济补贴力度。

综合比较各省的基层就业政策来看，绝大多数地区制定的基层就业政策都基本涵盖了中央政策的基层就业项目，且在优惠政策中对落户政策的规定基本相同，经济补贴优惠相对模糊，因此不同地区基层就业政策的主要差异体现在公务员和事业单位招录优惠和考研优惠两个方面。按照不同地区优惠举措是否明晰以及优惠力度的差异，可以将 17 个地区划分为四类：第一类是公务员招录和考研均有明确加分的省份，包括山西、山东、青海和重庆。第二类是只有考研有明确加分的省份，包括北京、内蒙古、黑龙江、安徽、湖南、广东、广西、贵州和云南。第三类是只有公务员招录有明确加分的省份，包括四川和宁夏。第四类是公务员招录考试和考研均无明确加分的省份，包括辽宁和湖北。

表 5-3　地方《基层就业实施意见》的优惠举措比较

地区	公务员招录优惠条件				考研优惠		落户政策
	招录比例	具体政策	惠及范围	编制	具体政策	惠及范围	
宁夏	√	笔试成绩增加 5 分，同等条件下优先录用	1、4	√	适当给予优惠并在同等条件下优先录取	1、4	1、2
山西	√	笔试成绩增加 5 分，同等条件下优先录用	1、4	√	加 10 分，同等条件下优先录取（省属）	1、4	1、2

续表

地区	公务员招录优惠条件				考研优惠		落户政策
	招录比例	具体政策	惠及范围	编制	具体政策	惠及范围	
四川	√	每工作1年且经县级组织、人事部门考核合格，笔试成绩加1分	全部	√	初试成绩给予适当加分，并在同等条件下优先录取，计划内录取名额应主要面向他们分配	无	1
北京	√	无	无	无	加10分	5	1
贵州	√	适当增加分数以及其他优惠政策，优先录用	1、2、3、5	无	总分加10分，同等条件下优先录取（省属）	4	1、2
广西	无	无	无	无	加10分（省属）	无	1
安徽	√	初试成绩可适当加分，同等条件下优先录用	1	√	加10分，并在同等条件下优先录取	3、4	1、2（以后工作变动）
辽宁	√	在报考我省公务员时，对其笔试成绩加分	1、3、5	√	无	无	1、2
湖南	√	可以通过适当增加分数以及其他优惠政策，优先录用	1	无	加10分，同等条件下优先录取	1	1、2（以后流动到其他地区就业）
湖北	√	适当增加笔试分数，进入考核的，同等条件下优先录用	全部	√	在同等条件下优先录取	全部	1、2
云南	√	适当加分	1、3、4、5	√	加10分，同等条件下优先录取	4	1、2（落实工作单位后）
重庆	√	在同等条件下优先录用，笔试成绩总分加5分	4、5	√	加10分，同等情况下优先录取	4、5	1
黑龙江	√	无	无	√	增加20分（省属）	1、4	1、2（3年）

续表

地区	公务员招录优惠条件				考研优惠		落户政策
	招录比例	具体政策	惠及范围	编制	具体政策	惠及范围	
广东	无	报考年龄可放宽2岁,同等条件下优先录用	所有	√	加10分,同等条件下优先录取(省属)	所有	1、2(以后流动到其他地区就业)
山东	√	加4分	1、3	无	加10分,同等条件下优先录取(省属)	1、3	1
内蒙古	√	适当增加分数以及其他优惠政策,优先录用	未明确	无	同等条件下优先录取	1	1、2
青海	√	在笔试成绩中加5分	1	√	加5分,同等条件下,优先录取(省属)	1	1

注:①公务员优惠条件中的选拔比例指"从2006年开始,省级以上党政机关考录公务员,考录具有2年以上基层工作经历的高校毕业生(包括报考特种专业岗位)的比例不得低于三分之一,以后逐年提高"。②编制中"√"指文件中规定"从2006年起连续3年,采取先进后出的办法,由组织人事部门会同编制部门每年给西部地区和艰苦边远地区的乡镇下达一部分周转编制,用于接收应届或往届高校毕业生"。③公务员优惠条件惠及范围中"1""2""3""4"与表5-2项目类别中数字指代含义相同,"5"指特殊项目,如贵州省惠及在乡(镇)、村从事教育、卫生、农技推广、中介服务、自主创业和在乡镇企业就业的高校毕业生;辽宁省惠及参与"大学生志愿服务辽西北计划"的高校毕业生;云南省惠及参加"农村义务教育阶段学校教师特色岗位计划"的高校毕业生;重庆市惠及参与"重庆大学生志愿者服务计划"和"农村义务教育阶段教师特设岗位"计划的毕业生;山东省惠及参与"服务基层计划"的毕业生。④考研优惠中"(省属)"表示:只有报考省属高校研究生才享受研究生考试加分优惠。⑤考研优惠条件惠及范围中"1""2""3""4"与表5-2项目类别中数字指代含义相同,"5"指特殊项目,如北京市惠及参与"志愿服务团"的高校毕业生;云南省惠及"基层工作"的学生;山东省惠及参与"服务基层计划"的高校毕业生;重庆市惠及参加"重庆大学生志愿者服务计划""农村义务教育阶段教师特设岗位"计划和在库区服务的毕业生,重庆市属在库区服务的,享受重庆市现有的"库区考生加15分"的优惠政策,两项可累加。⑥落户政策中"1"指"来去自由";"2"指"落户自由"。

四 基层就业比例、趋势和群体差异

在中央政府基层就业政策的激励下,高校毕业生的基层就业情况如何？呈现哪些特点和变化趋势？图5-1呈现了2004—2011年全国高校毕业生基层就业的比例，以及高校毕业生在各个地区基层就业的比例。可以看出，2004年和2005年全国高校毕业生基层就业的比例仅为4%左右，此后呈现稳中有升的态势，到2011年达到13%左右。结合基层就业政策来看，尽管2003年中央政府就出台政策鼓励和引导高校毕业生到基层就业，但直到2006年高校毕业生的基层就业率才有了显著提升。可能的原因是政策效果存在滞后期，即基层就业政策的目标群体"高校毕业生"需要一定时间来理解、消化和接受政策内容，且后续密集出台的相关基层就业政策也会在一定程度上强化前期政策的效应。

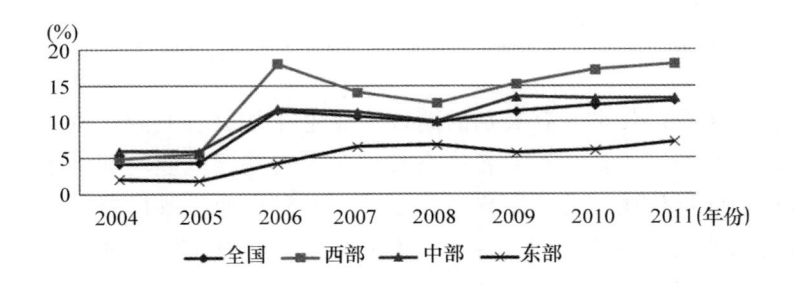

图5-1　2004—2011年全国高校毕业生基层就业比例

注：由于受到数据的限制，本章将在县城及以下就业定义为基层就业，其中包括落实工作单位、自由职业和自主创业等就业类型。

分不同地区来看，西部地区基层就业的比例最高，2006年呈井喷状态达到18%左右，此后虽略有下降，但整体呈现稳中有升的发展态势。中部地区基层就业的比例略低，2011年达到13%左右。东部地区基层就业的比例最低，2011年约为7%。结合基层就业政策来看，中央政府的基层就业政策明确鼓励高校毕业生到西部地区就业，优惠激励措施最为突出，且中西部地区的地方基层就业政策涵盖的项目数量最多，因此可能使得高校毕业生在中西部地区基层就业的比例远高于东部地区，与政策目标基本一致。

尽管中央和地方的基层就业政策是以全国高校毕业生为政策目标群体的，但是不同类别群体对政策的回应未必一致，为此表5-4比较了 2005 年和 2011 年不同类别高校毕业生的基层就业情况。

表 5-4 2005 年和 2011 年分类别高校毕业生的基层就业特点 单位:%

类别	2005 年	2011 年	类别	2005 年	2011 年
博士	0.3	0.5	生源地:直辖市	0.7	2.3
硕士	0.3	2.8	生源地:省会城市	1.6	1.5
本科	3.3	8.5	生源地:计划单列市	0.2	0.5
专科	5.3	13.2	生源地:地级市	1.6	1.9
"985 工程"院校	0.7	1.6	生源地:县级市	1.9	1.9
"211 工程"院校	1.5	4.7	生源地:县城及以下	18.0	28.8
一般本科	4.0	9.7	男	3.7	9.8
高职高专	5.6	13.6	女	4.1	11.5

总的来看，几乎所有类别的高校毕业生在基层就业的比例均有所增加，说明基层就业政策对各类高校毕业生在基层就业均起到了一定的激励和促进作用。分类别来看，专科和本科毕业生基层就业的比例分别增加了 7.9 和 5.2 个百分点，说明基层就业政策对这两类群体的促进作用最大。硕士和博士毕业生基层就业的比例尽管增幅也较大，但是在基层就业的总体比例仍然相对较低。分院校类型来看，高职高专院校毕业生的基层就业比例增加了 8 个百分点，一般本科院校毕业生的基层就业比例增加了 5.7 个百分点，而"985 工程"和"211 工程"院校毕业生基层就业比例虽然增幅也较大，但是比例仍然较低，分别为 1.6% 和 4.7%。分生源地类型来看，基层就业政策对生源地为县城及以下的毕业生的促进作用最大，由 2005 年的 18% 增加至 2011 年的 28.8%，而对其他生源地类型的高校毕业生影响不大。说明受基层就业政策影响最大的正是那些生源地为基层地区的高校毕业生。分性别来看，男性和女性毕业生的基层就业比例分别增加了 6.1 和 7.4 个百分点，且女性在基层就业的比例高于男性。

由上述分析可以看出，不同群体对基层就业政策的回应并不相同。基层就业政策对专科生和本科生、女性、生源地为县城及以下的毕业生促进作用最大，而这些群体本身就是弱势的就业群体，那些高学历、来自重点院校的毕业生到基层就业比例虽然也有增加，但仍相对偏低。可能的解释有两种：一是从经济学的视角来看，严峻的就业形势迫使原本处于优势地位的毕业生群体接受相对较差的工作，而那些原本处于弱势地位的毕业生群体的工作岗位则因此受到挤占，从而不得不选择到基层就业；二是从社会学的视角来看，那些生源地为基层地区的毕业生对基层的了解更多，在基层地区的社会资本也较多，因此可能对未来在基层的职业发展更有信心。

五 不同地方基层就业政策下毕业生基层就业的差异

如上文分析所示，不同地区实行了项目类别不同、激励力度相异的《基层就业实施意见》。为研究不同政策对基层就业比例的影响，本节沿用上文中的分类方法将17个地区分为四类：公务员招录和考研均有明确加分（山西、山东、青海和重庆）、只有考研有明确加分（北京、内蒙古、黑龙江、安徽、湖南、广东、广西、贵州和云南）、只有公务员招录有明确加分（四川和宁夏）和公务员招录考试和考研均无明确加分（辽宁和湖北），并进一步描绘不同类别地区2004年到2011年的基层就业比例图（见图5-2）。可以看出，公务员招录和考研都没有明确加分的省份高校毕业生基层就业的比例最低，两者都有明确加分的地区基层就业比例最高，且呈现稳中有升的态势。到2011年，公务员招录和考研均明确加分的地区基层就业比例高达27%左右。只有公

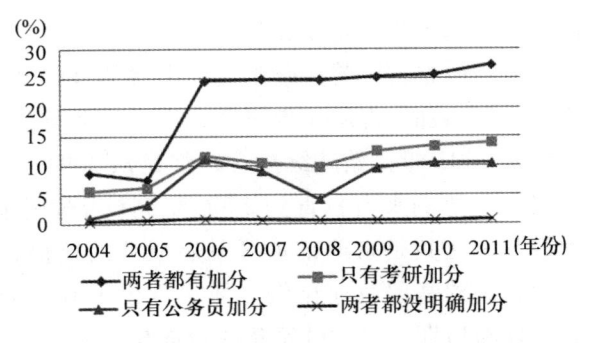

图5-2 不同政策地区的毕业生基层就业特点

务员招录加分或只有考研加分的地区基层就业比例介于上述两类地区之间，其中，只有公务员招录加分的地区基层就业比例略低，到2011年达到10%，只有考研加分的地区基层就业比例略高，且稳中有升，到2011年基层就业比例基本达到15%左右。可见，优惠政策的明晰度及优惠力度都有可能影响高校毕业生的基层就业情况。

本章小结

基层就业是高校毕业生流动的一类特殊现象。合理疏导高校毕业生到基层就业关系到地区间经济的均衡发展，因此高校毕业生就业和基层就业一直受到学术界的广泛关注。基于对2003年以来中央和地方基层就业政策的文本分析，以及2004—2011年高校毕业生基层就业特点及趋势的研究，本章主要得到以下结论。

第一，中央基层就业政策经历了由笼统到细化、由零散到系统的演变过程。自《2003年就业工作通知》提出"鼓励高校毕业生到基层和艰苦地区工作"以来，中央多个部门先后出台四项基层就业专项，并根据项目特点颁布针对每个专项的政策文件，不断细化和调整项目的选拔计划、落实方案、优惠举措。为统筹整合多部门的多个基层就业项目，中央政府又先后出台了《基层就业意见》和《统筹实施通知》，前者全面系统梳理了不同基层就业项目和各类基层就业优惠措施，后者提出在就业工作部际联席会框架下建立引导和鼓励高校毕业生面向基层就业部际协调机制。中央基层就业政策的逐步细化和系统化为保证政策实施效果奠定了良好的基础。

第二，在中央和地方基层就业政策密集出台的背景下，高校毕业生基层就业比例大幅增加，但政策效果存在滞后性和异质性。尽管中央基层就业政策从2003年开始陆续出台，但是从2004—2011年全国高校毕业生基层就业比例来看，直到2006年高校毕业生的基层就业率才有了显著提升，尤其是在西部地区基层就业的比例在2006年呈井喷之势。此后，全国基层就业比例总体呈现稳中有升的发展态势。说明政策效果存在滞后期，且后续密集出台的相关基层就业政策也会在一定程度上强化前期政策的效应。此外，从2005年和2011年不同类别高校毕业生的基层就业比例来看，尽管中央基层就业政策的目标群体是全体高校毕业生，但政策效果存在异质性，专科生和本科生、女性、生源地为县城及以下的这些原本就处于就业弱势地位的毕业生，进入基层就业的比例增加最多，这一现象也许是政策制定者始料未及的，但非常值得持续关注。

第三，地方基层就业政策与中央基层就业政策的内容基本一致，但地方特色有待加强。以《基层就业意见》政策为例，绝大多数地区在中央政策精神的指引下，均制定了省级的基层就业政策。绝大多数地区（尤其是中西部地区）的基层就业政策基本涵盖了中央政策的基层就业项目，个别地方针对本地特色设立了一些特色项目。在优惠举措方面，各地区对落户政策的规定基本相同，主要差异仅体现在公务员和事业单位招录优惠和考研优惠的明晰度及优惠力度上。可见，各地方的基层就业政策差异较小，地方特色并不鲜明。

第四，基层就业优惠举措的明晰度和优惠力度会影响毕业生基层就业，侧重长期职业发展的激励举措作用相对明显。与中央基层就业政策相比，地方基层就业政策在优惠举措方面更为具体和明确，但在具体条款上某些地区的优惠举措仍然不够明晰。比如对经济补贴优惠的界定均相对模糊，再比如在公务员招录优惠方面，有些地区明确了加分额度，有些地区则仅笼统表示"享受一定的公务员录取优惠"，在考研招录优惠方面也存在类似的问题。根据优惠举措是否明晰将17个省份分为四类后发现，公务员和考研都没有明确加分的省份高校毕业生基层就业的比例最低，两者都有明确加分的地区基层就业比例最高，而只有公务员加分或只有考研加分的地区基层就业比例介于上述两类地区之间。一方面说明，优惠举措是否明晰将对毕业生基层就业行为产生显著影响，另一方面也说明高校毕业生非常看重基层就业的长期职业发展，侧重长期职业发展的激励对毕业生基层就业具有较大的促进作用。

基于上述结论，为了促进基层就业政策的深入落实，引导更多更优秀的高校毕业生到基层就业，相关政策可以在以下几方面做适当调整。

第一，进一步细化和明确基层就业政策，降低毕业生到基层就业的不确定性和风险。中央和地方政府在基层就业的某些条款尤其是优惠举措上，仍然存在界定模糊的情况。且对不同政策地区基层就业情况的分析也发现，优惠举措越明确、优惠力度越大的地区基层就业的情况越好，注重长期职业发展的优惠举措对毕业生基层就业的促进作用较大。因此，各级政府尤其是地方政府应进一步细化、明确基层就业的各项政策，减少毕业生对基层就业不确定性和风险的担忧，消除高校毕业生在基层和非基层地区之间流动和职业转换的各种制度性障碍，增强他们在基层就业时对个人事业发展的信心。

第二，将促进基层就业政策的着眼点由"毕业生求职时"前置到"人才培养的过程中"，为基层地区培养有意愿、有能力的优秀人才。在过去十年间，密集出台的基层就业政策的确提高了高校毕业生的基层就业比例，但是基层就业政策对专科生和本科生、女性、生源地为县城及以下的毕业生促进作用最大。为了进一步改善基层就业政策的执行效果，一方面各级政府应进一步引导和鼓励来自基层地区的毕业生回到基层，另一方面，也应该将基层就业政策的着眼点前置到"人才培养的过程中"，将政策目标由"吸引毕业生到基层就业"逐步转变为"为基层地区培养有意愿、有能力的优秀人才"，如设立有关基层经济文化方面的选修课，组织学生利用寒暑假时间到基层地区开展长短期结合的社会实践和实习实训，组织基层就业典型人物的经验介绍会等，从而引导非基层地区生源的学生也能更多地了解基层，加深学生对基层地区的感情，引导学生将到基层建功立业视为自身内在需求。

第三，加强对基层就业政策的科学评估，及时调整政策方向，确保政策目标顺利实现。高校毕业生基层就业政策自2003年起已实行了十余年，并经历了由笼统到细化、由零散到系统的演变过程。对其进行科学系统的评估有利于了解政策执行情况、实施效果及存在的问题，各级政府也可以根据评估结果及时调整政策方向，从而确保政策目标的顺利实现。然而，目前针对基层就业政策效果如何、目标是否实现等问题仍缺乏基于系统评估的科学回答。本章尽管基于对政策文本和全国数据的分析试图揭示冰山一角，但仍然难以建立严格意义上的因果关系。未来由政府主导的、由第三方机构开展的政策评估工作以及基于政策评估进行政策制定和调整的工作有待进一步加强。

第六章　逃离还是"北漂"

首都北京在中国政治、经济、文化、社会等方面扮演了十分重要的角色，对人才的吸引力巨大。根据国家统计局和北京市统计局的统计数据：2013年北京人均GDP为93213元，接近富裕国家水平。同时，产业结构继续优化，第三产业占比增加至76.9%[①]。北京作为全国的政治经济中心，提供了规模庞大、质量上乘的就业机会。据美国《财富》杂志公布的2014年世界500强企业榜单显示：北京拥有高达52家世界500强企业总部，蝉联全球城市第一。国资委公布的11家央企及上市子公司共287家企业中，注册地或总部在北京的央企数量高达76家，北京是拥有央企数量最多的地区[②]。北京师范大学劳动力市场研究中心发布的《2011中国劳动力市场报告》指出，北京的"就业质量"在全国位居第一[③]。

巨大的吸引力也带来了激烈的竞争，丁大建等对于北京地区高校本科毕业生就业意愿调查分析发现，74.8%的学生首选在北京就业[④]。然而，在北京限制城市规模和收紧户口政策的背景下，非京籍应届高校毕业生在京就业尤其是落户北京的难度日益增大[⑤]。随着改

---

① 龙露：《去年北京人均GDP93213元》，《北京晚报》2014年第3期。
② 《2012年央企数量最多的区域为北京》，http://money.163.com/13/1106/07/9CVVJMPN00252G50.html。
③ 郭少峰：《北京"就业质量"全国最高》，《新京报》2011年第4期。
④ 丁大建、高庆波：《毕业了你将去哪里——2003年北京地区高校本科毕业生就业意愿调查分析》，《中国人力资源开发》2004年第4期。
⑤ 黄山松、马永霞：《论非北京生源大学毕业生在京就业的弱势地位——大学生就业区域流动的视角》，中国教育学会教育经济学分会《2010年中国教育经济学学术年会论文集》，中国教育学会教育经济学分会，2010年。

革开放后工商业的飞速发展与人口流动的频繁,1999年北京的常住人口已达1099.8万,大大突破了1993年颁布的《北京城市总体规划(1991—2010年)》中"到2010年市区常住城市人口控制在650万人以内"的计划。《国家新型城镇化规划(2014—2020)》提出,严格控制500万以上的特大城市人口规模。为了控制城市规模和人口规模,在过去几年的北京市政府工作报告也都会提及"人口调控",北京市也出台了一系列准入制度,包括抬高北京户籍的门槛、限制落户北京的人数等。但北京户口又因其稀缺性及各种福利而备受青睐,如子女就学、医疗保障等。

北京户口政策的逐步收紧,会对非京籍高校毕业生的就业选择产生什么影响?能够在北京就业的毕业生具有哪些特征?能够顺利落户北京的毕业生有什么特征?为了落户北京高校毕业生需要付出什么努力?本章将通过梳理高校毕业生落户北京政策及分析全国高校毕业生就业调查数据来回答上述问题。

一 大学毕业生落户北京政策

北京户口备受青睐源于它背后隐含的众多社会福利。《中国新闻周刊网》2013年9月17日刊发《一纸北京户口:绞杀了多少梦想》,文中列举了北京户口的几十项福利:就业、买房、买车、教育、婚姻、声誉、医疗、养老等。"户口如此'傲娇',引无数英雄竞折腰。"据报道,前几年北京户口的黑市价大概不足10万,而目前已经高达三五十万。因此,对那些希望在北京就业的高校毕业生来说,能否在毕业时获得一份解决户口的工作将在很大程度上决定未来的生活状态,北京户口成为选择工作时考虑的重要现实因素。

对应届高校毕业生而言想要获得北京户口需要拿到两个指标,一个是留京指标,一个是进京指标。"留京指标"始于高校扩招的1999年,北京市教委出台高校毕业生就业分配的新政策——取消毕业生就业行业和所有制的限制,打破毕业生就业的地区限制,对在京院校外地生源的毕业生实行"指标控制、择优留京",由此诞生了"留京指标"的概念。具体来说,留京指标是指由北京市教委下发到高校的京外生源留在北京的比例,一般由学校按学生综合测评的排名择优留京。而"进京指标"是指由人事部或北京市人事局向用人单位分配的招聘非京籍生源统招应届毕业生的用人指标。对高校毕业生来说,"留京指标"是落户北京的第一道关卡,之后还需要获得由用人单位提供的"进京指标",只有"双指标挂钩"才能获得北京户口。2002年北京市教委制定了统一的针对所有北京籍高校大学生的"留京指标"要求"北京市所紧缺的23类专业人才""毕业院校范围应在规定的281所院校(北京49所)中""非外语专业毕业生,其英语水平最低应通过国家四级水平考试"等标准。

然而,留京指标也引发了很多如非法买卖、暗箱操作等负面事件。2008年,北京市教委决定逐渐放开留京指标这道关卡,削弱学校的权限,改为使用就业导向的"进京指标"。北京市每年发布《引进非北京生源本科毕业生紧缺专业目录》,着重引进北京市需要的专业人才。如今,进京指标逐渐成为控制应届生进京的利器。有新闻报道称,北京市陆续调整应届生进京数量,由2005年的2万人减至2008年的1.5万人,之后逐年缩减,2014年进京指标与2013年基本持平,约1万人。同时,北京市对高校毕业生留京限制也日益严格,2013年明确提出:应届毕业生本科生不超过24岁、硕士生不超过27岁、博士生不超过35岁才能留京。根据《2014北京户口新政策》,落户北京共有9种渠道,其中,除针对特定人群的落户渠道外,与应届高校毕业生相关的渠道即为:进入国家机关、事业单位、大型央企等有进京指标的单位,或考取能够解决北京户口的大学生村干部和大学生社工岗位。在现行的户籍制度下,如果毕业时没能落户北京,则将来落户北京的可能性极小。

二 大学毕业生的留京选择

关于中国户籍制度的研究很多,主要集中在城乡户籍制度引起的劳动力市场分割问题,如通过实证研究验证城乡户籍之间存在的工资不平等问题①。还有一些研究则聚焦户口在社会分层和流动之间的作用，如通过实证研究检验个人经济地位、政治地位和社会地位的差别与户口的关系②。这些研究的关注点都在于城市户口和农村户口的差别，而聚焦北京户籍政策的研究则相对较少。乔晓春利用北京市2005年1%人口抽样调查数据，按区县对北京市的外来人口和外出人口情况进行研究，并对北京市人口调控和户籍制度改革提出相应建议③。刘立则运用微观经济学和制度经济学理论，分析了非京籍应届毕业生进京指标政策中存在的政府失灵等问题④。

与户籍制度和高校毕业生就业相关的另一类研究是从就业地选择和区域流动视角展开的研究，如研究哪些因素影响大学生就业地区选择意向，部分研究通过实证分析发现性别、专业、生源地、学历、房价对就业地的选择意愿具有重要影响⑤。卢姗和王琼对来沪就读的上海高校本科毕业生的流动意愿进行研究，也发现毕业生流动总体上符合距离衰减规律，邻省来沪学生更愿意留在上海发展⑥。岳昌君的研究进一步发现，人口特征变量、人力资本、家庭社会经济背景等都显著影响高校毕业生的跨省流动⑦。

图6-1展示了在北京户籍政策逐渐收紧的背景下，2004—2011

---

① 姚先国、赖普清：《中国劳资关系的城乡户籍差异》，《经济研究》2004年第7期；周世军、周勤：《户籍制度、非农就业"双重门槛"与城乡户籍工资不平等——基于CHNS微观数据的实证研究》，《金融研究》2012年第9期。

② 陆益龙：《户口还起作用吗——户籍制度与社会分层和流动》，《中国社会科学》2008年第1期；李晓飞：《户籍与当代中国社会差别——基于中国综合社会调查（CGSS2006）数据的定量研究》，《华中科技大学学报》（社会科学版）2010年第3期。

③ 乔晓春：《北京市人户分离人口状况分析及户籍制度改革的设想》，《人口与发展》2008年第2期。

④ 刘立：《非北京生源应届高校毕业生进京指标制度改革的政策分析》，《中国人口科学》2003年第5期。

⑤ 李善乐：《大学生就业地域选择：理论与实证——基于东北地区14所大学问卷的视角》，硕士学位论文，东北财经大学，2011年；张抗私、王振波：《劳动力供给、地域选择与政策含义——基于大学生行为的实证分析》，《财经问题研究》2013年第9期；陆奕行、何坚：《高房价对大学生选择就业地的调查报告》，《经济研究导刊》2013年第15期。

⑥ 卢姗、王琼：《来沪就读本科生地域流动与中国的地区平衡——大学生就业地选择的调查与思考》，《中国青年研究》2007年第4期。

⑦ 岳昌君、张恺：《高校毕业生求职结果及起薪的影响因素研究——基于2013年全国高校抽样调查数据的实证分析》，《教育研究》2014年第11期。

年非京籍高校毕业生在京就业人数和比例。从在京就业人数的变化来看，2004—2006年非京籍高校毕业生在京就业的人数激增，2006年后则逐渐趋于平缓。分北京院校毕业生和非北京院校毕业生来看，其变化趋势与总体趋势类似，但是2006年以前，北京院校毕业生在京就业的人数少于非北京院校毕业生，而2006年后则超过了非北京院校毕业生。从比例变化来看，2004年和2005年非京籍高校毕业生在京就业比例基本持平，2005—2006年增长迅速，但2006年后呈逐年下降趋势。图6-1说明北京户口政策的不断紧缩在一定程度上限制了非京籍高校毕业生在京工作的增速，尤其是那些外地院校毕业生可能迫于政策压力而放弃进京工作。本节所使用的数据包括两部分：第一部分为全国高校上报教育部的全口径毕业生就业数据，本章将利用该普查数据分析高校毕业生在京工作的特点及时间变化趋势；第二部分为北京大学教育经济研究所于2013年6月进行的全国高校毕业生的抽样调查数据。为了分析距离对高校毕业生就业选择的影响，本章还通过12306网站查询了毕业生生源省的省会城市距北京的铁路距离，以及院校省的省会城市距北京的铁路距离，其中，生源省省会城市距京的平均铁路距离为1298.6千米，院校省省会城市距京的平均铁路距离为1323.6千米。

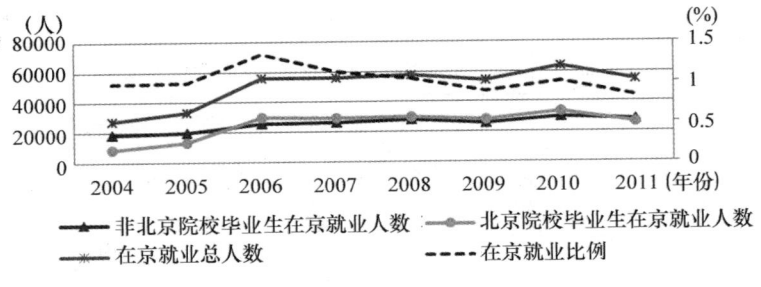

图6-1 非京籍高校毕业在京就业特点及变化趋势

接下来，将讨论哪些因素会影响毕业生是否选择在京就业。由于毕业生是否在京就业为二分类变量，因此适合建立以是否在京就业为因变量，以毕业生的个人基本特征、家庭特征、人力资本特征、求职状况等为自变量的逻辑斯特回归模型。

$$Y_i = \beta_0 + \beta_1 C_i + \beta_2 F_i + \beta_3 HC_i + \beta_4 S_i + \beta_5 U_i + \varepsilon_i \quad (6.1)$$

其中，i 表示学生个体。因变量 Y_i 表示毕业生的就业地是否为北京：$Y_i = 1$ 表示学生 i 毕业后在北京就业，$Y_i = 0$ 表示学生 i 毕业后不在北京就业。自变量中 C_i 表示人口统计学因素，包括性别和民族；F_i 表示学生家庭背景因素，如家庭所在地、家庭人均年收入、母亲受教育年限、母亲职业、生源地距京距离等变量；HC_i 表示学生的人力资本因素，包括政治面貌、学历层次、成绩、奖学金、双学位或辅修等变量；S_i 表示学生 i 的求职状况，比如是否有工作或实习经历、求职次数、求职费用等；U_i 表示学校背景，包括院校所在地、学校类型、院校距京距离等变量。变量定义如表6-1所示。

表6-1　　　　　模型回归分析变量因素及说明

因素	变量	定义
人口统计学特征	性别	女（对照组）和男
	民族	少数民族和汉族（对照组）
家庭背景	家庭所在地	农村（对照组）、县镇和城市
	家庭人均年收入	3000元及以下（对照组）、3001—5000元、5001—10000元、10001—20000元、20001—50000元、50001元及以上
	母亲受教育年限	根据母亲的受教育程度推算
	母亲职业	非管理技术职业（对照组）和管理技术职业
	生源距离	生源地所在省省会距北京的铁路距离（单位：千米）
	家庭社会关系	毕业生对找工作时家庭社会关系作用感受的评价，分为广泛和不广泛（对照组）
人力资本	政治面貌	非党员（对照组）和党员
	学生干部	非学生干部（对照组）和学生干部
	学历层次	专科（对照组）、本科、研究生
	学习成绩	班内排名前25%、班内排名在前25%之后（对照组）
	奖学金	没有获得（对照组）和获得
	双学位（或辅修）	没有获得（对照组）和获得

续表

因素	变量	定义
求职状况	工作或实习经历	没有（对照组）和有
	求职费用	个人估计的为求职而花费的相关费用，并对其取对数值
	求职次数	5 次及以下（对照组）、6—10 次、11—50 次、51 次及以上
学校背景	学校类型	非重点院校（高职高专与一般本科）、重点院校（"211 工程"院校与"985 工程"院校）
	院校距离	院校地所在省省会距北京的铁路距离（单位：千米）
	学校所在地	在京院校、非在京院校（对照组）
就业状况	就业单位性质	分为 5 类：私营企业（民营、个体）、乡镇及其他企业（对照组）；三资企业；国有企业；国家机关；高校和科研单位，高中、初中学校等教育单位，医疗卫生单位，其他事业单位和其他
	落户北京与否	没有落户（对照组）和落户
	工资起薪	个人估计所找到工作的月工资（税前），并对其取对数值

表 6 - 2 的回归结果展示了哪些特征的高校毕业生会选择在京就业。进入模型（1）回归方程的样本观测值有 4445 个。模型的总体显著性水平检验结果表示，似然比 LR 卡方值为 658.41，似然比 LR 卡方值的伴随概率小于 1%，表明模型的总体显著性水平很高。模型拟合优度的拟判定系数为 0.3056，模型的拟合程度较高，可信度较高。从回归的最终结果来看，毕业生选择在京就业受到多方面因素的影响。

从毕业生的个体和家庭特征来看，男性在京就业的可能性更大；生源所在地距京距离越远，毕业生在京工作的可能性越小，这与以往有关流动的理论和实证研究发现相一致，即距离越远人们流动的心理成本和经济成本会越高，故此流动的可能性会越低；母亲从事管理技术型工作的高校毕业生在京就业的可能性更大，这从一个侧面说明家庭社会资本可能会帮助毕业生在京找到工作。

表 6-2　　高校毕业生留京就业的影响因素

类别	变量	在京就业 系数	标准误
人口统计	男性	0.610***	(0.161)
	少数民族	-0.091	(0.330)
家庭背景	生源地距京距离	-0.000555***	(0.000134)
	家庭所在地在大城市	0.129	(0.247)
	家庭所在地在县城	0.123	(0.185)
	家庭人均年收入 3001—5000 元	0.070	(0.291)
	家庭人均年收入 5001—10000 元	0.331	(0.264)
	家庭人均年收入 10001—20000 元	0.346	(0.272)
	家庭人均年收入 20001—50000 元	0.407	(0.275)
	家庭年收入 50001 元及以上	0.369	(0.297)
	母亲受教育年限	0.020	(0.022)
	母亲职业为管理技术岗位	0.484**	(0.200)
	家庭社会关系	-0.095	(0.162)
人力资本	党员	0.079	(0.169)
	学生干部	-0.064	(0.159)
	本科学历	0.293	(0.262)
	研究生学历	1.164***	(0.309)
	学习成绩前 25%	0.331**	(0.160)
	获得奖学金	-0.0341	(0.161)
	双学位或辅修	0.100	(0.204)
求职努力	工作或实习经历	0.284	(0.175)
	求职费用	-0.133***	(0.046)
	求职次数（6—10）	0.337	(0.205)
	求职次数（11—50）	0.662***	(0.199)
	求职次数（51 及以上）	0.836***	(0.275)
学校特征	重点院校	0.362*	(0.194)
	院校距离	-0.000888***	(0.000145)
	就读北京高校	1.454***	(0.274)
	常数项	-2.581***	(0.586)

注：*、**和***分别表示统计达到10%、5%和1%显著性水平。

从毕业生的人力资本特征来看，与专科生相比，研究生更有可能在北京工作；学习成绩排名前 25% 的高校毕业生在京就业的可能性更大，也就是说学历和成绩对于在京就业的促进作用明显。

从毕业生的求职特征来看，具有实习经历和求职次数在 10 次以上都能增加在京就业的机会，说明毕业生的求职准备越充分、求职努力程度越高，在京就业的可能性越大。但是求职费用对在京就业的可能性有显著负影响，也就是说，求职费用越高，在京就业的可能性越低。说明在控制了个人特征、家庭特征和人力资本等条件不变的情况下，在京就业并不需要支付额外的求职费用，尤其是对于那些原本就是北京地区院校毕业的学生而言，他们到北京以外地区去求职反而要花费更多的交通成本。

从毕业生的学校背景特征来看，北京院校的毕业生在京工作的可能性显著高于外地院校，且院校地距京越远，高校毕业生在京工作的可能性越低。一方面，这可能与毕业生在京就学及学习期间参加实习建立的社会资本有关，毕业生可以利用已有的社会资本更加容易地在北京找到工作。另一方面，这也可能与北京院校毕业生在北京生活时间较长、了解和适应北京环境有关，他们进一步流动的心理成本会相对更高。此外，与高职高专、普通本科等非重点院校相比，重点院校毕业生在京就业的可能性更高。

三 落户北京的大学毕业生群体特征

为了进一步检验在京就业毕业生中哪些能够落户北京，本节进一步建立模型：

$$Z_i = \beta_0 + \beta_1 C_i + \beta_2 F_i + \beta_3 HC_i + \beta_4 S_i + \beta_5 U_i + \varepsilon_{ij} \quad (6.2)$$

其中，因变量 Z_i 表示毕业生是否可以落户北京：$Z_i = 1$ 表示学生 i 毕业后可以获得北京户口，$Z_i = 0$ 表示学生 i 在京就业但并未获得北京户口。自变量 C_i、F_i、HC_i、S_i 和 U_i 的含义均与模型（1）相同。

表 6-3 的回归结果展示了在北京就业的高校毕业生中，具备哪些特征的毕业生能够落户北京。在剔除了非在京就业的高校毕业生后，进入模型（2）回归方程的样本观测值有 293 个。根据模型总体

表6-3　　　　　　　　高校毕业生落户北京的影响因素

自变量类别	自变量名称	落户北京模型 系数	标准误
人口统计	男性	0.717*	(0.390)
	少数民族	-0.802	(0.782)
家庭特征	家庭所在地在大城市	-1.239**	(0.564)
	家庭所在地在县城	-0.658	(0.423)
	家庭人均年收入3001—5000元	-2.010***	(0.748)
	家庭人均年收入5001—10000元	-1.434**	(0.667)
	家庭人均年收入10001—20000元	-2.129***	(0.702)
	家庭人均年收入20001—50000元	-2.011***	(0.701)
	家庭年收入50001元及以上	-1.264*	(0.718)
	母亲受教育年限	0.0449	(0.0469)
	母亲职业为管理技术岗位	0.0689	(0.428)
	家庭社会关系	-0.0368	(0.357)
人力资本	党员	0.861**	(0.377)
	学生干部	0.146	(0.349)
	本科学历	3.480***	(1.163)
	研究生学历	4.532***	(1.268)
	学习成绩前25%	0.165	(0.353)
	获得奖学金	-0.409	(0.344)
	双学位或辅修	0.116	(0.448)
求职努力	工作或实习经历	0.265	(0.380)
	求职费用	0.284***	(0.101)
	求职次数（6—10）	-1.225**	(0.512)
	求职次数（11—50）	-1.011**	(0.470)
	求职次数（51及以上）	-1.503**	(0.683)
学校特征	重点院校	0.102	(0.519)
	就读北京高校	1.510***	(0.416)
	常数项	-5.053***	1.671

注：*、**和***分别表示统计达到10%、5%和1%显著性水平。

显著性水平检验得到，似然比 LR 卡方值为 138.25，似然比 LR 卡方值的伴随概率小于 1%，结果表明模型的总体显著性水平很高。模型拟合优度的拟判定系数为 0.3414，表明模型的拟合程度较高，可信度较高。从回归的最终结果来看，毕业生能否落户北京受到个体、家庭因素、人力资本和学校背景因素的影响。

从毕业生的个体和家庭背景特征来看，男性落户北京的可能性更大，这进一步说明了男性在劳动力市场中的求职优势；相比来自农村的毕业生，来自大城市的毕业生落户北京的可能性更低，家庭人均年收入在 3000 元以上的毕业生要比 3000 元以下的毕业生获得北京户口的概率显著更低。可能的原因是，越是弱势家庭的学生对户口的偏好越强烈，尤其是来自农村的毕业生，会更加倾向于选择能够解决户口的工作。

从毕业生的人力资本特征来看，党员获得北京户口的概率更高，这可能与能够解决户口的单位多为国企和机关这类对政治面貌有要求的单位有关；与专科毕业生相比，本科学历和研究生学历的毕业生更有可能获得户口。

从毕业生的求职特征来看，求职费用越高落户北京的可能性越大，但是求职次数并不能提高获得北京户口的概率，可能的原因是具有进京指标的单位多为国企和机关，如果不是面向这类单位求职，那么即便求职次数再多也不会增加落户的机会。此外，由于近年来进入国企和机关的难度越来越大，社会上涌现出一些面向公务员考试等的培训机构，毕业生所支付的培训费用增加了求职成本，但是能够在一定程度上增加落户北京的机会。

从毕业生的学校背景特征来看，北京院校的毕业生落户北京的可能性更大，这与上文中对北京院校毕业生在京就业可能性更大的解释类似。学校类型对北京户口的获得没有显著影响，也就是说，学校类型对毕业生是否在京就业具有影响，但是一旦找到工作，能否获得户口就与是否为重点院校无关了。

为进一步检验在京就业的高校毕业生中落户与未落户群体在工资起薪上的差异，本节建立一般线性回归模型：

$$S_i = \beta_0 + \beta_1 C_i + \beta_2 F_i + \beta_3 HC_i + \beta_4 S_i + \beta_5 U_i + \beta_6 J_i + \varepsilon_{ij}$$
(6.3)

其中，因变量 S_i 表示毕业生薪资水平。自变量 C_i、F_i、HC_i、S_i 和 U_i 的含义均与模型（1）相同。模型中进一步加入了变量 J_i 表示就业状况，包括是否解决户口和就业单位类型。

表6-4　　　　　　　高校毕业生落户北京的收入模型

类别	变量	落户北京收入模型	
		(1)	(2)
人口统计	男性	0.183***	0.186***
		(0.060)	(0.058)
	少数民族	0.022	0.087
		(0.077)	(0.075)
	解决户口	-0.119*	-0.011
		(0.070)	(0.075)
家庭背景	家庭所在地在大城市	0.082	0.032
		(0.084)	(0.078)
	家庭所在地在县城	0.012	-0.045
		(0.067)	(0.062)
	家庭人均年收入3001—5000元	0.121	0.102
		(0.156)	(0.148)
	家庭人均年收入5001—10000元	0.331**	0.292**
		(0.132)	(0.123)
	家庭人均年收入10001—20000元	0.341**	0.325**
		(0.143)	(0.135)
	家庭人均年收入20001—50000元	0.342**	0.331**
		(0.145)	(0.139)
	家庭年收入50001元及以上	0.483***	0.465***
		(0.146)	(0.138)
	母亲受教育年限	0.011	0.011
		(0.009)	(0.009)
	母亲职业为管理技术岗位	-0.056	-0.022
		(0.072)	(0.071)
	家庭社会关系	-0.068	-0.030
		(0.059)	(0.056)

续表

类别	变量	落户北京收入模型	
		(1)	(2)
人力资本	党员	−0.022 (0.067)	−0.002 (0.065)
	学生干部	−0.077 (0.056)	−0.044 (0.055)
	本科学历	0.072 (0.098)	0.053 (0.106)
	研究生学历	0.418*** (0.124)	0.377*** (0.138)
	学习成绩前25%	0.105* (0.055)	0.112** (0.052)
	获得奖学金	0.008 (0.059)	0.015 (0.056)
	双学位或辅修	−0.051 (0.072)	−0.033 (0.063)
求职努力	工作或实习经历	0.051 (0.062)	0.034 (0.058)
	求职费用	0.029 (0.019)	0.035* (0.019)
	求职次数（6—10）	0.044 (0.085)	0.079 (0.080)
	求职次数（11—50）	−0.002 (0.074)	0.003 (0.074)
	求职次数（51及以上）	0.036 (0.090)	0.014 (0.088)
学校特征	重点院校	0.222*** (0.077)	0.203*** (0.075)
	就读北京高校	0.258*** (0.072)	0.253*** (0.069)
就业单位性质	在三资企业就业	—	0.288*** (0.089)
	在国有企业就业	—	0.008 (0.079)
	在国家机关就业	—	−0.351*** (0.110)
	在事业单位就业	—	−0.233** (0.112)
	常数项	7.292*** (0.238)	7.188*** (0.237)
	R^2	0.515	0.577

注：①*、**和***分别表示统计达到10%、5%和1%显著性水平；②括号（）中为标准误。

表 6-4 展示了那些在北京就业的毕业生中，是否落户北京对毕业生起薪的影响，进入模型（1）和模型（2）的样本观测值为 293 个，总体显著水平都达到了 1%，说明模型设定合理。拟合优度的判定系数分别为 0.5152 和 0.5767，表明模型的解释力较好。多重共线性检验显示，各变量的方差膨胀因子都小于 10，不存在多重共线性。从回归的最终结果来看，在第一行中，是否落户北京的系数显著为负，说明落户北京的高校毕业生的工资起薪显著低于没有落户北京的毕业生，即落户北京是以一定的收入损失为代价的。在第二行中，进一步控制了工作单位的类型，发现是否落户北京的系数仍为负，但不显著；而从单位类型的系数来看，国企与私企、乡镇企业等的收入没有显著差异，三资企业的收入最高，国家机关和事业单位的收入最低。这说明毕业生进入那些能够解决户口的单位就业（如国家机关、国企和事业单位）是以收入损失作为代价的。此外，男性、家庭人均年收入 5001 元以上、研究生学历、学习成绩好、重点院校，以及北京院校的毕业生其工资起薪都显著更高。

四 重点高校大学生的留京意愿

为了进一步分析影响高校大学生的留京意愿，本研究面向北京大学在校学生发放在线问卷，并回收了 300 份有效问卷，其中男性占 46.2%，女性占 53.8%，本科生占 34.9%，硕士生占 44.9%，博士生占 20.3%。图 6-2 展示了该重点大学在校生的就业地偏好，可以看出，愿意留京就业的学生约为 55.5%，远超过对其他地区的就业偏好，愿意回生源地省就业的比例约为 42%。而愿意去北京和生源地省以外的中小城市就业的比例仅为 14.7%。

表 6-5 展示了该重点大学男性大学生和女性大学生的就业地选择意愿，可以看出，女生中非常愿意留京和去北京和生源地所在省外的其他大城市的比例略高于男生，男生非常愿意回生源省就业的比重略高于女生，非常愿意去国外就业的比重高于女生。而男生非常不愿意到北京和生源地省外中小城市就业的比重也高于女生。

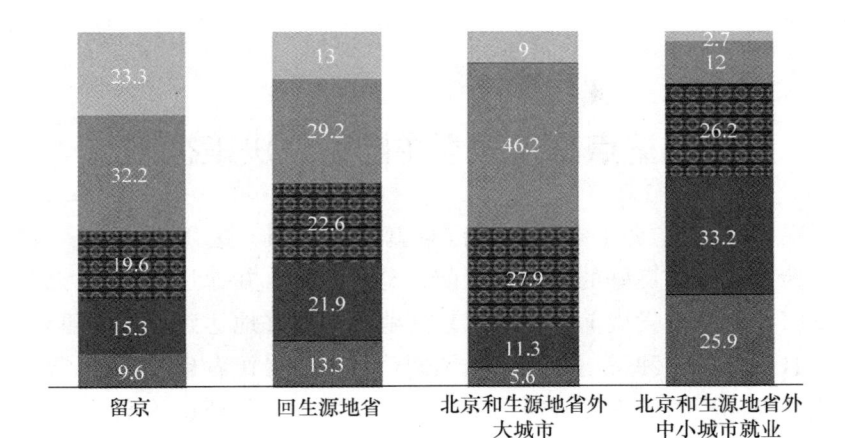

第六章　逃离还是"北漂"　　147

图中数据（从下到上）：

留京：9.6 / 15.3 / 19.6 / 32.2 / 23.3
回生源地省：13.3 / 21.9 / 22.6 / 29.2 / 13
北京和生源地省外大城市：5.6 / 11.3 / 27.9 / 46.2 / 9
北京和生源地省外中小城市就业：25.9 / 33.2 / 26.2 / 12 / 2.7

■非常不愿意 ■不愿意 ■没有偏好 ■愿意 ■非常愿意

图 6-2　重点高校大学生的就业地区偏好（单位：%）

表 6-5　　　　　不同性别毕业生留京意愿的比较　　　　单位：%

就业选择	性别	非常不愿意	不愿意	没有偏好	愿意	非常愿意
留京	男	10.8	13.7	20.9	31.7	23.0
	女	8.6	16.7	18.5	32.7	23.5
回生源地省	男	12.2	20.9	26.6	26.6	13.7
	女	14.2	22.8	19.1	31.5	12.3
北京和生源地省外大城市	男	6.5	9.4	31.7	43.9	8.6
	女	4.9	13.0	24.7	48.1	9.3
北京和生源地省外中小城市就业	男	30.9	29.5	25.2	12.2	2.2
	女	21.6	36.4	27.2	11.7	3.1
国外	男	19.4	17.3	23.0	23.7	16.5
	女	17.3	22.2	26.5	27.2	6.8

根据访谈信息，明确留京和处于犹豫阶段的两类人决策的出发点和决定因素是不同的，而且不同因素对不同个体的影响具有一定的异质性。在几份访谈收集的资料和文本基础上，根据就业地选择及其决

策过程可以将决策者分为两种不同类型，并建构出相应的决策路径图。

五 重点高校大学生的留京决策机制

在10位受访者中有4人有留京就业的意向，这几位学生多看重北京所能提供的良好的职业发展前景与高薪资，并通过实习等方式认识到家乡有限的发展前景，而留京就业能够更好地达到自己的事业期待，且工作条件和待遇亦可满足预期。另外，受访者也考虑到了求学或实习期间积累的人际资源网络、对北京城市文化环境的融入与适应对于选择就业地域的影响，因此做出了留京就业的选择。

在选择就业地域时，毕业生往往要考虑在就业地长期发展所必需的要素。就业地户口、住房价格水平、城市气候环境构成了一般个体在选择就业地（尤其是北京）时最为看重的三个因素，对于这三个要素的不同态度，会影响到个体最终做出长期留京或短期留京的不同选择（见图6-3）。

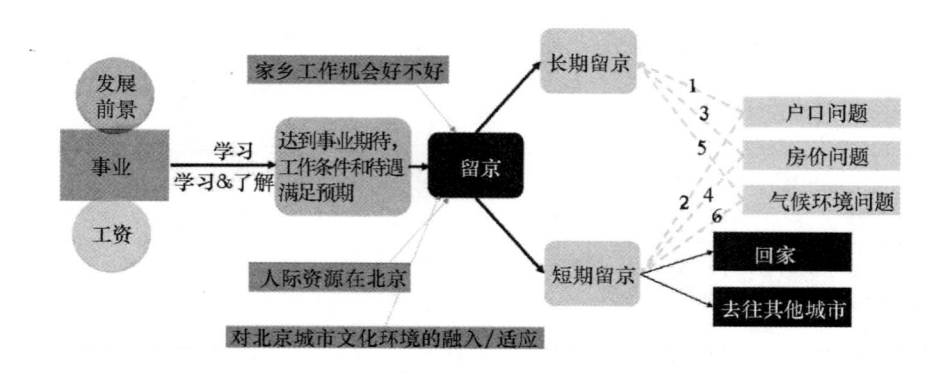

图6-3 选择留京就业的决策机制

注：在户口问题的两面性上，"1"表示"拿到户口或对户口制度改革有所期待"，"2"表示"无法落户或更看重高工资"；在房价问题的两面性上，"3"表示"房价问题不适用或暂不考虑买房问题"，"4"表示"房价压力过大"；在气候环境问题的两面性上，"5"表示"对恶劣气候环境无感或气候感知较好"，"6"表示"难以长期忍受糟糕的气候环境"。

（一）留京就业者的决策影响因素

愿意长期留京就业者往往会将留京发展前景与家乡进行对比，认为北京能够提供良好的薪资待遇和工作机会。受访者 06 愿意长期留京，并选择进入薪资水平较高①的企业工作："曾经考虑除了北京以外，就是说回家那边，长春和沈阳，但是后来都 pass 掉，主要还是因为东北经济发展比较落后，然后回去的话，也没有什么特别好的工作机会，加上父母这边他们也是不希望我回到老家那边。我感觉在北京毕竟赚钱也多，主要就是家里太受限了。……整个长春的话，和沈阳不管哪一个领域机会都会很少，因为它其实连二线城市都算不上，只能勉强算是一个三线吧，然后整个发展像长春的话，基本就只有一汽啊，好像基本只有一汽这么一个大企业，然后有几所学校，东北师大啊之类的，至于其他方面的话，（家乡）各个领域发展都比较落后。"（受访者 06）

另一名受访者（编号 09）的求职意愿为初中教育单位，比起家乡安徽，北京的同类行业工作理念相对激进，但他亦看重北京所能提供的工作机会更多的优势，并在一定时间之后逐渐适应："其实我之前也有考虑过回家，但是北京的机会其实更好，当时有十一（学校）的宣讲会我就去听了嘛，觉得他们对老师考虑得比较周到，我就过来了，先去实习了一段时间看看，一开始还不太适应，因为跟传统的管理模式有点差别，比如学生是走班的，也没有固定的班主任，是一种导师制，大概是最近才适应下来。"（受访者 09）

与愿意长期留京者相似，短期留京者同样看重北京的发展机遇，但他们更看重工作本身，选择工作地的标准是"工作能否发展成事业"，对北京的定位多为一个发展的跳板或"平台"。如计划在教育企业就职的受访者（编号 07）便表示："因为现在事业单位这边我可能不会过多地考虑，然后公务员没考，京考我也没考，就谈企业这一点，我觉得对我来说，薪资的话肯定会参考，你会参考一个成员或者说同样的学历的人，或者说同样工作性质的人，他们的薪资大概是什

---

① 其所签约单位的薪资水平在同行业所有单位中排名前列。

么样的水平，他们的待遇五险一金，户口等，这些都得考虑，但是这应该不是最主要的。……我更注重的是一个平台，就你在这个企业，你是做什么的，然后会不会有人赏识你。教育本来就跟其他行业不一样，他不是说你投资你就能有收益，或者说短期投资就能有很高额的利润，所以我觉得这种东西很值得去尝试，而且如果你能把它做成一个事业的话，这个工作就会非常好。……我感兴趣的就是把一个具体的事情拿来当作一个事业来做。"（受访者07）

在工作数年之后，愿意短期留京的受访者（如编号08）也可能做出回家或到其他地区发展的选择："我本科毕业之后就准备在北京工作了，比如去滴滴打车公司，我觉得还挺好的，但是没考虑很远。我想先在北京打拼几年，拓展视野和人脉，锻炼一下自己，然后可能会选择在几年后回四川工作。……这里工作机会更多一些，而且能接触到一些很牛的公司和企业，能做点自己想干的事儿吧，得到更多的磨炼。……我最终还会考虑回四川和我爸爸生活在一起，照顾他。"（受访者08）

除了对事业发展（高薪资与优于家乡的良好发展前景）的考虑，尽管对留京时间长短的规划有所不同，但大部分受访者都认为在北京求学数年所积累的人际关系网络也是影响自己做出留京选择的因素："（留）北京的话，而且很大一部分也是在那边一直上学啊，上了6年的学，人脉什么都在这儿，我本身也不是一个能想要去一个新的地方立足的人，我还是喜欢在一个熟悉的环境里面待着。"（受访者06）"我的同学大部分在北京，以后也会常联系，如果回老家的话，一些大学的同学就联系得会少一点了。"（受访者09）

对于城市文化环境的适应与融入同样是吸引大学生做出留京就业选择的一个因素，有受访者（如编号09）便表示北京"整体上居民的文化水平素质比其他城市要高"，且在与本地人相处时感到"很平等"，这也构成其对生活了接近7年的北京"产生感情"的一个方面。也有受访者（如编号07）表示北京所能提供的丰富文化资源也成为吸引自己留京的拉力之一："北京很吸引我的一点是，多得数不清的文艺演出，话剧、歌剧、相声、小剧场等都是我喜欢的。"（受访者07）

就业地户口、住房价格水平、城市气候环境构成了一般个体在选择就业地（尤其是北京）时最为看重的三个因素（见图6-3）。受访者结合自身条件，对比家乡和其他大城市，对三个要素产生不同感知与判断，最终影响个体做出是否留京以及留京时间的长短的决定。

首先是对能否获得户口以及北京户口重要性的感知与判断。看重北京户口价值，并且认为自己能够取得北京户口的同学，以及虽然暂时无法取得北京户口，但是对户籍制度改革持有乐观态度的学生更有可能做出长期留京的决定。如受访者（06）表示对北京户籍管理制度改革所抱有的希望，即在自己希望的互联网行业工作能落户的可能性较小，但由于户籍政策变化的不确定性，因此对长期留京持有乐观态度："想着政策可能随时都在变。嗯，包括我妈，有听说啊，当然都是道听途说了，有说什么将来啊，等到我的孩子需要高考的时候，户口制度改革到什么程度都不知道，到时候没准就取消了啊之类的，嗯，就都是后话了，感觉为了20年以后的事情，现在想实在是有些累，就是能拿到，肯定是好的呀，但是发现自己也没有那个能力，其实，因为保准能拿户口的，也无非就是那么几种单位，然后国考那么难，一些高校啊，研究所啊，这种我也进不去。"（受访者06）也有受访者（编号06）表示尽管无法通过单位解决户口问题，但是在较高薪资待遇的激励之下，在综合考虑了事业发展、工作机会优势、人际资源网络等因素之后，仍会做出长期留京的规划。

其次是对自身购房能力的预期。认为自身未来薪酬足以偿还房贷，或预计在伴侣、家庭帮助下能够支付高房价的学生更倾向于长期留京。"住房的问题，这个应该是比较重要的问题，这个说实话，个人的情况不太一样，这个说实话仅靠个人能力是很困难的一件事，所以还是要靠家里的支援。"（受访者09）"等到我要买房子的时候肯定收入也会更多了，到时候应该还个贷款，也不是很大的问题吧，因为到时候可以用公积金来还嘛，公积金还挺多的，可能一个月，其实自己也不用掏太多的钱。"（受访者06）也有同学认为其他一、二线城市的房价水平也不比北京低（受访者09）。当受访者能够获得高薪资，或者解决户口时，房价问题对留京决策的影响就相对减弱。不愿意为了买房降低生活质量，又看重北京的发展平台的学生会选择短期留京，未来在家乡或其他地方购置房产。如受访者（如编号06）便表示不愿意"为了一个房子变成房奴，给自己带来很大的压力"，"房价太高了，我短期内没有考虑这个问题，所以我觉得我可能会回四川买房子吧"。（受访者08）

最后是对北京气候环境的感知。北京的雾霾等较差的气候环境会对一些重视气候环境、家乡环境优美舒适的学生产生一定的推力。有受访者即明确表示无法长期忍受北京的气候环境，因此倾向于在京工作一段时间之后回到家乡发展："感觉北京工作、生活节奏太快了，压力太大了，还有雾霾，相比之下，我们四川生活就相对安逸稳定健康很多。我觉得毕业后几年留在北京还可以，但长期待的话我可能不太想。"（受访者08）对于来自气候环境较差（如冬季严寒、有空气污染）地区的受访者而言，北京的气候环境对其留京发展并无推力，反而在一定程度上构成了拉力，如受访者（编号09）表示对北京政府大力治污举措非常期待："雾霾的话，其实我们家那边也有啊。如果北京这边（PM2.5）指数是四五百的话，我们家可能有两百四。而且你要看到，北京之前是有沙尘暴的，但是现在已经没有了。而且北京可以说是各种政府人员都在北京，他们都呼吸到相同的空气，其实应该是更有动机去治理这个雾霾的。所以我还是对治理雾霾抱有信心，我觉得这个情况也会逐步地好转。而且现在据我所知北京的中小学以后可能是会装空气净化系统的，这也算是一个利好。其实有的学校已经开始装了，十一（学校）的话，我听说今年已经开始装了，明年应该可以享受到。"（受访者09）

总体而言，事业发展的考虑（包括高薪资、良好发展前景）是受访者做出留京就业选择的重要因素。与家乡相比，北京良好的发展平台、丰富的文化资源，以及个体在京求学所积累的人际资源和对城市环境的融入，是吸引个体留京就业的拉力。不同的个体对于就业地户口、住房价格水平和气候环境的感知和判断，最终影响学生做出是否留京以及留京时间长短的决定。

（二）犹豫观望者的决策机制

在研究的对象里，有很大一部分群体没有决定留京与否。他们往往还在观望,用访谈者自己的话来讲是"走一步看一步",这类群体考虑的因素会比较多,往往某一两个问题的不确定性或是矛盾导致就业地决定的犹豫和徘徊。

尽管每个受访者的故事线略有差异,但依然存在很多共同的特点:①个人事业和前景发展是影响这类群体最重要的因素;②犹豫的原因多在于未来的未知和事业前景的不确定性,和工作有关的实习经历能够一定程度上消解他们的这种困惑;③在最关心的事业因素不确定的情况下,犹豫观望者考虑因素众多,且这些因素之间会互相联系;④外部因素,如环境、家庭等往往不是考虑的重点,有时甚至完全不考虑;⑤留京往往不是目的,选择(犹豫是否)留京往往是出于某些目的的需求,这种情况下"留京"只是这种目的的附属品。

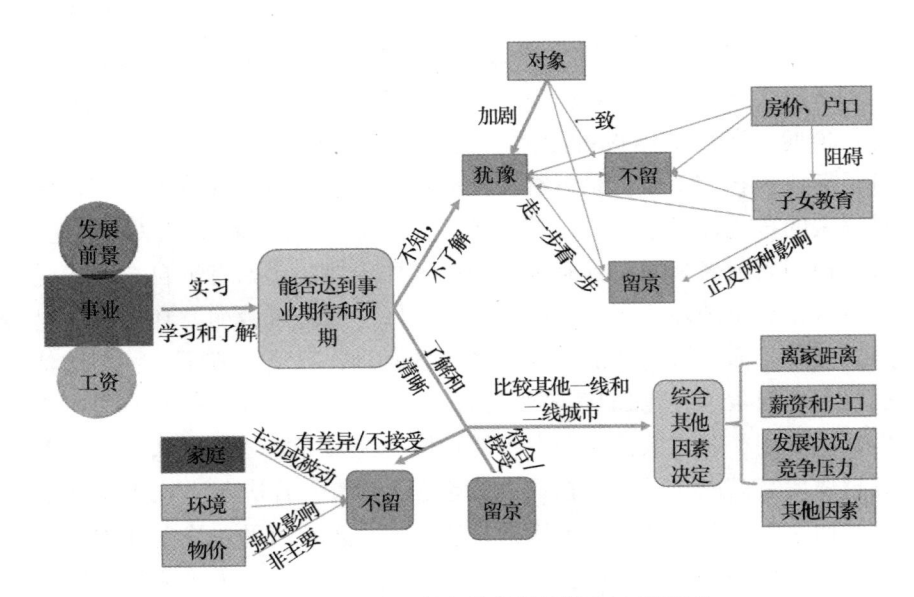

图6-4 犹豫是否留京就业的受访者决策示意

正在犹豫(或是有过犹豫和改变意愿经历的人)的受访者在谈到影响他们留京与否的第一反应都是和事业前景有关的一些因素,如工资、发展前景。有的迫切渴望一份高工资的工作,家庭条件较好的愿意接受不算太高的起薪,更看重发展前景。他们犹豫的原因在于他们不是非常确定是否只有北京能提供这样的高工资或是有良好发展前景的工作。他们会对比上海、家乡所在省省会、国内其他一线和二线城市。比如03号受访者在我们的访谈过程中会反复强调"前景更加重要"这样的话。"北京薪资高，机会多，尤其对于IT行业，很多IT总部在北京。肯定会考虑，但就是说，企业的前景包括发展空间，可能会更重要一些吧。"（03号受访者）"优先考虑机关事业单位，企业收入虽然高，但在企业的发展不是长远的规划，比较重视工作的稳定性和发展空间。父母的意见并不是很重要，主要还是看个人发展。"（05号受访者）这类学生群体犹豫的根本原因在于无法确定将会获得的工作能否达到他们的期待。

1. 有相关实习经历的学生

通过实习可以了解未来在京工作的可能前景和实际环境，是否符合预期是留京决定的关键。通过对工作前景、环境与其他因素的衡量，一般会产生三条决策路径：一是留京的工作情况和发展前景基本符合预期，那么个体很可能做出留京（不论长短）的决定。二是通过了解认为在京工作前景不符合预期，家庭、环境、物价等非工作前景因素的重要性就会上升，综合考量之后可能做出离开北京的决定。对其他因素的考量同样具有鲜明的个人异质性，比如有来自东北的受访者认为北京的环境相比自己的家乡更好，所以对她而言环境并非是阻碍因素。而对来自江浙地区的受访者而言，环境就成了一种制约他们留京的因素了。比如05号受访者："明确意愿是在大四暑假实习之后，感受到了北京区县疾控中心的环境不是太好，之前也从来没有明确想要留京。"（05号受访者）三是经过考量，若毕业生认为留在北京和回家差不多，许多其他因素就会影响是否留京的决定。比如离家距离，文化环境。对一些自己家乡与北京文化差异大的人来说，文化融入感是一个重要的影响。比如01号受访者："我觉得可能上海的文化氛围更接近自己家的文化氛围，所以有点影响……就是如果与其两边房价都差不多的话，还不如回一个离家更近一点的地方。"（01号受访者）05号受访者："目前第一意愿是留在长沙发展，主要考虑的因素：一是家庭因素，作为独生子女希望有更多机会更多时间照顾陪伴父母；二是北京生存压力大，以后作为疾病防控中心的公职人员身

份的收入不高，生存压力较大。"（05号受访者）

选择回家发展的学生一般也非常重视事业发展，即使考虑家庭因素的人也会优先考虑离家近的大城市。比如编号01号受访者考虑的上海，03号受访者考虑杭州，"因为杭州（受访者家乡）本身发展潜力也比较大，在IT方面发展得也比较好，所以也有这方面的考虑"。05号受访者考虑的长沙，都是国内的一线和二线城市。特别有代表性的是10号受访者，受访者依然有较高的事业和个人发展的期待，而家里和周边城市的发展水平较低。依然想去一个大城市，相比之下深圳和广州的基本保障更容易获得（高薪和户口）。同时也非常有自己的发展特色。北京的强烈竞争压力使得她产生了这样的想法，而这样的想法不仅体现在自己的工作上，也体现在对子女受教育状况上。受访者认为，在北京如果为了让孩子上好学校可能会牺牲很多，但是在其他城市可能并没有这么困难。"之前是想留北京，考虑到北京的生活成本和生活环境，现在想去南方，没有那么多限制因素，比如房价和户口，具体考虑的是广州和深圳。房价可能很高，但是户口会更容易获得。在深圳和广州这些地方，房价和户口两者可以兼得。""从子女教育最优选择比较优越的地方，可能为了他们的教育牺牲很多东西。比如户口、薪资之类的。不一定待在北京。但是要接受当地最好的教育，有可能的话我希望我的子女有一段出国学习的经历，大学或者高中。"（10号受访者）国内其他城市的崛起和发展为重视事业发展的毕业生提供了更多选择和机会，使他们不必局限于北京，能够寻求更灵活、多元的发展方式。

2. 缺少相关实习经历的学生

缺少相关的实习经历、求职经历，或者压根没有特别明确的就业目标和方向，以及所学专业没有非常明确和对口的就业方向的同学往往不清楚自己能否获得期望的工作，从而无法对留在北京工作是否符合预期做出判断，停留在迷茫的阶段。比如信科专业和医学专业的受访者对自己的职业预期比较明确，所以有无实习对他们的留京意愿有比较明确的影响。而另一位处于犹豫状态的是哲学系本科、教育学院硕士，他对自己未来从事的职业并没有非常明确的想法，虽然有很多实习的经历，但依然处于一个模棱两可的状态。因此在这里处于"走

"一步看一步"的状态，或是只对工作的某一两个方面有特别的要求，如工资。

由于缺少明确的就业意向和想法，这类犹豫的群体会考虑许多因素，不同因素之间也会产生互相的影响。比如如果有一个家乡并非同一地区的恋爱对象可能增加更多不确定性，加剧彼此的犹豫，而且彼此的观点会成为一个比较重要的因素。而房价和户口是否成为阻碍也和事业发展息息相关。虽然预期在京置房会比较困难，但受访者01表示如果自己没办法解决房子和户口的话，留在北京是没有意义的，这说明事业的发展不及预期，到时候还不如回家或是找一个离家近的地方，就不存在北京户口和高房价的问题了。房价、户口和子女受教育问题息息相关，受访者对子女受教育问题有两种不同的反应：一种表示北京教育资源丰富，另一种则认为压力过大，或是综合考虑房价和户口的因素认为在北京不一定能够获得优质的受教育资源，因为很难购得优质学校的学区房和户口。受访者03还表示会因子女受教育问题离开北京。

北京的环境、物价等外部因素对受访者的就业选择影响不大，受访者往往不会主动提及，即使提及也普遍表示在自己年轻（事业初期）的阶段，这些外部环境的好坏并不重要。此外，家庭因素也不是影响就业决定的重要因素。"考虑是会考虑但是也不会完全根据他们的想法来选择我的职业。"（01号受访者）"也会考虑，因为现在都是独生子，如果在外地了，他们也不方便。……（但是）前景会更加重要。""综合来说可能北京的雾霾确实有点严重，杭州稍微好一点。但我个人并不是很在意这个雾霾空气……个人可能比较喜欢自由的时间，但是也做好心理准备了吧，就是就业前几年肯定会辛苦一点，这些应该都无所谓。"（03号受访者）"父母希望自己留在家乡工作，但是父母的意见并不是很重要……雾霾问题会促使自己在想要离开北京的前提下更想离开北京，但不是关键原因……年轻时候的工作地点暂时不考虑宜居城市。"（05号受访者）

本章小结

本章系统梳理了北京市针对应届高校毕业生的落户北京政策，并利用全国高校毕业生就业状况数据描述了在北京市户口政策不断紧缩的背景下，高校毕业生在京就业的比例及变化趋势，在此基础上，本章通过建立逻辑斯特回归模型和一般线性回归模型分别分析了选择在京就业的高校毕业生具有哪些特征，在京就业且能落户北京的高校毕业生具有哪些特征，以及是否落户北京对高校毕业生工资起薪的影响。本章通过政策梳理和数据分析，得到以下研究发现。

首先，北京户口备受青睐源于它背后隐含的众多社会福利。高校扩招后，应届高校毕业生想要获得北京户口需要拿到"留京指标"和"进京指标"。2008年后，北京市教委逐渐放开"留京指标"这道关卡，将"进京指标"作为毕业生能否落户北京的唯一指标。但是，近些年北京市陆续调整应届生进京数量，对高校毕业生留京限制也日益严格。

其次，在北京市限制人口规模及收紧户口政策的背景下，非京籍高校毕业生在京就业的人数呈现先增加后趋于平缓的趋势，而在京就业的比例则呈现先略微上升又逐年下降的趋势。同时，2006年后北京院校毕业生在京就业人数超过了非北京院校毕业生。说明北京户口政策的紧缩限制了非京籍高校毕业生在京工作的增速，一些毕业生尤其是那些外地院校毕业生可能迫于政策压力而选择逃离北京。

再次，男性、学习成绩在前25%、具有研究生学历、北京院校的毕业生，在北京就业、在北京落户均占据优势。生源地离京越近、母亲从事管理技术岗位的工作、多次求职的毕业生在京就业的可能性更大。党员、求职花费多的毕业生落户北京的可能性更大，但是家庭收入高、来自城市以及多次求职则不能增加落户北京的可能性。

最后，选择落户北京的毕业生在工资起薪上居于弱势，而一旦控制了工作单位类型后，落户北京的影响则变得不显著。也就是说，进入那些能够解决户口的单位就业（如国家机关、国企和事业单位）是以收入损失作为代价的。

北京作为中国首都以及经济、政治、文化的中心，对优秀人才尤其是高校毕业生的吸引力巨大，加之户口所带来的诸多福利，使得其落户政策备受全社会的关注。高校毕业生就业受到落户政策的影响，那些外地院校毕业生可能由于距离、不确定性等原因而不选择进京工作。但是，即便是在户口政策紧缩的背景下，特定群体的毕业生在京就业、在京落户以及工资起薪方面均保持了优势，如男性、成绩好、学历高以及北京院校的毕业生。由于北京市针对高校毕业生的落户政策决定了要么通过第一份工作获得户口，要么永远也拿不到户口。因此，为了顺利落户，一些毕业生以较低的起薪作为代价。换言之，提供进京指标的单位多为国企、机关和事业单位，在这些单位就业尽管能够获得户口，但是进入这些单位就业的毕业生要以收入的损失来换取北京户口。

户籍制度改革是中国改革进入深水区后面对的难啃"硬骨头"之一，特别对于特大城市而言，更是难上加难。长期以来，北京是户籍制度管理最为严格的城市之一。2014年7月国务院发布《关于进一步推进户籍制度改革的意见》，明确要求特大城市建立完善积分落户制度。2015年2月国家发展改革委等11部门印发《国家新型城镇化综合试点方案》，北京通州等62个城市（镇）列为国家新型城镇化综合试点地区，将推进积分落户政策，合理设置积分分值，达到一定分值的可以申请落户。2016年8月北京市人力资源和社会保障局发布积分落户管理办法，对积分指标和操作实施进行了原则性规定。2018年4月，发布《北京市积分落户操作管理细则》。积分落户政策一旦实施，意味着高校毕业生能否落户将不仅仅取决于第一份工作，而是未来长期的职业发展，毕业生对长期落户的预期也会大大增加，这将进一步对高校毕业生选择逃离或北漂产生重要影响，其政策效果也值得进一步实证检验。

除了户口政策外，还有诸多因素会影响高校毕业生。对北京市某重点大学的研究发现，毕业后愿意留京的学生比例超过一半，而通过对10位学生的质性访谈则可以把大学生群体分为三类：明确留京、明确回家和犹豫不决的群体。三类群体在进行留京和离京决策时考虑的因素不尽相同：明确留京群体多出于事业发展的考虑，认为北京能提供良好的发展平台、丰富的文化资源，在京求学所积累的人际资源和对城市环境的融入也是吸引他们留京的重要因素。明确回家的群体则主要考虑家庭亲情和照料等因素，会主动寻求回家或是离家近的大城市工作和生活。这类群体表现出强烈的家庭观念，将家庭置于非常重要的地位。他们也会考虑事业和对象，但事业和对象要服从对家庭的考虑，至少不能阻碍对家庭的考虑。而犹豫不决的群体表现出对未来的未知，尤其是事业发展的不确定性是犹豫的主要原因，国内其他城市的崛起和发展使得很大部分人并不强迫自己一定要留在北京发展，会寻求更广泛的发展方式。

第七章 流动的收入溢价

流动是劳动力市场运行的核心，当劳动力流动到更高价值的社会岗位时，也就实现了劳动力资源的有效配置。人力资本理论将流动视为一种重要的投资方式，当个人或家庭能够通过流动到一个新的地方来改善其生活状况时，就会倾向于发生流动行为。收入是衡量流动收益的直接指标。国外很多研究证实了地区间的流动或迁移会增加流动者的终生收入[1]，一些经验研究估计出流动的报酬率通常为10%—15%，大致等于其他形式人力资本投资的收益率。针对20多岁的男性和女性人群的研究发现，在1979—1985年发生过区域流动的人与没有流动的人相比，工资性报酬上升了14%—18%，且由于经济原因而发生流动的男性和女性所得到的收益是非常类似的[2]。然而，较高的平均收益率并不代表所有的流动者都会得到正的收益率，这种流动决策是建立在预期净收益基础上的决策，而且多是在不确定性和信息不充分的情况下做出的决策，因此预期净收益并不一定能够实现。因此，也有实证研究发现迁移似乎并不能带来显著的金钱收益。此外，流动能带来更多的终生收入，也并不一定意味着流动后的前几年就可以获得这种收益[3]。

---

[1] Richard F. Wertheimer, *The Monetary Rewards of Migration within the U. S.*, Washington: Urban Institute, 1970; Borjas, G. J., "The Economics of Immigration", *Journal of Economic Literature*, 1994 (32): 1667–1717.

[2] Keith K. & McWilliams A., "The Return to Job Mobility and Job Search by Gender", *Industrial and Labor Relations Review*, 1999: 460–477.

[3] Grant, E. K., & Vanderkamp, J., "The Effects of Migration on Income: A Micro Study with Canadian Data 1965–71", *Canadian Journal of Economics Revue Canadienne Déconomique*, 1980, 13 (3), 381.

大学生的区域流动，也是人力资本投资方式的一种，不管是以就学还是以就业为目的流动，都可以看作成本—收益框架下个体效用最大化的一种决策行为，因此也就有可能产生人力资本的初期回报。研究表明，那些受过良好教育的劳动者通常能更全面地了解各地的就业机遇和工作机会，更好地估计自身的能力、与某项职业的匹配以及流动所需发生的费用等，因此他们的流动行为会比受教育较少的劳动者具有更多的收益[1]。

目前中国针对流动收益的研究大多针对已经进入劳动力市场的群体，如农民工的城乡流动[2]、劳动者的工作流动[3]等，而针对高校毕业生迁移就业收益的实证研究非常少，且并未得到一致的结论。岳昌君和周俊波利用2003年的全国高校毕业生就业调查数据分析了本专科毕业生的流动收益，发现跨省就业的毕业生起薪显著高于本省就业的毕业生[4]。其后岳昌君对2009届高校毕业生的研究再次证实了多种流动类型的毕业生均能获得比不流动群体更高的收益[5]。而李锋亮等针对2007届硕士毕业生的实证研究则发现：除了跨籍就业能够给硕士毕业生在起薪上带来显著的正向收益外，跨学就业和既跨籍，又跨学就业的收入效应都不显著[6]。

国内对流动与收入关系的研究均忽视了一个重要问题——流动的内生性。流动的群体代表了一个积极选择的群体，与那些留在当地的人相比，通常他们更有雄心、具有更强的工作意愿、更高的受教育水平，会在劳动力市场上有更好的表现。因此，流动的内生性可能掩盖了流动与收入之间的真实关系。当把收入作为因变量而把流动作为自

---

[1] Schultz, T. W., "Investment in Human Capital", *American Economic Review*, 1961.

[2] 赵耀辉：《中国农村劳动力流动及教育在其中的作用——以四川省为基础的研究》，《经济研究》1997年第2期。

[3] 吴克明：《教育的收入效应新探——劳动力工作流动的视角》，《教育与经济》2008年第4期。

[4] 岳昌君、周俊波：《高校毕业生为何跨省就业》，《清华大学教育研究》2005年第2期。

[5] 岳昌君：《大学生跨省流动的特点及影响因素分析》，《复旦教育论坛》2011年第2期。

[6] 李锋亮、赵延东、郭紫墨：《对硕士毕业生迁移就业收益的实证研究》，《高等工程教育研究》2010年第3期。

变量纳入一般线性回归模型时，就会破坏模型的假设条件，从而产生非一致的估计。本章将试图解决这一问题。

一 流动收入曲线

图 7-1 展示了就学流动/就业流动与收入之间的简单关系，其中，横坐标表示毕业生的学历层次，纵坐标表示毕业生的平均月收入。可以看出：毕业生的受教育水平越高，其平均工资也越高。而在各个学历层次的毕业生当中，发生流动的毕业生其平均收入都高于未发生流动的毕业生，其中以本科毕业生流动和未流动的收入差异最大，且因就业流动而造成的收入差异低于因就学流动造成的收入差异。这说明，在剔除了受教育水平对收入的影响后，仍然有一部分收入差异可能是由就学流动造成的，即就学流动和就业流动均可能会对收入有正向的积极影响。

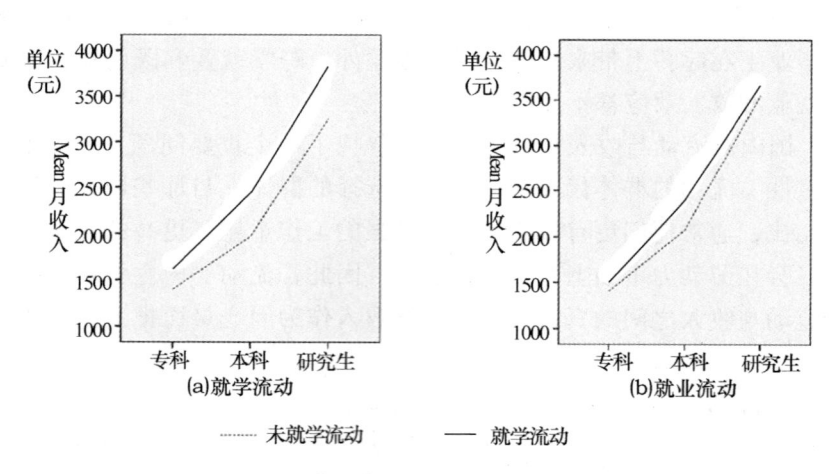

图 7-1 不同学历毕业生的"流动—收入"曲线

二 流动的收入效应

为了验证高校毕业生区域流动的收入效应，最经典也最简单的方法是使用单一的对数线性模型和普通最小二乘法（OLS）来估计流动的收益，即在明瑟收入方程扩展形式的基础上加入流动变量，模型如下：

$$\ln W = \beta_0 + \sum \beta_{1i} X_i + \beta_2 M_{edu} + \beta_3 M_{job} + \beta_4 M_{edu} \times M_{job} + \mu$$

(7.1)

其中，因变量 $\ln W$ 为毕业生的工资起薪自然对数；自变量 X_i 为一系列代表个人、家庭及工作特征的变量，包括受教育程度、性别、家庭经济背景、工作单位的性质、工作所在地的特征等；自变量 M_{edu} 为代表毕业生是否发生就学流动的变量（$M_{edu}=0$，表示未发生就学流动；$M_{edu}=1$，表示发生了就学流动）；自变量 M_{job} 为代表毕业生是否发生就业流动的变量（$M_{job}=0$，表示未发生就业流动；$M_{job}=1$，表示发生了就业流动）；交互变量 $M_{edu} \times M_{job}$ 的加入是为了说明就学流动与就业流动对收入的交叉影响。当 $M_{edu}=0$，即未发生就学流动时，就业流动对收入的影响就是 β_3；当 $M_{edu}=1$，即发生就学流动时，就业流动对收入的影响就是 $\beta_3+\beta_4$；当 $M_{job}=0$，即未发生就业流动时，就学流动对收入的影响就是 β_2；当 $M_{job}=1$，即发生就业流动时，就学流动对收入的影响就是 $\beta_2+\beta_4$。

为了解决流动的内生性，需要选择合适的工具变量。尽管很难找到完全令人满意的工具变量，但是有益的尝试仍然值得探索。本研究分别选取了"生源所在地的就学流出率"和"院校所在地的就业流出率"作为工具变量。从理论上来说，个体是否选择流出生源地就学与该地的就学流出率是相关的，因为就学流出率反映了当地的各种特征，如高等教育特征、经济特征等。与之相似，个体是否选择流出院校地就业也应该与该地的就业流出率相关，因为就业流出率也反映了当地的各种特征，如经济发展水平、就业机会等。于是，这两个变量满足了工具变量的第一个条件。关于第二个条件，地区的就学流出率和就业流出率并不与个体的能力等这些未被观察到的变量相关，因此从理论上来说也满足了工具变量的第二个条件。为了验证工具变量的有效性，本研究首先通过豪斯曼检验验证工具变量的有效性，计算得到"生源所在地的就学流出率"和"院校所在地的就业流出率"的 F 值分别为 263.13 和 126.56，满足工具变量的基本要求。接下来,本节建立了如下的两阶段最小二乘估计模型(2SLS)。

$$M_{edu} = \alpha_0 + \alpha_1 \sum X_i + u \qquad (7.2)$$

$$M_{job} = \alpha_0 + \alpha_1 \sum X_i + u \qquad (7.3)$$

$$\ln W = \beta_0 + \beta_1 P M_{edu} + \beta_2 P M_{job} + \beta_i \sum Z_i + \varepsilon \qquad (7.4)$$

第一阶段回归中包含两个回归方程,因变量分别为就学流动 M_{edu} 和就业流动 M_{job},自变量 X_i 为该模型中的所有外生变量,包括性别、家庭年收入、父亲的受教育程度、单位性质、单位所在地的人均 GDP、个体生源所在地的就学流出率和个体院校所在地的就业流出率。这里之所以把除工具变量之外的其他外生变量也加入第一阶段的回归,是因为外生变量这样的组合可以获得最好的工具变量[①]。第二阶段回归方程中的因变量 $\ln W$ 为学生工作起薪的对数形式,PM_{edu} 和 PM_{job} 分别为第一步估计出的就学流动和就业流动,自变量 Z_i 为影响个体收入的一系列外生变量,包括性别、家庭年收入、父亲的受教育程度、单位性质、单位所在地的人均 GDP。此方程中的系数 β_1 和 β_2 即为就学流动和就业流动对毕业生收入的影响。

表 7-1 和表 7-2 分别呈现了使用 OLS 和 2SLS 估计的回归结果。表 7-1 列出了 4 个模型的 OLS 回归结果,且 4 个模型分别以全体毕业生和本科毕业生作为研究对象进行了回归。可以看出,4 个模型均通过整体的显著性检验,说明引入的解释变量可以较好地解释大学毕业生的工资收入。

模型(1)和模型(2)分别考察了就学流动和就业流动对毕业生收入的影响。其中,模型(1)的回归结果可以看出:在不考虑就业流动的情况下,就学流动对毕业生的影响是正向显著的。且在其他条件相同的情况下,发生就学流动的毕业生比未发生就学流动的毕业生收入增加了 14.7%,而就学流动给本科毕业生带来的收入效应是 18.5%。模型(2)的回归结果可以看出:在不考虑就学流

---

① Jeffrey Wooldridge, *Introductory Econometrics: A Modern Approach*, South-Western College Pub., 2005.

动的情况下，就业流动对毕业生的影响是正向显著的。且在其他条件相同的情况下，发生就业流动的毕业生比未发生就业流动的毕业生收入增加了13.8%，而就学流动给本科毕业生带来的收入效应是17.9%。

模型（3）考察了就学流动和就业流动对毕业生收入的共同影响。回归结果显示，在其他条件相同的情况下，就学流动和就业流动对全体毕业生的收入影响分别为10.7%和8.6%，而对本科毕业生的收入影响分别为13.5%和10.4%。

模型（4）在模型（3）的基础上加入了就学流动和就业流动的交互变量，这是因为就学流动对收入的影响可能因是否发生就业流动的不同而不同，与之相似，就业流动对收入的影响也可能因为就学流动的不同而不同，交互变量的加入可以分别看出这些不同影响。回归结果显示，当未发生就学流动时，就业流动比不就业流动的收入多13.4%；而当发生就学流动时，就业流动比不就业流动的收入多6.7%（13.4%—6.7%）。与之相似，当未发生就业流动时，就学流动比不就学流动的收入多12.1%；而当发生就学流动时，就业流动比不就业流动的收入多5.4%（12.1%—6.7%）。而以本科生为研究对象的回归结果则发现：当未发生就学流动时，发生就业流动的本科生比未发生就业流动本科生收入多18.1%；而当发生就学流动时，就业流动的本科生比不就业流动本科生收入多6.1%（18.1%—12.0%）。而就学流动的影响是：当未发生就业流动时，就学流动的本科生比不就学流动本科生收入多17.2%；而当发生就业流动时，就学流动的本科生比不就学流动本科生收入多5.2%（17.2%—12.0%）。

在不同就学流动状态下，就业流动的收入效应也有所不同：在未发生就学流动时，本科生就业流动的收益率为高达18.1%，而发生就学流动时，就业流动的收益率将为6.1%。与之相似，当未发生就学流动时，就业流动的本科生比不就业流动本科生收入多17.2%；而当发生就业流动时，就学流动的收益率则降到5.2%。说明，尽管就学流动和就业流动都会对收入产生积极影响，但二者之间也存在

表 7-1 "流动—收入"的 OLS 回归结果

变量		模型 (1)		模型 (2)		模型 (3)		模型 (4)	
		全体	本科生	全体	本科生	全体	本科生	全体	本科生
就学流动		0.147***	0.185***	—	—	0.107***	0.135***	0.121***	0.172***
就业流动		—	—	0.138***	0.179***	0.086***	0.104***	0.134***	0.181***
就学流动×就业流动		—	—	—	—	—	—	−0.067**	−0.120***
学历	研究生比专科	0.717***	—	0.741***	—	0.709***	—	0.704***	—
	本科比专科	0.279***	—	0.292***	—	0.270***	—	0.269***	—
性别	女比男	−0.116***	−0.070***	−0.110***	−0.057***	−0.108***	−0.057***	−0.108***	−0.056***
家庭年收入	10万元以上∶1万元以下	0.279***	0.245***	0.263***	0.215***	0.272***	0.234***	0.275***	0.240***
	1万元到10万元∶1万元以下	0.071***	0.083***	0.071***	0.082***	0.071***	0.081***	0.072***	0.085***
父亲受教育年限		0.008***	0.012***	0.009***	0.012***	0.008***	0.012***	0.008***	0.012***
单位性质	机关比事业单位	0.106***	−0.049	0.106***	−0.052	0.108***	−0.052	0.110***	−0.051
	国企、三资企业比事业单位	0.067***	0.012	0.070***	0.007	0.062***	−0.003	0.063***	−0.004
	民营、乡镇及其他企业比事业单位	−0.114***	−0.190***	−0.110***	−0.190***	−0.114***	−0.194***	−0.113***	−0.197***
单位所在地人均GDP		0.085***	0.076***	0.097***	0.091***	0.091***	0.084***	0.088***	0.079***
常数项		6.908***	7.199***	6.866***	7.162***	6.881***	7.161***	6.886***	7.165***
模型卡方值		351.114	69.847	348.151	66.535	326.388	66.036	301.821	61.004
模型显著性		0.000	0.000	0.000	0.000	0.000	0.000	0.000	0.000
调整的 R^2		0.442	0.187	0.441	0.180	0.445	0.195	0.446	0.197

注：① *、** 和 *** 分别表示 10%、5% 和 1% 的显著性水平；② "—" 表示回归方程中不包括该变量。

一定的互补和替代关系：如果其中一者不发生，另一者的收入效应会提高；如果其中一者发生，另一者的收入效应就会有所降低。

表7-2列出了本科毕业生流动与收入的2SLS回归结果。其中，方程（1）和方程（2）为第一阶段的回归结果，而方程（3）为第二

表7-2　　　　　"流动—收入"的2SLS回归结果①

变量		第一阶段		第二阶段
		方程（1）	方程（2）	方程（3）
就学流动		—	—	0.105*
就业流动		—	—	0.081*
家庭所在地就学流出率		0.916***	0.409***	—
院校所在地就业流出率		1.754***	1.125***	—
性别	女比男	-0.056***	-0.147***	-0.054
家庭年收入	10万元以上：1万元以下	0.017	0.124**	0.232***
	1万元到10万元：1万元以下	0.038**	0.030*	0.081***
父亲受教育年限		0.004*	-0.004*	0.012***
单位性质	机关比事业单位	-0.029	0.0025	-0.052
	国企、三资企业比事业单位	0.058**	0.150**	-0.006
	民营、乡镇及其他企业比事业单位	0.010	0.037	-0.195***
单位所在地人均GDP		-0.023***	-0.098***	0.086**
常数项		-0.163***	0.409***	7.154***
模型卡方值		122.66	84.90	549.00（Wald）
模型显著性		0.000	0.000	0.000
调整的R^2		0.312	0.238	0.197

注：①*、**和***分别表示10%、5%和1%的显著性水平；②"—"表示回归方程中不包括该变量。

---

① 需要说明的是，在使用2SLS进行回归分析时，选取了样本中的全体本科毕业生作为研究对象，这样做的目的是剔除受教育程度对收入的影响，从而将研究问题聚焦在流动与收入的关系上。而之所以选取本科生，是因为专科生的流动性相对较差，选择流动的比例过小，而硕士和博士毕业生在本科到研究生期间是否发生跨省流动调查中并未涉及。在剔除受教育程度的影响后，内生变量就只有就学流动和就业流动两类。

阶段的回归结果①。方程（1）的目的是以所有外生变量估计出 PM_{edu}，方程（2）的目的是以所有外生变量估计出 PM_{job}。可以看出，工具性变量"家庭所在地就学流出率"和"院校所在地就业流出率"均在1%的显著性水平下显著，说明适宜做 M_{edu} 和 M_{job} 的工具性变量。且方程（1）的卡方值分别为122.66和84.90，R^2 值分别为0.312和0.197，说明方程（1）和方程（2）中的解释变量可以较好地解释流动行为。

方程（3）为第二阶段的回归结果，从回归结果来看，模型整体的 Wald 卡方值为549.00，R^2 值为0.197，说明方程（3）中的解释变量能够较好地解释毕业生的工资收入。从解释变量的系数来看，就学流动和就业流动对收入的影响分别为10.5%和8.1%，这与 OLS 模型（3）的估计值13.5%和10.4%相比，数值均有所下降。而从显著性水平来看，由于2SLS比OLS有着较大的标准差②，因此仅在10%的显著性水平下显著。2SLS的回归结果在纠正了部分选择性偏差和互为因果关系之后，仍然验证了就学流动和就业流动对个体工资收入的正向积极影响。

本章小结

当一个国家运用它所拥有的土地、劳动力和资本来实现最大的国内产出或收入时，就实现了经济效率，劳动力的流动便是实现这一目标的重要途径。在一个国家内各个地区经济的增长会呈现不均衡态势，实际工资也大不尽相同，流动可以调整这些工资方面的不平等进而促进经济均衡发展③。

本章通过实证研究发现，在控制其他影响毕业生收入的变量后，就学流动和就业流动都会提高未来的劳动生产率及经济收入，是具有经济价值的人力资本投资方式。2SLS纠正了OLS的内生性问题后，

---

① 当使用统计软件进行2SLS分析时，两个阶段的回归其实是同时进行的。
② Jeffrey Wooldridge, *Introductory Econometrics: A Modern Approach*, South-Western College Pub, 2005.
③ Schultz, T. W., "Investment in Human Capital", *American Economic Review*, 1961.

毕业生流动的收益率尽管有所下降，但就学流动 10.5% 的收益率和就业流动 8.1% 的收益率仍然是比较高的。这可能与被研究对象较高的受教育程度有关：一方面，受过良好教育的个体通常能更全面地了解就业机会的信息、更好地估计自身的能力和流动的成本等，因此他们的流动行为会比受教育较少的个体具有更多的收益；另一方面，具有较高受教育程度的大学毕业生在劳动力市场上处于相对优势的地位，因此具有更多的就业选择，作为理性个体便会通过流动选择收益最大的工作。

尽管大学生的流动收益显著，但是大学生所处的流动环境并不理想。很多研究表明，我国的劳动力市场存在着多重分割障碍①，高校毕业生的流动并不自由。尤其是户籍制度的存在使得高校毕业生的流动受到极大的限制，流动成本极高。那些经济较发达的地区和城市，对非本地生源的毕业生进行落户限制，若毕业时不能顺利获得该地的户口，那么将来再想进入该地就业并落户几乎不可能。这种户籍制度的限制，阻碍了大学生在地区间的自由选择和流动，毕业生的就业地区便多集中在生源地和院校地。于是，各地区的劳动力市场之间因流动不畅而难以达到均衡，劳动力资源不能得到最佳配置，从而损失了整个社会的效率改进。因此，为了提高劳动力资源的配置效率，解决大学生就业的地区性结构矛盾，就应该扫除流动过程中的制度性障碍，给予大学生更多的自由流动的权利。

---

① 郭丛斌：《二元制劳动力市场分割理论在中国的验证》，《清华大学教育研究》2004 年第 8 期。

第八章　流动与工作匹配

高校毕业生就业难不仅表现在是否能够落实工作，更重要的表现在于能否找到高质量的工作。工作质量的高低包括职业性质、岗位层次、薪资待遇、职业发展以及专业对口等方面，其中就业匹配是衡量高校毕业生就业质量的重要指标之一，这种匹配既包括毕业生受教育水平与工作所需教育程度的匹配，也包括毕业生修读专业与工作所需专业的匹配，还包括工作预期与实际工作找寻结果的匹配。如果存在严重的工作不匹配，不仅会降低劳动生产率、工作归属感以及收入水平[1]，还会浪费国家和社会在人力资本培养方面花费的巨大人力、物力和财力[2]。尤其是在"史上最难就业季"的背景之下，如何提高高校毕业生的就业质量、引导他们找到更加匹配的工作，对中国的教育、经济和社会均具有重大意义。而流动能够带来更好的工作匹配效果，实现人力资源的更优配置，使流动者在合适的岗位上更大地发挥效用。因此工作匹配可以作为衡量流动收益的一项重要指标。

西方关于劳动力流动的理论最早是由发展经济学家研究农村劳动力向城市迁移开启的。此后，社会学家、人口学家以及地理学家都做了大量相关研究，并从不同视角对流动做出了解释。如果说人力资本理论更倾向于解释流动的经济收益，那么差别过度胜任理论（Differential Overqualification Theory）则更适用于解释流动的非经济收益，尤其是流动与工作匹配之间的关系。

---

[1] Tsang, M. C., "The Impact of Underutilization of Education on Productivity: A Case Study of the US Bell Companies", *Economics of Education Review*, 1987, 6: 239–254.

[2] Becker, G. S., *Human Capital: A Theoretical and Empirical Analysis, with Special Reference to Education*, New York: Columbia University Press, 1964.

1978 年 Frank 在《美国经济评论》发表的文章正式提出了这一理论。他对双职工家庭的研究发现：丈夫一般会在全球范围的劳动力市场找寻工作，而妻子则将工作找寻范围限定在丈夫已经确定的工作区域内。由于妻子的工作找寻区域和流动意愿均小于丈夫，因此妻子承担了更高的教育与工作不相匹配的风险[1]。此后，一些研究者试图验证这一理论在不同国家的适用性，得到了各不相同的研究发现。Büchel 对德国的研究支持了这一理论[2]，而 McGoldrick 和 Robst 以及 Battu 等的研究则得到了相反的结论[3]。尽管 Frank 的这一理论侧重已婚女性群体，但是由于工作找寻范围的限制及流动意愿差异可能存在于所有劳动力群体，因此他的研究框架也可以适用于更大的范围[4]。

Simpson 则在工作找寻理论的框架之下建立了信息和流动成本与工作匹配的关系。在这一框架下，他假设搜寻工作信息以及流动都是具有成本的。人们为了节省信息搜寻和流动成本，会更加倾向于在居住地附近找寻工作。同时，人们找工作时会更加偏好于寻找那些发挥他们知识技能的工作。如果他们在附近区域没有找到与之匹配的工作，且流动成本又过高，那么他们就可能退而求其次，在附近区域接受一个不相匹配的工作。因此，是否能够在当地获得合适的工作机会是该理论的核心[5]。

关于流动与工作匹配之间的关系，很多研究从流动是否能够避免过度教育的角度展开。过度教育是测量工作匹配的重要指标：当员工

---

[1] Frank, R. H., "Why Women Earn Less: The Theory and Estimation of Differential Overqualification", *The American Economic Review*, 1978, 68: 360 – 373.

[2] Büchel, F., "Tied Movers, Tied Stayers-The Higher Risk of Overeducation among Married Women in West Germany", in *Gender and the Labour Market* (Eds.) S. Gustafsson and D., 2000.

[3] McGoldrick, K. and Robst, J., "Gender Differences in Overeducation: A Test of the Theory of Differential Overqualification", *American Economic Review*, 1996, 86: 280 – 285; Battu, H., Belfield, C. and Sloane, P., "How Well can We Measure Graduate Overeducation and Its Effects?", *National Institute Economic Review*, 2000, 171: 82 – 93.

[4] Büchel, F. & M. Van Ham, "Overeducation, Regional Labor Markets, and Spatial Flexibility", *Journal of Urban Economics*, 2003, 53 (3): 482 – 493.

[5] Simpson, W., *Urban Structure and the Labour Market: Worker Mobility, Commuting and Underemployment in Cities*, Clarendon Press, Oxford, 1992.

本身拥有的学历和技能超过了他们职位的要求,则认为发生了过度教育[①]。对过度教育的测量通常有三种方法:自我评价法、外部评价法和统计法。其中,自我评价法是最为常用的方法,即直接询问被试工作所需要的受教育程度与自己实际受教育程度孰高孰低,如前者低于后者就说明发生了过度教育;如两者相等则说明教育匹配,如前者高于后者就说明教育不足[②]。

Iammarino 和 Marinelli 对流动与工作匹配的研究就沿用了上述的主观测量法,并进一步区分了主观匹配和主观过度教育以及客观匹配和客观过度教育。他们对意大利大学毕业生的研究发现:从整个国家范围来看,流动的学生要比不流动学生找到的工作更加匹配[③]。Büchel 和 Van Ham 对西德的研究也发现:在更大地区范围内找寻工作往往会带来更好的工作匹配[④]。Hensen 等对荷兰毕业生的研究发现:那些地区流动性更强的毕业生比那些留在院校地就业的毕业生工作匹配程度更高[⑤]。Venhorst 和 Cörvers 也得到了类似的研究发现,并进一步指出,如果控制了流动中的自选择,那么流动对工作匹配的影响会有所减小[⑥]。此外,还有一些研究发现了流动与工作匹配之间存在显著的正相关关系[⑦]。

[①] Rumberger, R., "The Rising Incidence of Overeducation in the U. S. Labor Market", *Economics of Education Review*, 1981, 1: 293 – 314.

[②] Chevalier. A., "Measure Over-education", *Economica*, 2003, 70: 509 – 531.

[③] Iammarino, S. and Marinelli, E., "Education-job (Mis) matching and Interregional Migration: Italian University Graduates Transition to Work", Working Paper, Birkbeck College, University of London, London, UK, 2012.

[④] Büchel, F. & M. Van Ham, "Overeducation, Regional Labor Markets, and Spatial Flexibility", *Journal of Urban Economics*, 2003, 53 (3): 482 – 493.

[⑤] Hensen M. M., De Vries M. R., Cörvers F., "The Role of Geographic Mobility in Reducing Education: Job Mismatches in The Netherlands", *Papers in Regional Science*, 2009, 88 (3): 667 – 682.

[⑥] Venhorst V. A., Cörvers F., "Entry into the Working Life: Spatial Mobility and Jobmatch Quality of Higher Educated Graduates", Conference of the North American Regional Science Council, Denver, CO., 2010.

[⑦] Van Ham, M., Mulder, C. H. and Hooimeijer, P., "Spatial Flexibility in Job Mobility: Macrolevel Opportunities and Microlevel Restrictions", *Environment and Planning A*, 2001, 33: 921 – 940; Croce, G. and Ghignoni, E., "Overeducation and Spatial Flexibility in Italian Local Labour Markets", MPRA working paper no. 29670, October 2011; Quinn, M. A. & Rubb, S., "The Importance of Education-Occupation Matching in Migration Decisions", *Demography*, 2005, 42 (1): 153 – 167.

流动距离不同对工作匹配的影响也不尽相同。Jauhiainen 使用芬兰的人口普查数据发现，长距离流动降低了过度教育的风险，但短距离流动则加剧了不匹配的可能性①。Devillanova 对意大利的研究则发现，短距离流动与工作匹配之间存在正相关关系，当控制了工作特征后，不管是短距离流动还是长距离流动都能促进工作匹配②。此外，流动的方向不同对工作匹配的影响也不同。Iammarino 和 Marinelli 研究了意大利大学毕业生由院校地到就业地的流动与过度教育之间的关系，并发现：分不同地区来看，那些在南部地区（经济欠发达地区）学校毕业后进入北部地区（经济较发达地区）就业的毕业生找到匹配工作的可能性更大③。

相比欧美国家汗牛充栋的研究，国内学者尽管逐渐开始关注毕业生的流动行为，但是聚焦流动与工作匹配的研究则少之又少。本章将从学历匹配、专业匹配和预期匹配三个角度分析流动的影响，并在此基础上进一步验证匹配所带来的工资溢价。

一　学历匹配

学历与职位之间的匹配指教育所提升的个人能力与工作岗位对员工能力要求的匹配，包括过度教育、适度教育和教育不足三种情况。Tsang 和 Levin 在 1985 年的研究总结了定义过度教育的三种方式：收入是否降低、职业期望是否得以实现、工作中技能是否得到运用④。

为什么会出现严重的学历不匹配尤其是过度教育现象呢？过度教育不仅与当时当地的经济环境有关，性别、家庭背景、毕业院

---

① Jauhiainen S., "Overeducation in the Finnish Regional Labour Markets", *Papers in Regional Science*, 2011, 90 (3): 573–588.

② Devillanova C., "Over-education and Spatial Flexibility: New Evidence from Italian Survey Data", *Papers in Regional Science*, 2013, 92 (3): 445–464.

③ Iammarino, S. and Marinelli, E., "Education-job (Mis) matching and Interregional Migration: Italian University Graduates Transition to Work", Working Paper, Birkbeck College, University of London, London, UK, 2012.

④ Tsang M. C., Levin H. M., "The Economics of Overeducation", *Economics of Education Review*, 1985, 4 (2): 93–104.

校、平时成绩等特征都对个人是否过度教育影响很大。从毕业生过度教育的发生范围来看，北京市过度教育发生率高达52.31%，表明大量受教育者的教育技能在劳动力市场中并没有被充分运用，其中女性职工所面临的问题更加严重①。过度教育在行业和地区的分布并不均衡，发生率较高的行业有科研和技术服务业、金融保险业、国家党政机关和社会团体，尤其是国家党政机关、社会团体；农林牧渔业、建筑业、房地产业和公共事业、卫生体育社会福利等行业的教育不足问题较为明显②。此外，中国特有的党员、班干部和生源地等变量对个人是否过度教育也有一定的影响③。李锋亮等从监督成本角度入手的研究发现，企业规模越大监督成本越高，毕业生出现过度教育的概率显著更大，而且过度教育的幅度也显著更高，因此推测过度教育可能是雇主筛选毕业生求职者的一种机制，这也说明了过度教育长期存在的原因④。另外，范皑皑从过度教育的自身功能角度提出过度教育具有弥补和发展两大功能，这也可能是毕业生发生过度教育的原因之一⑤。

  本节对学历匹配的定义是，如果员工本身拥有的学历和技能超过了他们职位的要求，他们的技能没有得到充分运用，则认为他们发生了学历过度⑥。调查中询问了毕业生的实际受教育层次和"要胜任您找到的这份工作，您估计实际上需要的教育层次"。将前者减去后者即得到毕业生的实际教育层次与工作所需教育层次的差别，数值大于0表示发生了学历过度，数值越大表示学历过度的程度越高。对2013届全国高校毕业生就业调查数据的分析可以看出，2/3的毕业生找到

---

① 武向荣、赖德胜：《过度教育发生率及其影响因素——基于北京市数据的分析》，《教育发展研究》2010年第19期。

② 武向荣：《教育扩展中的过度教育现象及其收入效应——基于中国现状的经验研究》，《北京师范大学学报》（社会科学版）2007年第3期。

③ 杨娟：《过度教育的成因及其对工资的影响》，《2007年中国教育经济学年会会议论文集》，2007年。

④ 李锋亮、岳昌君、侯龙龙：《过度教育与教育的信号功能》，《经济学》2009年第2期。

⑤ 范皑皑：《大学生人力资本的过度与不足——基于弥补型过度教育视角的实证分析》，《北京大学教育评论》2012年第4期。

⑥ Rumberger R. W., *Overeducation in the US Labor Market*, Praeger Publishers, 1981.

的工作与其学历之间是匹配的，学历过度1级的约占20%，学历不足的占9%，学历过度2级和3级的比例都较低。

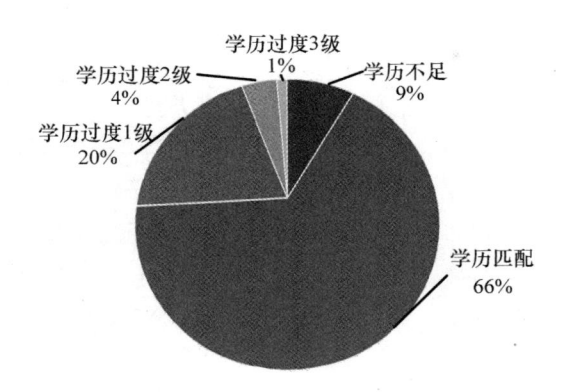

图 8-1　高校毕业生学历匹配情况

为了进一步分析流动和学历匹配的关系，将进一步建立定序逻辑斯特模型，以学历匹配作为因变量，核心自变量是四种流动类型：前期流动、后期流动、返回流动和多次流动（以不动者作为基准）。除此之外，模型中还加入了一系列控制变量：第一类是人口特征变量，包括性别（以男性为基准）、民族（以少数民族为基准）、独生子女；第二类是家庭背景变量，包括：家庭收入（以人均年收入1万元以下为基准）、家庭社会关系（以关系不广泛为基准）、家庭所在地类型（以乡镇农村为基准）、父亲的受教育水平（以初中及以下为基准）；第三类是与人力资本相关的变量，包括：院校类型（以一般本科院校为基准）、学历层次（以本科生为基准）、在校期间成绩排名（以75%为基准）、在校期间是否有不及格、是否获得奖学金、是否党员和是否获得英语、计算机和职业证书；第四类变量是工作特征变量，包括：工作所在地类型（以县城乡镇农村为基准）、工作是否解决户口。

表 8-1 呈现了高校毕业生区域流动对学历匹配的影响。四种流动方式的系数均显著为负，说明：相比不动者，前期流动、后期流动等各种流动都能显著降低学历过度的可能性。模型中多次流动的系数绝对值均最大，说明多次流动对预期匹配的促进作用最大。从控制变量的系数来看，家庭收入越高，毕业生学历过度的可能性越低；家庭

表8-1　　　　　　　流动与学历匹配的回归结果

变量	学历匹配	
	系数	标准差
前期流动	-0.208*	0.093
后期流动	-0.360****	0.084
返回流动	-0.246***	0.087
多次流动	-0.417***	0.087
女生	-0.057	0.055
独生子女	-0.065	0.06
汉族	-0.011	0.105
家庭年收入10万元以上	-0.258*	0.137
家庭年收入5万—10万元	-0.272***	0.099
家庭年收入1万—5万元	-0.179***	0.06
家庭关系广泛	-0.198**	0.088
家庭关系一般	-0.032	0.06
家庭所在地为直辖市或省会城市	-0.064	0.087
家庭所在地为地级市或县级市	-0.012	0.063
父亲学历为专科及以上	-0.087	0.077
父亲学历为高中或中专	-0.082	0.063
"985工程"院校	-0.045	0.081
"211工程"院校	0.344***	0.081
高职高专院校	0.255	0.161
专科	-1.431***	0.157
硕士	1.174***	0.082
博士	1.016***	0.347
成绩没有不及格	0.018	0.067
成绩占前25%	-0.153**	0.06
学生干部	-0.039	0.056
奖学金	-0.164***	0.061
党员	-0.144**	0.059
拥有英语类证书	-0.194***	0.061
拥有计算机类证书	0.015	0.055
拥有职业类证书	0.102*	0.055

注：①表格中省略了辅助参数的系数信息；②*、**和***分别表示10%、5%和1%的显著水平；③系数为正表示学历过度的可能性较大，系数为负表示学历过度的可能性较小。

社会关系越广泛,毕业生学历过度的可能性越低;相比一般本科院校,"211 工程"院校毕业生更有可能学历过度;从学历层次来看,学历越高越可能学历过度;成绩占前 25%、获得奖学金、是党员以及获得英语类证书等都能降低学历过度的可能性。

为了解不同特征群体的流动行为与学历匹配之间是否存在显著关系,在全样本回归的基础上,将毕业生分为在东部、中部和西部地区就业三个群体,并分别对不同子群体建立上述定序逻辑斯特回归模型。表 8-2 的回归结果显示,相比没有发生任何跨省流动的毕业生,通过就学或就业流动而最终在东部省份就业的毕业生,更有可能找到学历匹配的工作,即最不可能发生学历过度,通过后期流动进入中部省份就业的毕业生学历过度的可能性也更低。

表 8-2　　不同就业地区毕业生流动与工作匹配的回归结果

流动类型①	学历匹配		
	东部	中部	西部
前期流动	-0.396** (0.170)	0.05 (0.210)	-0.186 (0.238)
后期流动	-0.585*** (0.119)	-0.426* (0.227)	-0.184 (0.317)
返回流动	-0.480*** (0.147)	-0.27 (0.173)	-0.257 (0.219)
多次流动	-0.697*** (0.134)	-0.353 (0.236)	-0.114 (0.281)

注:①表格中省略了控制变量和辅助参数的系数信息;②括号中的数值为标准误;③ *、**和***分别表示 10%、5% 和 1% 的显著水平。

二　专业匹配

专业匹配,即毕业生所学专业与其工作所要求的专业是否匹配。

---

① 该处流动类型的划分仍然以省为单位,而非以地区为单位。也就是说,高校毕业生的就学地或就业地只要是发生了省份的变化,无论这种变化是在东中西地区之间,还是在东中西地区之内,都视为发生了流动。

与学历匹配相比,高校毕业生的专业匹配情况也不容乐观。研究发现大学生毕业半年后,约有32%的人从事与专业不匹配的工作[①]。而欧美发达国家毕业生的不匹配情况相对较低,如欧洲大学毕业生的不匹配比例大多为10%—20%[②]。

调查问卷中询问了毕业生"您找到的这份工作与您所学专业的相关程度如何"。由图8-2可以看出,仅有18%的毕业生的专业与工作非常对口,基本对口的比例为42%,30%的学生表示二者有一些关联,10%的学生表示毫不相关。

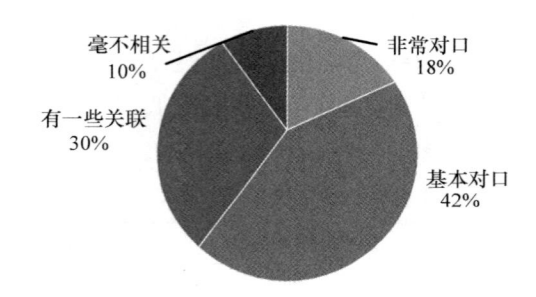

图8-2 高校毕业生的专业匹配情况

为了分析流动与专业匹配的关系,分别将"非常对口""基本对口""有一些关联"和"毫不相关"赋值4、3、2和1,并以其为因变量建立定序逻辑斯特回归模型,自变量仍然与上文中学历匹配模型一致。回归结果如表8-3所示。从流动的回归系数来看,除前期流动的系数显著为负外,其余流动类型的系数均显著为正,说明相比不动者,就学流动并不能带来专业更加匹配的工作,而就业流动则有助于毕业生找到专业更加匹配的工作。模型中多次流动的系数绝对值最大,说明多次流动对专业匹配的促进作用最大。从控制变量的系数来看,男生有更大可能找到专业匹配的工作;父亲学历越高,毕业生找

---

① 刘扬:《大学专业与工作匹配研究:基于大学毕业生就业调查的实证分析》,《清华大学教育研究》2010年第6期。

② Eichler U., Aamodt P. O., Rinne K., et al., "Higher Education and Graduate Employment in Europe", Kassel: Bräuning und Rudert (Werkstattberichte Band 52, Wissenschaftliches Zentrum für Berufs - und Hochschulforschung der Universität Gesamthochschule Kassel), 1996.

表 8-3　　　　　　　　流动与专业匹配的回归结果

变量	专业匹配	
	系数	标准差
前期流动	-0.174**	0.081
后期流动	0.189**	0.072
返回流动	0.145*	0.078
多次流动	0.296***	0.076
女生	-0.224***	0.048
独生子女	-0.007	0.052
汉族	-0.041	0.091
家庭年收入10万元以上	-0.167	0.116
家庭年收入5万—10万元	-0.002	0.086
家庭年收入1万—5万元	-0.024	0.052
家庭关系广泛	0.039	0.076
家庭关系一般	-0.061	0.053
家庭所在地为直辖市或省会城市	-0.04	0.075
家庭所在地为地级市或县级市	-0.098*	0.055
父亲学历为专科及以上	0.195***	0.067
父亲学历为高中或中专	0.098*	0.055
"985工程"院校	-0.123*	0.071
"211工程"院校	-0.490***	0.073
高职高专院校	-0.340***	0.13
专科	0.006	0.126
硕士	0.741***	0.077
博士	1.520***	0.345
成绩没有不及格	0.026	0.058
成绩占前25%	0.293***	0.053
学生干部	-0.067	0.049
奖学金	0.042	0.053
党员	-0.076	0.052
拥有英语类证书	0.123**	0.052
拥有计算机类证书	0.008	0.048
拥有职业类证书	0.035	0.048

注：①表格中省略了控制变量和辅助参数的系数信息；②*、**和***分别表示10%、5%和1%的显著水平。

到专业匹配工作的可能性越高;相比一般本科院校,"211 工程"院校和高职高专院校毕业生专业匹配的可能性更低;学历越高专业匹配的可能性越高,学习成绩越好找到匹配工作的可能性越高,拥有英语证书的学生找到专业匹配工作的可能性更高。

为了解不同特征群体的流动行为与专业匹配之间是否存在显著关系,对全样本进行回归的基础上,将毕业生分为在东部、中部和西部地区就业三个群体,并分别对不同子群体建立上述定序逻辑斯特回归模型,回归结果如表 8-4 所示。可以看出,相比没有发生任何跨省流动的毕业生来说,那些通过多次流动进入东部省份就业的毕业生最有可能找到专业匹配的工作,通过后期流动和多次流动进入中部省份就业的毕业生专业匹配的可能性也更高,通过返回流动和多次流动进入西部地区就业的毕业生专业匹配的可能性更高。通过前期流动进入东中部省份就业的毕业生找到专业匹配工作的可能性则比不流动者更低。

表 8-4　　不同就业地区毕业生流动与专业匹配的回归结果

流动类型	专业匹配		
	东部	中部	西部
前期流动	-0.252~ (0.148)	-0.399* (0.148)	0.021 (0.220)
后期流动	0.142 (0.101)	0.412* (0.197)	-0.022 (0.279)
返回流动	0.007 (0.130)	0.045 (0.153)	0.438* (0.202)
多次流动	0.246* (0.114)	0.341~ (0.206)	0.647** (0.249)

注:①表格中省略了控制变量和辅助参数的系数信息;②括号中的数值为标准误;③*、**和***分别表示 10%、5%和 1%的显著水平。

三 预期匹配

预期匹配指毕业生对工作的预期与实际工作之间是否匹配，以调查问卷中"对这份工作的满意程度"作为测量指标。由图8-3可以看出，六成毕业生表示对工作非常满意或者满意，有35%的毕业生表示一般，5%的毕业生表示对工作不满意。

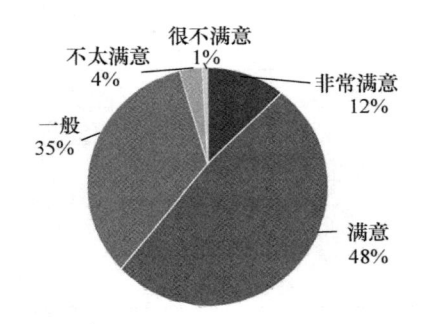

图8-3 高校毕业生的预期匹配情况

为了分析流动与预期匹配的关系，分别将"非常满意""满意""一般""不太满意"和"很不满意"分别赋值5、4、3、2和1，并以其为因变量建立定序逻辑斯特回归模型，自变量仍然与上文中学历匹配模型一致。回归结果如表8-5所示。从流动的回归系数来看，后期流动和多次流动的系数均显著为正，说明相比不动者，发生就业流动的毕业生更可能找到满意度更高的工作。以学历匹配、专业匹配和预期匹配为因变量的三组模型中多次流动的系数绝对值均最大，说明多次流动对预期匹配的促进作用最大。从控制变量的系数来看，男生和独生子女更有可能找到满意度更高的工作；家庭收入越高，工作满意的可能性越高；家庭社会关系越广泛，工作满意的可能性越高；父亲学历越高，毕业生找到满意工作的可能性越高；相比一般本科院校，高职高专院校毕业生工作满意的可能性最高；学历越高、成绩越好预期匹配的可能性越高；学生干部和党员找到满意工作的可能性也越高。

表 8-5　　　　　流动与预期匹配的回归结果

变量	预期匹配	
	系数	标准差
前期流动	-0.006	0.085
后期流动	0.163**	0.075
返回流动	0.114	0.081
多次流动	0.244***	0.078
女生	-0.093*	0.049
独生子女	0.252***	0.054
汉族	-0.005	0.095
家庭年收入10万元以上	0.392***	0.119
家庭年收入5万—10万元	0.016	0.089
家庭年收入1万—5万元	0.022	0.054
家庭关系广泛	0.581***	0.079
家庭关系一般	0.206***	0.054
家庭所在地为直辖市或省会城市	0.012	0.079
家庭所在地为地级市或县级市	0.037	0.057
父亲学历为专科及以上	0.147**	0.07
父亲学历为高中或中专	0.081	0.056
"985工程"院校	0.047	0.074
"211工程"院校	-0.064	0.076
高职高专院校	0.293**	0.138
专科	0.065	0.133
硕士	0.386***	0.079
博士	0.811**	0.323
成绩没有不及格	0.035	0.059
成绩占前25%	0.241***	0.054
学生干部	0.124**	0.051
奖学金	0.068	0.055
党员	0.115**	0.054
拥有英语类证书	0.04	0.055
拥有计算机类证书	-0.101**	0.05
拥有职业类证书	0.026	0.05

注：①表格中省略了控制变量和辅助参数的系数信息；②*、**和***分别表示10%、5%和1%的显著水平。

为了解不同特征群体的流动行为与学历匹配之间的关系是否存在显著差异,对全样本进行回归的基础上,进一步进行异质性分析:将毕业生分为在东部、中部和西部地区就业三个群体,并分别对不同子群体建立上述定序逻辑斯特回归模型。可以看出,相比没有发生任何跨省流动的毕业生来说,那些通过多次流动进入东部和中部省份就业的毕业生最有可能找到满意的工作,通过返回流动进入中部省份就业的毕业生找到满意工作的可能性也更大,通过不同流动方式最终在西部省份就业的毕业生与未发生流动的毕业生相比,在工作满意度方面没有显著差别。

表8-6　　不同就业地区毕业生流动与预期匹配的回归结果

流动类型	预期匹配		
	东部	中部	西部
前期流动	-0.193 (0.157)	-0.149 (0.193)	0.163 (0.225)
后期流动	0.103 (0.108)	0.08 (0.198)	0.003 (0.282)
返回流动	0.005 (0.136)	0.292~ (0.157)	0.114 (0.205)
多次流动	0.253* (0.121)	0.452* (0.210)	0.032 (0.251)

注:①表格中省略了控制变量和辅助参数的系数信息;②括号中的数值为标准误;③*、**和***分别表示10%、5%和1%的显著水平。

四　匹配与工资溢价

前文讨论了流动有利于促进工作匹配,那么工作匹配对毕业生来说会有什么好处呢?从理论上来说,人职匹配理论强调不同群体的异质性,该理论源于美国心理学家 Parsons 提出的特质—因素论(Trait-Factor Theory),认为不同个体在能力、知识、技能、性格、气质等方面具有不同的体现。因此个人在选择工作时,应该根据个人的个性特征找到与之相匹配的职业种类。如果匹配成功，那么个人可以最大限度地提高工作效率，获得较高的薪酬；反之，则会降低工作效率，导致人力资源的配置低效①。高校毕业生的教育水平和专业种类代表其在知识和技能方面的特征，依据人职匹配理论可以推测，高校毕业生的职业在专业和教育水平上的匹配有助于提高其工作效率，获得更高的工作报酬。

从具体案例看，1976 年 Freeman 在《过度教育的美国人》一书中，把美国自 20 世纪 70 年代初以来教育收益率下降的原因归结为教育过度，即教育供给超过了社会对教育的需求②。国内学者也估算了过度教育收益率，并发现过度教育收益率（1.2%）小于工作所需教育收益率（5.8%）③。文东茅的研究也证实了类似观点④。过度教育不仅会带来收入的损失，还会带来非经济的损失。闵维方和曾满超以一家中国汽车制造厂为研究对象，发现当员工的受教育程度超过其工作岗位的要求时，员工表现出较低的工作满意度和工作努力程度⑤。也就是说，学历匹配可以带来收入溢价。

对专业匹配的研究结论与之类似，即学用结合具有收入效应。Arabsheibani 对埃及的研究发现，医学、科学以及社会科学毕业生的学用结合的程度与起薪呈显著正相关，且学用结合对于起薪增加的贡献率与所学专业的专业化程度呈正相关，即医学专业高于科学专业，而社会科学专业最低⑥。Grubb 的研究发现，无论学士还是副学士，男性抑或女性，总体而言，专业匹配者较之专业不匹配者，教育的货币收益更高⑦。文东茅也证实了专业不匹配者的收入与专业匹配者相

---

① 金莲、张俊涛：《基于能力倾向的人职匹配理论》，《中国成人教育》2012 年第 13 期。

② Freeman Richard B., *The Overeducated American*, Academic Press, New York, 1976.

③ 武向荣：《中国过度教育研究》，博士学位论文，北京师范大学，2004 年。

④ 文东茅：《高等教育发展与毕业生资源配置》；闵维方：《高等教育运行机制研究》，人民教育出版社 2002 年版。

⑤ Tsang M. C., Levin H. M., "The Economics of Overeducation", *Economics of Education Review*, 1985, 4 (2): 93 – 104.

⑥ G. Arabsheibani, "The Wiles Test Revisited", *Economics Letters*, 1989, 29: 361 – 364.

⑦ Grubb W. N., "The Returns to Education in the Sub-baccalaureate Labor Market, 1984 – 1990", *Economics of Education Review*, 1997, 16 (3): 231 – 245.

比大约少 5.9%①。以上研究都是从人力资本理论的角度证实了教育可以提高劳动生产率,进而促进收入的增长。也有学者从筛选假设理论的角度入手研究,并发现对大多数专业而言,无论是专业匹配还是不匹配,都不对毕业生的起薪造成显著的影响,在中国高校毕业生的劳动力市场中,高等教育的经济价值更多是通过其信号的作用得到体现②。Miller 和 Volker 的研究考察了澳大利亚科学和经济学专业毕业生的起薪,发现所从事的职业是否与经济学相关与起薪之间没有显著的关系③。

表 8-7 呈现了中国高校毕业生学历匹配和专业匹配群体的起薪水平。可以看出,在学历匹配方面,学历不足毕业生中处于低收入区间的比例(39.55%)要高于学历匹配和学历过度的毕业生。学历匹配和学历过度毕业生中,处于中高收入区间的比例要高于学历不足的毕业生群体。从均值来看,学历过度的起薪均值最高,其次是学历匹配,学历不足群体的均值最小,仅为 2890 元。从标准差角度看,学历过度的毕业生的起薪标准差最大(1739 元),学历不足的毕业生起薪标准差最小,仅有 1437 元。说明学历不足的毕业生起薪普遍偏低,差异不大。在专业匹配方面,专业对口毕业生和专业不对口毕业生中处于低收入、中等收入的学生占比相差不大,但是专业对口的毕业生在高收入学生中的比例(8.60%)是专业不对口毕业生(4.05%)的两倍。另外,专业对口毕业生的平均工资水平(3306 元)也高于专业不对口的毕业生(3085 元)。说明专业对口的学生的起薪相对较高,且相对更可能获得高薪。

基于上述描述统计的结果,将学历匹配、专业匹配和预期匹配程度作为核心自变量,并加入一系列控制变量,建立一般线性回归模

---

① 文东茅、闵维方:《学用结合状况对毕业生个人经济收益的影响》;闵维方:《高等教育运行机制研究》,人民教育出版社 2003 年版,第 580—583 页。
② 李锋亮、丁小浩:《学用结合状况对毕业生起薪的影响》,《北京大学教育评论》2006 年第 4 期。
③ P. W. Miller, P. A. Volker, "The Screening Hypothesis: An Application of the Wiles Test", *Economic Inquiry*, 1984, 22: 121–127.

表 8-7　　不同工作匹配程度的毕业生工资起薪

分类	低收入(%)	中等收入(%)	高收入(%)	均值(元)	标准差(元)
学历不足	39.55	55.93	4.52	2890	1437
学历匹配	26.10	65.66	8.24	3294	1626
学历过度	24.83	66.23	8.94	3370	1739
专业对口	26.52	64.88	8.60	3306	1666
专业不对口	28.74	67.21	4.05	3085	1435

型。控制变量主要包括毕业生的人力资本、社会资本、工作搜寻和就业情况。人力资本包括学校类型、学历层次、学习成绩、奖学金、资格证书 5 个二级指标;社会资本包括父母职业、父母受教育水平、家庭收入以及家庭社会关系 4 个二级指标;工作搜寻包括实习经历、求职费用和求职次数 3 个二级指标;就业情况包括户口和就业单位性质 2 个二级指标。

表 8-8 的回归结果显示,相比学历匹配,学历过度对工资起薪有 6% 的负效应,学历不足则对工资起薪没有显著影响;相比专业不匹配,专业匹配对收入有 4.8% 的负效应;而预期匹配则与工资收入呈现显著的正相关,即与预期匹配程度每高一个级别(满意度)工资收入高 10.8%。在控制变量的系数上,从人力资本情况看,"211 工程"院校的毕业生比高职高专毕业生的起薪高;本科毕业生和研究生的起薪都比大专学生的高;学习成绩和获得奖助学金对起薪具有显著正影响。从社会资本情况看,母亲职业是管理技术类的学生起薪比母亲职业为非管理技术类的学生起薪高;中等收入和高收入家庭毕业生的起薪都比低收入家庭毕业生的起薪高。从工作搜寻情况看,求职花费和求职次数对于毕业生的起薪具有显著正影响。从就业情况看,工作可以解决户口对于毕业生的起薪具有显著正影响;在国家机关就业的毕业生的起薪显著低于在非国家机关和国有企业就业的毕业生。

表 8-8 　　就业匹配对起薪影响的回归分析结果

变量	工资起薪
学历过度	-0.060***
学历不足	0.047
专业匹配	-0.048**
预期匹配	0.108***
"211 工程"院校	0.153***
一般本科	0.008
本科	0.249***
研究生	0.537***
成绩排前25%	0.028*
奖助学金	0.048***
英语证书	0.018
父亲学历	-0.002
母亲学历	0.000
父亲职业	0.005
母亲职业	0.088***
中等收入	0.071***
高收入	0.132***
社会关系	0.034*
实习经历	-0.014
求职花费	0.008*
求职6—50次	0.045***
求职50次以上	0.147***
户口落实	0.050***
国家机关	-0.088***
国有企业	0.044***
观测值	2444
R^2	0.382

注：*、**和***分别表示10%、5%和1%的显著水平。

为了检验表 8-8 回归结果的稳健性，接下来进一步对不同性别、不同学历和不同院校类型的子样本进行回归分析，结果如表 8-9 所示。由于控制变量对起薪的影响与表 8-8 的结果相似，因此省略了控制变量的输出结果。

分性别看，对男性毕业生而言，学历过度和专业匹配对工资起薪都有显著负影响，收入损失接近9个百分点，与总样本回归结果相似，学历不足对初职起薪具有显著正影响；对女性毕业生而言，学历匹配和专业匹配对初职起薪都不具有显著性影响。

分学历层次来看，专科毕业生中，专业匹配者比专业不匹配者收入损失8.9%，而学历不足和学历过度均对起薪没有影响；本科及以上毕业生中，学历过度者比学历匹配者起薪低6.6%，但学历不足和专业匹配者对起薪没有显著影响。

分院校类型来看，非"211工程"院校毕业生中学历过度者和专业匹配者分别有4.2%和8.2%的收入损失，学历不足者比学历匹配者起薪高5.4%；"211工程"院校毕业生中，学历过度者比学历匹配者起薪低9.7%，学历不足和专业匹配对起薪都没有显著影响。

总的来看，学历过度对起薪的负效应比较普遍，尤其明显地体现在毕业于高学术优势院校（如"211工程"院校）和学历层次为本科及以上的毕业生中。学历不足对起薪的正效应只体现在男性毕业生和非"211工程"院校毕业生中，在总样本和其他子样本中并无显著性影响；专业匹配对起薪的负效应也比较普遍，尤其体现在低学术优势

表8-9　不同群体毕业生就业匹配对起薪影响的回归分析结果

关键变量	性别		学历		院校类型	
	女性	男性	专科	本科及以上	非"211工程"	"211工程"
学历过度	0.018 (0.028)	-0.089*** (0.023)	-0.031 (0.038)	-0.066*** (0.020)	-0.042* (0.023)	-0.097*** (0.028)
学历不足	0.012 (0.044)	0.065* (0.038)	0.058 (0.035)	0.056 (0.049)	0.054* (0.032)	0.062 (0.063)
专业匹配	0.029 (0.033)	-0.086** (0.035)	-0.089** (0.038)	-0.026 (0.031)	-0.082*** (0.030)	-0.007 (0.041)
观测值	940	1503	646	1798	1460	984
R^2	0.468	0.346	0.116	0.285	0.253	0.324

注：*、**和***分别表示10%、5%和1%的显著水平；括号内的数值表示标准误。

的院校，如高职高专和非"211工程"院校毕业生中。这可能是因为过于强调专业匹配，会限制职业选择范围和社会资本的应用机会。

本章小结

本章对流动与工作匹配关系的研究得到以下主要结论。整体而言，无论是就学流动还是就业流动都能显著降低毕业生学历过度的可能性，显著增加毕业生找到与专业更加匹配且满意度更高工作的可能性。相比不动者以及其他流动类型，多次流动对工作匹配的促进作用最大。这一研究发现验证了过度胜任理论和工作找寻理论中关于流动能够促进工作匹配的观点，也与国外很多研究的结论一致。说明高校毕业生通过流动能够了解更多地区的信息，也更加了解自己的偏好，这将有助于他们找到与自己更加匹配的工作。

研究还发现，在不同地区就业的毕业生，流动与工作匹配的关系也存在差异。相比没有发生任何跨省流动的毕业生来说，通过就学流动或就业流动而最终在东部省份就业的毕业生，更有可能找到学历匹配的工作，通过多次流动最终在东部省份就业的毕业生有可能找到专业匹配和预期匹配的工作。通过后期流动、多次流动进入中部省份就业的毕业生更有可能找到专业匹配的工作，通过返回流动和多次流动进入中部省份就业的毕业生更有可能找到预期匹配的工作，通过返回流动和多次流动进入西部地区就业的毕业生专业匹配的可能性更高，但流动对西部省份就业的毕业生的学历匹配和预期匹配没有影响。

流动与工作匹配关系的地区差异可能与中国经济发展的地区差异有关。由于地区经济发展水平差异大，劳动力市场尤其是就业机会也会存在较大差异。

东部地区的经济发展水平高、就业机会多，吸引了大量高校毕业生向东部省份聚集，即所谓的"孔雀东南飞"。在东部地区就业的毕业生中，相比本地就学、本地就业的毕业生来说，那些外地生源、外地院校毕业的学生更可能找到匹配的工作，也就是说，尽管都在经济发达地区就业，但是，如果前期发生了跨省流动，就更有可能在更大的区域范围获得广泛的就业信息，从而显著提升就业质量。

中西部地区经济发展水平相对较弱，但近年来在西部大开发战略的影响下，到西部地区就业的毕业生数量有所增加，而"中部塌陷"的困境则一直存在，人才流失相对严重。在中部省份就业的毕业生中，为就业而从外省流入的高校毕业生要比一直留在中部省份就学就业的毕业生更容易找到匹配的工作。而在西部省份就业的毕业生中，返回西部家乡就业的毕业生以及经过多次流动最终到西部省份就业的毕业生更有可能找到专业匹配的工作。对于那些到外地就学后又返回到西部家乡就业的毕业生，对家乡的经济情况、就业机会等都十分熟悉，在比较了多个区域的情况后决定返回家乡就业，那么找到匹配工作的可能性就会更大。

对工作匹配和工资起薪的进一步分析则发现：与学历匹配者和学历过度者相比，学历不足者的起薪均值偏低；与专业对口者相比，专业不对口者的平均起薪水平较低；预期匹配程度更高的学生工资收入显著更高。分子样本来看，学历过度对起薪的负效应明显地体现在男性、"211工程"院校和本科及以上高校毕业生，而学历不足对起薪的正效应只体现在男性毕业生和非"211工程"院校毕业生中，在总样本和其他子样本中并无显著性影响，专业匹配对起薪的负效应则突出体现在男性、非"211工程"院校和专科学历毕业生。

如何解释上述研究发现？随着高等教育规模的扩张，高学历毕业生增长速度要远超过当前经济发展所能创造的与其学历相匹配的职位，因此高学历毕业生不得不降低薪资期望去竞争岗位学历要求稍低于自身学历水平的工作。专业匹配对起薪具有显著负影响是因为在人力资本和社会资本都相同的情况下，根据经济人假设，毕业生跨专业就业的成本和风险都更大，因此只有当与专业不匹配的工作的预期收益比与专业匹配的工作更大时，毕业生才会做出跨专业就业的选择。分不同子样本看，学历过度对重点高校毕业生的初职起薪具有显著负影响，这可能与用人单位按岗定薪的薪酬规则有关，在人力资本和社会资本都相同的情况下，学历过度的毕业生获得的工作是对教育要求较低的职位，按照用人单位的薪酬规则，教育水平是决定薪酬高低的重要指标，因此在对教育要求较低的职位就业的学历过度毕业生的收入会较少。专业匹配对非重点高校毕业生的起薪具有显著负影响,这可能是因为过于强调专业匹配,会限制非重点院校毕业生的职业选择范围。

综上,流动能够带来更加匹配的工作,即便是那些同在东部、中部或西部省份就业的毕业生,发生跨省流动也比不流动更有可能找到匹配的工作。而且相比不流动和其他流动类型,多次流动对工作匹配的促进程度更高。目前中国的劳动力市场存在一定程度的分割,就业信息相对不透明,高校毕业生若能扩大工作找寻区域,克服自身的流动心理障碍,愿意在全国范围内流动,就更有机会找到与自身学历和专业更加匹配的满意工作,从而避免人力资本的浪费,实现"人尽其才"的人力资源战略目标。

第九章 职业代际流动

一 职业代际流动现状

阶层固化和代际传递是近年来社会各界的热议焦点。合理的社会流动是打破阶层固化的重要渠道,一般通过先赋性和后致性两类因素得以实现[1]。在一个代际流动相对通畅的社会中,个体主要依据后致性因素(如受教育水平、能力)流动到某一社会阶层,不同家庭出身的个体在各类资源和社会地位的获取中机会较为均等,很少受家庭出身、父辈所在社会阶层等因素的影响。如果代际流动渠道不通畅,则会存在不同程度的代际传递现象,即父辈的社会阶层很大程度上会传递给子代,社会的流动更多依据先赋性因素而非后致性因素。代际传递现象严重时社会流动性低,收入差距将会扩大,导致社会阶层固化[2]。

劳动力市场分割和社会资本理论能够一定程度上解释代际传递现象。劳动力市场存在职业劳动力市场和行业劳动力市场分割,被职业和行业分割为主要劳动力市场和次要劳动力市场。主要劳动力市场收入高、工作稳定、培训机会、晋升机会多,而次要劳动力市场在收入、工作稳定性、工作条件、培训机会、晋升机制等方面都处于劣势。主要劳动力市场和次要劳动力市场中劳动者所获收入和教育收益

---

[1] 郭丛斌、闵维方:《中国城镇居民教育与收入代际流动的关系研究》,《教育研究》2007年第5期。

[2] 李力行、周广肃:《代际传递、社会流动性及其变化趋势——来自收入、职业、教育、政治身份的多角度分析》,《浙江社会科学》2014年第5期。

率存在显著差异,而且两者之间缺乏流动①。除了人力资本之外,社会资本和文化资本也在一定程度上影响求职者能否进入主要劳动力市场。父母既可以投资于子代的人力资本,也可以提供内部求职信息,动用社会关系,帮助子女进入主要劳动力市场。

许多研究发现代际传递现象存在于收入和教育等方面。中国城镇居民中,多数子女依然滞留在与父亲相同的收入组群,教育有助于促进弱势群体的子女实现经济社会地位的跃升②。收入的代际传递趋势在不断加强,主要原因在于人力资本的代际传递趋势在不断加强,具体表现为教育和职业选择的代际传递趋势加强③。父母的教育年限分别每增加1年,子女的教育年限分别相应地增加0.36年、0.59年④。

对职业代际传递或代际流动的研究也汗牛充栋,许多研究采用代际职业流动指数、双重差分模型、二维列联表、logit模型等方法验证了不同国家职业代际传递效应的存在⑤。中国居民职业代际流动呈现突出的子承父业特点,代际间职业短距离流动的可能性比较大⑥。教育和职业选择的代际传递趋势加强,进一步导致了收入代际传递趋

---

① Peter B. Doeringer, Michael J. Piore, *Internal Labor Markets and Manpower Analysis*, New York: M. E. Sharpe, 1971.

② 郭丛斌、闵维方:《中国城镇居民教育与收入代际流动的关系研究》,《教育研究》2007年第5期。

③ 李力行、周广肃:《代际传递、社会流动性及其变化趋势——来自收入、职业、教育、政治身份的多角度分析》,《浙江社会科学》2014年第5期。

④ 林莞娟、张戈:《教育的代际流动:来自中国学制改革的证据》,《北京师范大学学报》(社会科学版)2015年第2期。

⑤ Peter M. Blau, Otis Dudley Ducan, *The American Occupational Structure*, New York: Wiley, 1967; Yves de Jocas, Guy Rocher, "Inter-generation Occupational Mobility in the Province of Quebec", *The Canadian Journal of Economics and Political Science*, Feb., 1957; Carmichael, F., "International Mobility and Occupational Status in Britain", *Applied Economics Letters*, 2000, 7 (6): 391 – 396; Di Pietro, G. & P. Urwin, "Intergenerational Mobility and Occupational Status in Italy", *Applied Economics Letters*, 2003, 10 (12): 793 – 797;周兴、张鹏:《代际间的职业流动与收入流动——来自中国城乡家庭的经验研究》,《经济学》(季刊)2015年第1期;李力行、周广肃:《代际传递、社会流动性及其变化趋势——来自收入、职业、教育、政治身份的多角度分析》,《浙江社会科学》2014年第5期。

⑥ 刘菲菲、梁岩:《中国居民职业代际继承效应的实证分析》,《统计与决策》2014年第10期。

势的加强①。外部社会环境、个人自身的努力及资源能够一定程度上打破职业代际传递，实现职业代际流动。如不同时期社会分化会对职业代际流动造成影响，高校扩招促进了职业代际流动，受过高等教育的劳动者跨越职业代际效应，向上流动的可能性最大，关系社会资本对人们从底层职业向中间阶层或由中间阶层向最高阶层的代际梯次向上流动有明显推进作用②。

二 体制内工作的特点

由于中国劳动力市场的特殊性，一些研究聚焦体制内工作的代际传递问题。中华人民共和国成立初期中国在社会主义公有制基础上实行计划经济，绝大部分拥有城镇户口的人都在体制内单位工作。"体制内"这一概念始于改革开放，随着大力发展个体经济、私营经济等非公有制经济，传统的计划经济体制走向瓦解，体制内单位占据的份额越来越小，才有了体制内与体制外的区分③。对体制内外的划分往往以是否完全竞争作为标准。体制内劳动力市场以不完全竞争的行政机关、事业单位及国有企业为主；体制外劳动力市场则是以接近于完全竞争的私营经济、外资经济、个体经济为主④。如今的体制内可以分为三个层次，政府部门处于核心圈，事业单位处于中间状态，而国有企业则处于最外围⑤。

体制内工作具有社会地位高、稳定性强、福利保障好等优势。地位高主要是由于这些工作往往与相关领域的管理权或者资源使用权相

---

① 李力行、周广肃：《代际传递、社会流动性及其变化趋势——来自收入、职业、教育、政治身份的多角度分析》，《浙江社会科学》2014年第5期。
② 李晚莲：《社会变迁与职业代际流动差异：社会分层的视角》，《求索》2010年第6期；吕姝仪、赵忠：《高校扩招、职业代际流动与性别差异》，《劳动经济研究》2015年第4期；郭丛斌、丁小浩：《高等教育跨越职业代际效应的作用》，《高等教育研究》2004年第4期；邵宜航、张朝阳：《关系社会资本与代际职业流动》，《经济学动态》2016年第6期。
③ 刘志强、董琪：《"体制内"究竟有多大魅力？》，《劳动保障世界》2014年第5期。
④ 晋利珍：《改革开放以来中国劳动力市场分割的制度变迁研究》，《经济与管理研究》2008年第8期。
⑤ 刘志强、董琪：《"体制内"究竟有多大魅力？》，《劳动保障世界》2014年第5期。

关,承担着社会管理的职能①。稳定性强表现为三个方面:岗位稳定,没有重大问题一般不会被解雇;收入稳定,一般工资到了某个等级之后极少存在下调风险;工作时间稳定,额外加班少。福利待遇好则表现为上升空间大,同等素质的劳动力收入更高②。如对高校毕业生的研究发现,进入国有部门(即体制内单位)的毕业生其起薪水平显著高于非国有部门③。尽管也有研究显示,2010年与2003年相比,中国的体制内工资溢价水平有明显的下降,体制内外收入已没有明显差异④。但是,体制内就业者对福利保障的满意程度高于体制外就业者⑤。于是,进入体制内单位往往就代表拿到了"铁饭碗",获得了稳妥的保障。

那么,如何进入体制内单位就业呢?目前来看共有9种渠道:公务员考试、大学生村干部考试、乡镇公务员考试、政法干警招录考试、事业单位考试、教师招聘考试、公选考试、军转干考试⑥。从上述9种渠道的招募对象来看,大多数仅适用于应届毕业生,若想进入体制内单位就业,大学毕业时的就业选择非常重要。如果初职工作没有进入体制内,那么日后作为非应届毕业生从体制外单位流动到体制内单位的机会则小之又小。

因此,体制内单位深受大学毕业生及家长青睐,竞争激烈。一项大学毕业生就业意愿调查显示,大学毕业生选择机关事业单位和国有企业的比例分别为62%和46.2%⑦。对应届毕业生家长的调查发现在

---

① 韩雷、陈华帅、刘长庚:《"铁饭碗"可以代代相传吗?——中国体制内单位就业代际传递的实证研究》,《经济学动态》2016年第8期。
② 刘志国、James Ma:《劳动力市场的部门分割与体制内就业优势研究》,《中国人口科学》2016年第4期。
③ 岳昌君、杨中超:《高校毕业生就业起薪的部门差异研究》,《教育发展研究》2015年第11期。
④ 孙文凯、王晶、李虹:《中国近年体制内工资溢价趋势——来自中国综合社会调查(CGSS)数据的证据》,《劳动经济研究》2016年第4期。
⑤ 韩丹:《工作满意度:"体制内"与"体制外"就业者的比较研究》,《社会科学辑刊》2010年第6期。
⑥《9种渠道可以让你进入体制内,知道吗?》,http://mt.sohu.com/20170122/n479331574.shtml。
⑦ 周骏宇、李元平:《二元经济背景下毕业生就业意愿的实证分析》,《高教探索》2010年第4期。

机关事业单位、国有企业工作的家长更偏向子女走相同的职业道路，分别有64.6%、40.6%的受访家长希望子女进入同类单位就业①。2017年度中央机关及其直属机构公务员录用考试中参加考试人数与录用计划数比例约为36:1，2017年江苏事业单位招聘笔试应考人数达10万人，进入体制内单位的竞争激烈程度可见一斑②。

尽管目前体制内单位的招录秉持"逢进必考"的原则，但是其选拔机制仍常常受到质疑和诟病，"萝卜招聘"、事业单位和国有企业"近亲繁殖"现象常见于新闻报道，近年来的中央巡视工作通报也屡屡出现直系亲属在同单位入职的违纪行为③。一些研究发现，体制内职工的子女更可能获得体制内就业机会④；且这种代际传递呈现出部门独立性，政府部门、事业单位和国有企业间并不存在交叉代际传递；在职位方面也存在着明显的代际传递性，领导及高级专业人才的子女比普通家庭子女更容易获得晋升机会⑤。此外，家庭收入、母亲的户口类型也能明显增加子女在体制内就业的机会⑥。而父亲为行政管理人员也会增加子女在公共部门（国家机关与事业单位）就业的可能性⑦。在个人人力资本和能力维度方面，男性、重点本科院校毕业、社会能力发展较好的毕业生，在公共部门就业的可能性较高。社会关系方面，党员身份、利用亲戚关系寻求帮助、给有关方面打招呼

---

① 《六成家长支持子女暂不就业：首选体制内工作》，http://edu.anhuinews.com/system/2015/07/02/006858513.shtml。

② 《中央机关及其直属机构2017年度公务员录用考试公共科目笔试在全国举行》，http://news.163.com/16/1130/00/C7323HG2000156PO.html；《江苏事业单位招聘笔试火爆应考人数达10万人》，http://www.jlonline.com/news/298403.shtml。

③ 《揭秘国企"萝卜招聘"：条件一卡就剩局长女儿》，http://money.163.com/16/0505/15/BMAHS1UC00253B0H.html。

④ 刘志国、James Ma：《谁进入了体制内部门就业——教育与家庭背景的作用分析》，《统计与信息论坛》2016年第7期；韩雷、陈华帅、刘长庚：《"铁饭碗"可以代代相传吗？——中国体制内单位就业代际传递的实证研究》，《经济学动态》2016年第8期。

⑤ 韩雷、陈华帅、刘长庚：《"铁饭碗"可以代代相传吗？——中国体制内单位就业代际传递的实证研究》，《经济学动态》2016年第8期。

⑥ 刘志国、James Ma：《谁进入了体制内部门就业——教育与家庭背景的作用分析》，《统计与信息论坛》2016年第7期。

⑦ 张优良、刘腾飞：《大学生能力发展与就业部门选择的实证研究——基于首都高校大学生发展状况的调查》，《国家教育行政学院学报》2016年第7期。

可以提高进入国有部门（党政机关、国有企业、学校和科研机构、其他事业单位、军队等）的机会[①]。

上述对体制内工作代际传递的研究具有一个共同特点，即这些研究中的研究对象均是已经在劳动力市场中工作过一段时间的劳动者，他们当前的职业、地位、收入等，可能不仅仅受到父母职业等家庭社会背景的影响，很多其他来自家庭以外的因素也会通过影响工作经历进而影响工作的现状，如个人的努力程度、单位的组织管理模式等。因此，本章下一节将以大学毕业生作为研究对象，研究父母是否在体制内工作对于他们第一份工作是否为体制内的影响，以此来控制其他难以观测到的变量对职业的影响。同时，考虑到中国存在较为严重的体制内外劳动力市场分割，那些初职工作没有进入体制内单位的人在后期进入体制内的机会很小，但是初职工作在体制内单位则后期也可能因为各种原因进入体制外单位。因此，大学毕业生的初职工作可能受父母职业的影响更为直接，关注初职工作将更有可能剥离其他不可观测因素的影响。

三 体制内外就业的毕业生群体差异

根据以往研究对体制内单位类型的划分，本节将体制内就业定义为在各类国家机关、事业单位和国有企业就业，在体制外就业指在民营、私营、外资等企业就业。本节采用北京大学教育学院2015年全国高校毕业生就业调查数据。由于调查中对父母职业以及毕业生工作单位的选项不同，本节中父或母在体制内指父母至少一方为国家机关、党群组织事业单位管理人员，毕业生本人在体制内就业指单位类型为党政机关、国有企业、科研单位、高等学校、中小学、医疗卫生单位、其他事业单位，涵盖党政机关、国有企业、事业单位三类体制内单位类型。

[①] 郭希贤：《个体性因素与体制内职业获得、流动——基于全国综合社会调查2008年数据分析》，硕士学位论文，华中科技大学，2013年；赖德胜、孟大虎、苏丽锋：《替代还是互补——大学生就业中的人力资本和社会资本联合作用机制研究》，《北京大学教育评论》2012年第1期。

根据表9-1对进入体制内外单位的毕业生的描述统计和t检验可以发现，进入体制内和体制外单位的毕业生除了在性别、家庭人均年收入在3001—1万元和家庭人均年收入为1万—5万元没有显著差异外，家庭社会关系、求职信息渠道、学历层次、院校类型和在校表现等多方面均存在显著差异，同时可以发现进入体制内单位的毕业生父或母在体制内单位比例更高。

表9-1　　　　　　进入体制内外的毕业生的情况

	变量类别	体制内	体制外	比例差	全样本
	父或母在体制内工作	22.7	11.5	11.2***	16.5
性别	男性占比	51.7	51.1	0.6	51.4
家庭背景	城镇户口占比	47.7	36.9	10.8***	41.7
	家庭人均年收入在3000元以下	14.1	18.7	-4.6***	16.6
	家庭人均年收入在3001—1万元	39.3	38.8	0.5	39.0
	家庭人均年收入在1万—5万元以下	29.5	30.4	-0.9	30.0
	家庭人均年收入在5万元以上	17.1	12.1	5.0***	14.4
	父或母学历大专以上	34.5	22.2	12.3***	27.7
	家庭社会关系广泛占比	15.0	11.7	3.3***	13.2
	求职信息主要来自父母或亲戚	13.4	11.4	2.0*	12.3
人力资本	专科	16.2	35.2	-19.0***	26.7
	本科	52.4	53.0	-0.6	52.7
	研究生（硕士与博士）	31.4	11.8	19.6***	20.5
	重点院校	47.5	24.8	22.7***	34.9
	党员比例	46.0	30.6	15.4***	37.5
	成绩在专业前25%比例	34.2	30.5	3.7**	32.2
	担任过学生干部比例	63.6	56.9	6.7***	59.9
	获得过奖学金比例	47.3	40.4	6.9***	43.5

注：*、**和***分别表示10%、5%和1%的显著水平。

上述差异是否和父或母在体制内有关呢？表9-2进一步分析了父或母在体制内和体制外工作的毕业生在个体特征、家庭特征、人力资本、求职信息渠道等方面进行描述统计和t检验。父或母在体制内单位的毕业生在体制内就业的比例为61.4%，而父母均在体制外的毕业生在体制内就业的比例为41.3%，相差近20个百分点。父或母在体制内的毕业生在城镇户口、家庭人均年收入为1万—5万元和5万元以上、父或母学历在大专以上、家庭社会关系广泛、求职信息主要来自父母或亲戚、研究生学历、重点院校、党员、担任过学生干部的比例等方面，均显著高于父母在体制外的毕业生，而专科学历、家庭人均年收入在3000元以下和3001—1万元的比例明显低于父母在体制外的毕业生。在性别、本科学历、成绩在专业前25%、获得过奖学金等方面的比例，两类毕业生不存在显著差异。从描述统计和t检验结果来看，进入体制内外单位的毕业生在家庭背景、人力资本、在校表现等方面的差异与父或母在体制内有很大联系。

表9-2 父或母在体制内与父母均在体制外的毕业生的差异

	变量类别	父或母在体制内	父母均在体制外	比例差	全样本
	子女在体制内单位	61.4	41.3	20.1***	44.6
性别	男性占比	54.2	50.8	3.4	51.4
家庭背景	城镇户口占比	85.7	33.0	52.7***	41.7
	家庭人均年收入3000元以下	6.4	18.7	-12.3***	16.6
	家庭人均年收入3001—1万元	29.6	40.9	-11.3***	39.0
	家庭人均年收入1万—5万元	35.2	29.0	6.2***	30.0
	家庭人均年收入5万元以上	28.8	11.5	17.3***	14.4
	父或母学历大专以上	78.6	17.6	61.0***	27.7
	家庭社会关系广泛占比	26.5	10.6	15.9***	13.2
	求职信息主要来自父母或亲戚	17.8	11.2	6.6***	12.3
人力资本	专科	12.2	29.6	-17.4***	26.7
	本科	54.2	52.4	1.8	52.7
	研究生（硕士与博士）	33.6	18.0	15.6***	20.5
	重点院校	50.4	31.9	18.5***	34.9
	党员比例	46.7	35.7	11.0***	37.5
	成绩在专业前25%比例	30.5	32.5	-2.0	32.2
	担任过学生干部比例	68.2	58.3	9.9***	59.9
	获得过奖学金比例	42.5	43.7	-1.2	43.5

注：*、**和***分别表示10%、5%和1%的显著水平。

四 体制内就业的代际传递

基于上述理论、文献和描述统计分析，接下来将通过进一步建立计量模型探索父或母在体制内工作是否影响子女在体制内就业。

$$Logit\left(\frac{P_i}{1-P_i}\right) = \beta_0 + \beta_1 Insys + \beta_2 X_{1i} + \beta_3 X_{2i} + \varepsilon \quad (9.1)$$

其中，P_i代表是否在体制内单位工作，该变量为二元分类变量，1代表毕业生在体制内单位就业，0代表毕业生在体制外单位就业。$Insys$为父或母是否在体制内单位就业的虚拟变量，1代表父或母在体制内单位，包括父母均在体制内单位的情况，0代表父母均不在体制内单位。X代表影响毕业生进入体制内单位就业的其他变量，其中，X_{1i}代表父母和家庭相关变量，X_{2i}代表毕业生个人相关变量，ε代表误差项。

本节的研究思路是，首先逐步控制性别、户口类型、家庭收入、家庭社会关系广泛程度、父母学历、学科门类等变量，探索父或母在体制内单位工作是否显著增加子女进入体制内单位的可能性。然后探索父或母在体制内单位与父母均在体制外的毕业生在学历层次、重点院校、家庭关系、求职信息来源方面是否存在显著差异，以及这些差异是否影响毕业生进入体制内单位就业。最后，探索两类毕业生在校表现方面的差异及这些差异对进入体制内单位的影响。

首先以子女进入体制内单位为因变量，父或母在体制内单位工作为自变量，逐步控制性别、户口类型、家庭收入、家庭社会关系广泛程度、父母学历等变量，并控制学科门类进行逻辑斯特回归。其中性别方面加入女性虚拟变量，户口类型方面加入城镇户口虚拟变量，家庭收入方面加入家庭人均年收入为3001—1万元、家庭人均年收入为1万—5万元、家庭人均年收入在5万元以上3个虚拟变量，以家庭人均年收入在3000元及以下为对照组，家庭社会关系广泛程度方面加入家庭关系广泛虚拟变量①，父母学历方面加入父母至少一方为大

---

① 来自问题"您认为对于找工作来说，您家庭的社会关系为：（1）非常广泛；（2）广泛；（3）一般；（4）较少；（5）非常少"。将该题中选择非常广泛和广泛的在家庭关系虚拟变量中设置为1，选择后三者的设置为0。

专及以上学历虚拟变量，以父母学历均在大专以下为对照组。回归结果如表9-3所示。

表9-3　　　　体制内工作代际传递模型的回归结果

变量类别	(1) 子女在体制内	(2) 子女在体制内	(3) 子女在体制内	(4) 子女在体制内	(5) 子女在体制内
父或母在体制内工作	0.69*** (0.09)	0.66*** (0.09)	0.65*** (0.09)	0.54*** (0.10)	0.54*** (0.10)
女性	-0.01 (0.06)	-0.00 (0.06)	-0.00 (0.06)	0.00 (0.06)	-0.05 (0.07)
城镇户口	0.24*** (0.07)	0.21*** (0.07)	0.21*** (0.07)	0.13* (0.08)	0.15* (0.08)
家庭人均年收入3001—1万元	—	0.23** (0.10)	0.23** (0.10)	0.21** (0.10)	0.24** (0.10)
家庭人均年收入1万—5万元	—	0.10 (0.10)	0.10 (0.10)	0.09 (0.10)	0.12 (0.10)
家庭人均年收入5万元以上	—	0.36*** (0.12)	0.35*** (0.12)	0.31** (0.12)	0.36*** (0.12)
家庭关系广泛	—	—	0.08 (0.10)	0.03 (0.10)	0.05 (0.10)
父或母为大专及以上学历	—	—	—	0.28*** (0.09)	0.30*** (0.09)
控制学科门类	否	否	否	否	是
截距项	-0.43*** (0.05)	-0.58*** (0.09)	-0.59*** (0.09)	-0.59*** (0.09)	-0.96** (0.43)
样本量	4070			4070	4068①
准 R^2	0.02	0.02	0.02	0.02	0.04

注：*、** 和 *** 分别表示10%、5%和1%的显著性水平。

---

① 此处样本量减少是由于军事学的两名学生都进入了体制内，该专业因变量都为1—体制内，回归时被剔除，而非由于样本含有缺失值。

根据回归结果可以发现，虽然随着控制变量的加入，父或母在体制内对子女进入体制内的影响系数在逐步减小，但是始终在1%的显著水平上显著，最终稳定在0.54左右。在性别、户口类型、家庭收入、家庭关系、父母学历、学科门类相同的情况下，父或母在体制内的毕业生进入体制内单位的可能性是父母在体制外毕业生的1.72倍（$e^{0.54} \approx 1.72$）。

目前我们已经发现体制内工作存在代际传递现象，即父或母在体制内工作的毕业生进入体制内单位的可能性更高，那么代际传递的机制是什么呢？下文继续采用计量模型进行探索。

五 体制内就业代际传递机制

考虑到体制内工作多需满足一定的学历要求，比较重视重点院校的信号作用，不乏有些体制内单位需要一定的社会关系，父或母在体制内单位可能获得更多求职信息。因此进一步以学历层次、重点院校、家庭关系广泛、求职信息主要来自父母或亲戚为因变量，考察父或母在体制内的毕业生在这些方面是否与其他人存在显著差异。学历层次变量为定序变量，1代表专科，2代表本科，3代表研究生（硕士和博士），重点院校、家庭关系广泛、求职信息主要来自父母或亲戚为二分类变量，重点院校变量中1代表"985工程"院校和"211工程"院校，0代表一般院校。家庭关系广泛虚拟变量的设置同前文，求职信息主要来自父母或亲戚虚拟变量根据"如果您已经获得工作，所用信息途径的主要来源是哪一选项"一题中勾选"父母、亲戚介绍的信息"的情况得到。因此以学历层次为因变量进行的是定序逻辑斯特回归，而以重点院校、家庭关系广泛、求职信息主要来自父母或亲戚为因变量的回归为二元逻辑斯特回归，回归结果如表9-4所示。根据回归结果可以发现，控制性别、城镇户口、家庭收入、父或母为大专及以上学历和学科门类之后，父或母在体制内的毕业生学历层次更高，更多毕业于重点院校，家庭关系广泛得更多，求职信息主要来自父母或亲戚的更多。

那么，父或母在体制内的毕业生在学历层次、院校类型、家庭关系、求职信息渠道方面的优势是否有助于其进入体制内单位就业呢？

进一步以体制内就业为因变量，在初步回归的基础上依次加入学历层次、重点院校和家庭关系广泛、求职信息主要来自父母或亲戚四个变量。回归结果如表9-5所示，可以发现，学历层次、重点院校、家

表9-4　　　父或母在体制内工作对子女学历、重点院校、
家庭关系、求职信息来源的影响

变量类别	(1) 学历层次	(2) 重点院校	(3) 家庭关系广泛	(4) 求职信息主要来自父母或亲戚
父或母在体制内工作	0.43*** (0.10)	0.32*** (0.10)	0.25** (0.13)	0.31** (0.14)
女性	-0.15** (0.06)	-0.40*** (0.07)	-0.21** (0.10)	0.24** (0.10)
城镇户口	0.39*** (0.07)	0.34*** (0.08)	0.18 (0.12)	0.25** (0.12)
家庭人均年收入3001—1万元	0.35*** (0.09)	0.43*** (0.11)	-0.12 (0.16)	-0.12 (0.15)
家庭人均年收入1万—5万元	0.71*** (0.09)	0.78*** (0.11)	-0.11 (0.17)	-0.10 (0.15)
家庭人均年收入5万元以上	0.90*** (0.12)	0.83*** (0.13)	0.67*** (0.17)	0.06 (0.18)
父或母为大专及以上学历	0.25*** (0.08)	0.24*** (0.09)	1.13*** (0.12)	0.16 (0.13)
截距项1	-0.37*** (0.08)	—	—	—
截距项2	2.15*** (0.09)	—	—	—
截距项	—	-1.25*** (0.10)	-2.43*** (0.14)	-2.25*** (0.13)
样本量	4070	—	—	—
准R^2	0.04	0.05	0.09	0.01

注：*、** 和 *** 分别表示10%、5%和1%的显著性水平。

表9-5 学历、重点院校、家庭社会关系、求职信息来源对体制内单位就业的影响

变量类别	(1) 子女体制内	(2) 子女体制内	(3) 子女体制内	(4) 子女体制内	(5) 子女体制内	(6) 子女体制内
父或母在体制内工作	0.54*** (0.10)	0.45*** (0.11)	0.45*** (0.11)	0.44*** (0.11)	0.42*** (0.11)	0.41*** (0.11)
女性	0.00 (0.06)	0.03 (0.07)	0.07 (0.07)	0.07 (0.07)	0.07 (0.07)	-0.00 (0.07)
城镇户口	0.13* (0.08)	0.03 (0.08)	0.02 (0.08)	0.01 (0.08)	-0.00 (0.08)	0.01 (0.08)
家庭人均年收入3001—1万元	0.21** (0.10)	0.12 (0.10)	0.11 (0.10)	0.11 (0.10)	0.11 (0.10)	0.14 (0.10)
家庭人均年收入1万—5万元	0.08 (0.10)	-0.12 (0.11)	-0.14 (0.11)	-0.15 (0.11)	-0.15 (0.11)	-0.10 (0.11)
家庭人均年收入5万元以上	0.31** (0.12)	0.07 (0.13)	0.05 (0.13)	0.01 (0.13)	0.00 (0.13)	0.05 (0.13)
父或母为大专及以上学历	0.29*** (0.09)	0.23** (0.09)	0.23** (0.09)	0.18** (0.09)	0.18* (0.09)	0.21** (0.09)
本科学历	—	0.70*** (0.08)	0.58*** (0.09)	0.59*** (0.09)	0.63*** (0.09)	0.62*** (0.09)
研究生学历	—	1.64*** (0.10)	1.29*** (0.13)	1.31*** (0.13)	1.36*** (0.13)	1.40*** (0.13)
重点院校	—	—	0.43*** (0.09)	0.44*** (0.09)	0.47*** (0.09)	0.46*** (0.09)
家庭关系广泛	—	—	—	0.27*** (0.10)	0.24** (0.10)	0.26** (0.10)
求职信息主要来自父母、亲戚	—	—	—	—	0.42*** (0.10)	0.41*** (0.10)
控制学科门类	否	否	否	否	否	是
截距项	-0.59*** (0.09)	-1.13*** (0.10)	-1.13*** (0.10)	-1.16*** (0.11)	-1.23*** (0.11)	-1.16*** (0.44)
样本量	4070					4068①
准R^2	0.02	0.07	0.08	0.08	0.08	0.09

注：*、** 和 *** 分别表示10%、5%和1%的显著性水平。

① 此处样本量减少是由于军事学的两名学生在求职信息主要来自父母或亲戚变量上均为1，回归时被剔除，而非由于样本含有缺失值。

庭关系广泛三个变量对进入体制内就业作用显著，影响程度上，学历层次＞重点院校＞求职信息主要来自父母或亲戚、父或母在体制内单位＞家庭关系广泛。本科学历毕业生进入体制内单位的概率是专科学历毕业生的 1.86 倍（$e^{0.62} \approx 1.86$），研究生学历毕业生进入体制内单位的概率是专科学历毕业生的 4.06 倍（$e^{1.40} \approx 4.06$）。重点院校毕业生进入体制内单位毕业生的概率是普通院校毕业生的 1.58 倍（$e^{0.46} \approx 1.58$）。家庭关系广泛的毕业生进入体制内单位的可能性是其他毕业生的 1.30 倍（$e^{0.26} \approx 1.30$），求职信息更多来自父母或亲戚的毕业生进入体制内单位的可能性是其他毕业生的 1.51 倍（$e^{0.41} \approx 1.51$）。

加入学历层次等变量之后，父或母在体制内工作依然对子女进入体制内工作具有显著的影响，父或母在体制内工作的毕业生进入体制内的机会是父母在体制外的毕业生的 1.51 倍（$e^{0.41} \approx 1.51$），父或母在体制内工作对子女进入体制内的影响未全部被学历层次、院校类型等解释，父或母在体制内工作的毕业生在其他方面可能仍存在有助于进入体制内工作的优势。

学历层次和院校类型是求职者进入体制内单位的敲门砖，而在校表现能更深入地反映毕业生的人力资本积累情况。父或母在体制内工作的毕业生是否在校期间表现更好，经历丰富，人力资本积累更多，从而在应聘过程中脱颖而出呢？为了解开这个疑问，接下来分别以党员、成绩在专业前 25%、担任过学生干部、获得过奖学金等变量为因变量进行二元逻辑斯特回归。四个因变量均为二元分类变量。控制性别、家庭收入、户口、学科门类等变量，回归结果如表 9-6 所示。可以发现，父或母在体制内工作的毕业生成为党员的更多，但是在成绩、学生干部经历、奖学金方面和其他学生没有显著差异。

上述因素是否影响其进入体制内单位就业呢？进一步以体制内就业为因变量，在表 9-6 的基础上加入党员、担任过学生干部、成绩在专业前 25%、获得过奖学金等变量，回归结果如表 9-7 所示。不难发现，党员和担任过学生干部有助于进入体制内单位，其中党员的影响大于担任过学生干部的影响，而成绩在专业前 25% 和获得过奖学金则对进入体制内单位没有帮助。具有党员身份的毕业生进入体制内单位的可能性是非党员的 1.28 倍（$e^{0.25} \approx 1.28$），担任过学生干部

表9-6　　父或母在体制内工作对子女大学表现方面的差异

变量类别	(1) 党员	(2) 成绩在专业前25%	(3) 担任过学生干部	(4) 获得过奖学金
父或母在体制内工作	0.18* (0.10)	-0.06 (0.11)	0.06 (0.11)	0.05 (0.10)
女性	0.00 (0.07)	0.22*** (0.07)	-0.05 (0.06)	0.36*** (0.06)
城镇户口	0.10 (0.08)	-0.13 (0.08)	0.17** (0.08)	-0.02 (0.08)
家庭人均年收入在3001—1万	0.33*** (0.10)	-0.08 (0.10)	0.21** (0.09)	0.00 (0.09)
家庭人均年收入1万—5万元	0.36*** (0.11)	-0.12 (0.10)	0.11 (0.10)	-0.06 (0.10)
家庭人均年收入5万元以上	0.41*** (0.13)	0.01 (0.13)	0.21* (0.12)	-0.15 (0.12)
父或母为大专及以上学历	0.28*** (0.09)	0.06 (0.09)	0.42*** (0.09)	-0.06 (0.09)
截距项	-0.96*** (0.09)	-0.74*** (0.09)	0.09 (0.09)	-0.38*** (0.09)
样本量	4070			
准R^2	0.01	0.003	0.01	0.01

注：*、** 和 *** 分别表示10%、5%和1%的显著性水平。

的毕业生进入体制内单位的可能性是没有学生干部经历毕业生的1.15倍（$e^{0.14}\approx1.15$）。

结合表9-6和表9-7的结果可以得到一个有趣的发现：父或母在体制内工作的毕业生在有助于进入体制内单位就业的党员方面明显优于其他学生，而在无益于进入体制内单位的成绩和奖学金方面与其他学生没有显著差异。这一研究发现可能揭示了一种职业选择策略：由于父或母在体制内工作，这类学生更了解进入体制内单位看重的因素，具备更充分的信息，所以在前期准备上更有针对性，在有利于进入体制内单位的方面多加努力,而对无益于进入体制内单位的成绩方面投入不多。

排除父或母在体制内毕业生在学历层次、院校类型、家庭社会关系、求职信息来源、党员身份对进入体制内单位的正向影响之后,父或母在体制内依然对进入体制内单位就业有显著的正向影响,父或母在体制内工作的毕业生进入体制内单位的可能性是父母在体制外毕业生的1.51倍($e^{0.41}\approx1.51$)。

通过表9-7中第5组回归系数可以发现,学历层次和重点院校比父或母在体制内就业对毕业生进入体制内单位的影响更大,教育能够很大程度上促进社会的积极流动,有助于维系社会的公平。父母在体制外单位的毕业生可以通过加强后致性因素,增大进入体制内单位的可能性。在诸多影响进入体制内单位的因素中,学历层次影响最大,其次为重点院校,再次为求职信息主要来自父母或亲戚,父或母

表9-7　　　　体制内工作代际传递的最终模型结果

变量类别	(1)子女体制内	(2)子女体制内	(3)子女体制内	(4)子女体制内	(5)子女体制内
父或母在体制内	0.41***(0.11)	0.42***(0.11)	0.41***(0.11)	0.41***(0.11)	0.41***(0.11)
女性	0.06(0.07)	0.06(0.07)	0.06(0.07)	0.06(0.07)	-0.01(0.07)
城镇户口	-0.00(0.08)	-0.00(0.08)	-0.01(0.08)	-0.01(0.08)	0.01(0.08)
家庭人均年收入3001—1万元	0.10(0.10)	0.10(0.10)	0.09(0.10)	0.09(0.10)	0.12(0.10)
家庭人均年收入1万—5万元	-0.16(0.11)	-0.16(0.11)	-0.16(0.11)	-0.16(0.11)	-0.11(0.11)
家庭人均年收入5万元以上	-0.00(0.13)	-0.00(0.13)	-0.01(0.13)	0.01(0.13)	0.04(0.13)
父或母为大专及以上学历	0.17*(0.09)	0.17*(0.09)	0.16*(0.09)	0.16*(0.09)	0.19*(0.10)

续表

变量类别	(1) 子女体制内	(2) 子女体制内	(3) 子女体制内	(4) 子女体制内	(5) 子女体制内
本科学历	0.61*** (0.09)	0.61*** (0.09)	0.59*** (0.09)	0.59*** (0.09)	0.58*** (0.09)
研究生学历	1.25*** (0.13)	1.25*** (0.13)	1.26*** (0.13)	1.26*** (0.13)	1.29*** (0.13)
重点院校	0.45*** (0.09)	0.45*** (0.09)	0.46*** (0.09)	0.46*** (0.09)	0.45*** (0.09)
家庭关系广泛	0.23** (0.10)	0.23** (0.10)	0.22** (0.10)	0.23** (0.10)	0.24** (0.11)
求职信息主要来自父母、亲戚	0.42*** (0.10)	0.42*** (0.10)	0.42*** (0.10)	0.42*** (0.10)	0.41*** (0.11)
党员	0.27*** (0.07)	0.27*** (0.07)	0.24*** (0.08)	0.24*** (0.08)	0.25*** (0.08)
成绩在专业前25%	—	0.01 (0.07)	-0.01 (0.07)	-0.01 (0.08)	-0.03 (0.08)
担任过学生干部	—	—	0.14** (0.07)	0.14* (0.07)	0.14* (0.07)
获得过奖学金	—	—	—	0.01 (0.07)	0.04 (0.08)
控制学科门类	否	否	否	否	是
截距项	-1.29*** (0.11)	-1.29*** (0.11)	-1.34*** (0.11)	-1.34*** (0.11)	-1.32*** (0.44)
样本量	4070	—	—	—	4068①
准 R^2	0.08	0.08	0.08	0.08	0.09

注：*、**和***分别表示10%、5%和1%的显著水平。

① 此处样本量减少是由于军事学的两名学生在求职信息主要来自父母或亲戚变量上均为1，回归时被剔除，而非由于样本含有缺失值。

在体制内单位工作的影响排在第四位。体制内单位存在代际传递现象，其机制在于在体制内工作的父母通过提高子女的人力资本（学历层次、重点院校），提供求职信息，帮助子女进行更有针对性的求职准备来帮助子女进入体制内单位。

上述回归结果证实了体制内工作具有代际传递的特点，也就是说，那些父母在体制外工作的子女进入体制内工作的可能性更小，那么，是不是这类群体进入体制内就业的意愿就低于其他人呢？表9-8呈现了以父母是否在体制内为依据划分的两类毕业生的求职偏好，两类毕业生在福利待遇好、能够获得权力和社会资源、工作稳定这三个体制内工作的优势方面具有同等的求职偏好，求职偏好上的差异仅体现在父或母在体制内就业的毕业生更加希望能够找到解决户口的工作。说明，除更加偏好户口外，父母是否在体制内的毕业生对体制内工作的偏好并无显著差异，而结合求职结果来看，父母在体制外的毕业生最终进入体制内工作的可能性更小，并不是不愿意，而是不能够。

从毕业生自己认为求职中单位看重的要素来看，那些父或母在体制内就业的毕业生，更加倾向于认为学校名气、学生干部、党员、家庭背景和亲戚帮助、送礼拉关系在求职中作用很大。笔者将认为求职中单位看重家庭背景和亲戚帮助、送礼拉关系加入回归中，发现父或母在体制内的毕业生更多认为求职中单位更看重送礼拉关系，而在看重家庭背景或亲戚帮助方面没有显著差异。但家庭背景好或亲戚的帮助对进入体制内单位有显著的正向影响，而送礼拉关系的影响则不显著。

从求职信息来源看，父或母在体制内就业的毕业生的求职信息更多来自父母、亲戚，更少来自朋友或熟人，他们在求职信息方面占据一定的优势，而这也可能是他们最终进入体制内就业的重要原因。

为了进一步检验研究结果，本章进行了两项稳健性分析。第一，由于受数据限制，本节中父或母在体制内工作指父或母在国家机关、党群组织、事业单位管理人员，未包括父或母在国有企业的情况。为了更严格地检验父或母在体制内是否对子女进入国家机关、事业单位

表9-8　父或母在体制内和父母在体制外毕业生的求职偏好及表现

变量类别		父或母体制内	父母体制外	比例差	全样本
求职偏好	福利待遇好	92.8	92.2	0.6	92.3
	能够获得权力和社会资源	76.8	75.0	1.8	75.3
	能够解决户口问题	58.4	48.1	10.3***	49.8
	工作稳定	88.5	87.6	0.9	87.7
求职信息来源	父母、亲戚介绍的信息	17.8	11.2	6.6***	12.3
求职中认为单位看重的要素	学历层次高	85.2	82.4	2.8**	82.9
	学校名气大	80.0	71.4	8.6***	72.8
	学生干部	57.6	56.5	1.1**	56.7
	党员	46.6	43.0	3.6	43.6
	家庭背景好或亲戚的帮助	66.5	59.4	7.1***	60.5
	送礼拉关系	36.2	32.6	3.6*	33.2

注：*、**和***分别表示10%、5%和1%的显著水平。

产生影响，本节进一步以进入国家机关、事业单位的毕业生为因变量重现了上述回归，也得到了较为一致的研究发现。父或母在体制内工作的毕业生进入国家机关、事业单位的可能性更大，他们在学历层次、求职信息主要来自父母或亲戚、党员等方面的显著优势对其进入国家机关和事业单位有显著帮助，不同之处在于重点院校、家庭关系广泛、担任过学生干部方面的优势对进入国家机关和事业单位没有明显帮助。第二，考虑到各省在经济发展水平、社会环境、劳动力市场等方面的差异，本节进一步控制了毕业生单位所在省份的固定效应，研究发现并没有发生显著变化。

本章小结

本章研究发现体制内工作存在一定的代际传递效应，父或母在体制内工作的毕业生进入体制内单位就业的可能性更大。体制内单位代际传递的原因和机制在于，父或母在体制内工作的毕业生不但在学历层次、院校类型上具有显著优势，在求职过程中还能通过父母、亲戚获得更多可靠的招聘信息，也更了解体制内单位选用员工时看重的因素，在求职准备上也更有针对性。父或母在体制内与父母在体制外的毕业生在工作偏好上没有显著差异，都倾向于寻找更稳定、待遇好的单位，这些正是体制内的单位的优势。但在求职过程中，两类毕业生的学历层次、求职准备、求职信息渠道有所不同，最终导致了父或母在体制内工作的毕业生进入体制内单位的可能性更高的代际传递现象。在诸多影响进入体制内单位的因素中，学历层次高、毕业于重点院校等教育因素比求职信息主要来自父母或亲戚、父或母在体制内工作等家庭背景因素对进入体制内单位就业的正向影响更大。

体制内工作具有社会地位高、稳定性强、福利保障好等优势，是一种稀缺资源。体制内单位深受高校毕业生和家长的青睐，进入体制内单位的竞争异常激烈，选拔过程也常遭到社会的质疑，新闻中经常出现体制内单位"萝卜招聘""近亲繁殖"的报道。不同家庭背景的求职者进入体制内单位的机会是否均等，一定程度上反映了阶层固化的程度。由于我国劳动力市场存在一定的制度分割，初职未能进入体制内单位的毕业生日后进入体制内就业的难度更大，加之初职更容易受家庭背景影响，更少受工作经历和社会变革的影响，因此，本章选取高校毕业生作为研究对象，分析体制内单位的代际传递，能够剥离其他不可观测因素的影响。

体制内工作的代际传递现象，揭示了弱势家庭社会背景学生在求职方面的劣势。根据研究发现，笔者有以下建议。

首先，家庭社会背景存在劣势的学生可以通过提高学历层次，努力考取重点院校，积累人力资本，提升在劳动力市场上的竞争力。其次，大学期间努力学习的同时，还应将求职准备前置，即早进行职业规划，努力结识目标求职领域的工作人员、成功人士，积极搜寻更深入细致、有针对性的第一手求职信息，弥补求职信息劣势，并注重积累党员、学生干部经历等彰显组织管理能力的在校经历。最后，高校可以通过进一步加强职业发展规划的指导、拓宽求职信息获取及发布渠道，为毕业生提供更加全面、准确、有效的求职信息，弥补弱势群体学生在求职信息、求职准备上的劣势，帮助家庭社会背景存在劣势的学生顺利进行职业流动，促进社会公平。

第十章　地区代际流动

一　教育与代际流动

从科举时代开始，人们就笃信"读书改变命运"的价值观。恢复高考后，普通百姓更是将高考作为"鲤鱼跳龙门"的唯一机会，认为上大学可以突破阶层固化，实现代际间的向上流动。从理论上来说，教育可以通过增加人力资本提高劳动生产率，进而打破职业、收入、就业和生活环境以及阶层的代际传递。然而，近年来阶层固化成为社会热议话题，"寒门再难出贵子"的说法时常见诸报道，例如重点大学农村学生比例渐少、毕业生找工作靠"拼爹"等。再生产理论将教育的功能定位于对原有阶级地位和分层系统的再生产，具有优势地位的社会群体或阶层通过教育把中下阶层人群排挤到较低等级的职业位置和社会阶层[1]。而劳动力市场的分割、地区间经济发展水平和就业机会的差异等外部因素也可能进一步弱化教育促进代际流动的功能。

代际流动指子女相较父母发生了社会地位的变化，若不同家庭出身的社会成员拥有平等的生存和发展机会，就有助于代际流动，进而促进社会公平[2]。很多研究证实了教育能够促进职业、社会地位和收入等方面的代际流动。从职业的代际流动来看，子女接受教育可以显著地促进职业的向上流动，且随着教育层级的提高，子女职业向上流动的概率越高。对于城镇家庭子女而言，接受高等教育能使其职业向

---

[1] 李春玲：《教育不平等的年代变化趋势（1940—2010）——对城乡教育机会不平等的再考察》，《社会学研究》2014年第2期。

[2] 郭丛斌、闵维方：《教育：创设合理的代际流动机制——结构方程模型在教育与代际流动关系研究中的应用》，《教育研究》2009年第10期。

上流动的概率提高 60 个百分点；而对于农村家庭而言，拥有大学以上学历的子女职业向上流动的概率要比低学历者高 78 个百分点[1]。接受过高等教育的劳动者，其职业代际向上流动指数[2]明显高于只接受过初等和中等教育的劳动者[3]。从社会地位的代际流动来看，子女受教育水平对其社会地位[4]的影响要比家庭背景的影响更大，家庭背景对子女社会地位的直接影响为 0.391，而教育的影响为 0.491[5]。从收入的代际流动来看，中国城镇与农村居民家庭的代际收入弹性[6]分别为 0.398 和 0.28[7]，相较于健康自评、书籍、父亲户籍，教育在可识别的代际收入传递路径中贡献最大[8]。

尽管教育能够促进代际流动已基本达成共识，但其作用大小会因教育机会分布不均等因素而弱化[9]。从高等教育入学机会的地区分布来看，各省高中或同等学力学生中每 10 万人具有大学文化程度的人数，北京和上海分别是全国平均水平的 3.53 倍和 2.46 倍，分别是贵州省（全国最低）的 5.95 倍和 4.15 倍[10]。不同地域学生进入重点高

---

[1] 周兴、张鹏：《代际间的职业流动与收入流动——来自中国城乡家庭的经验研究》，《经济学》（季刊）2014 年第 10 期。

[2] 代际职业向上流动指数计算公式为：$e = \dfrac{\sum_{j<i} b_{ij}}{\dfrac{n(n-1)}{2}}$，其中 j 表示父母职业类型，i 表示子女职业类型，该指数代表代际职业的向上流动。

[3] 郭丛斌、丁小浩：《职业代际效应的劳动力市场分割与教育的作用》，《经济科学》2004 年第 3 期。

[4] 这里的社会地位是指由子女的职业、行业、收入和政治面貌生成的复合变量。

[5] 郭丛斌、闵维方：《教育：创设合理的代际流动机制——结构方程模型在教育与代际流动关系研究中的应用》，《教育研究》2009 年第 10 期。

[6] 代际收入弹性即父辈的收入水平对下一代收入水平的影响，该数值越大，表示收入的代际流动性越低，子女处于父辈的经济阶层的可能性就越高。

[7] 周兴、张鹏：《代际间的职业流动与收入流动——来自中国城乡家庭的经验研究》，《经济学》（季刊）2004 年第 10 期。

[8] 孙三百、黄薇、洪俊杰：《劳动力自由迁移为何如此重要？——基于代际收入流动的视角》，《经济研究》2012 年第 5 期。

[9] 余秀兰：《教育还能促进底层的升迁性社会流动吗》，《高等教育研究》2014 年第 7 期。

[10] 陈越：《我国高等教育区域发展不均衡：问题、原因与对策》，《武汉科技大学学报》（社会科学版）2017 年第 1 期。

校的机会差异更大,上海、北京的考生进入重点大学的机会约为河北、甘肃、河南等省考生入学机会的 10 倍①。从高等教育入学机会的城乡分布来看,1999—2008 年农村居民的升学机会比城镇居民低 26%②,1978—2005 年重点大学中农村学生的比例呈逐年下降趋势③。而从基础教育入学机会的地区分布来看,全国 31 个省(自治区、直辖市)中,经济最发达地区的学龄儿童入学率、小学毕业生升学率、初中毕业生升学率,均高于经济最不发达地区,且随着教育年限的增加,入学率的差异增大④。从基础教育入学机会的城乡分布来看,城市家庭子女进入小学、初中和高中的概率分别是农村家庭子女的 4.9 倍、3.6 倍和 1.9 倍⑤。

对于那些来自农村、经济欠发达地区、家庭社会经济地位较低的弱势学生群体而言,通过上大学可以突破城乡二元分割的局限而实现地区级别上的代际流动。中国大学大多位于地级市以上的城市,按照现行户籍制度的规定,学生进入大学时可以将自己的户口由家庭所在地区迁往大学所在城市。若其大学毕业后能够在高于生源地城市级别的城市就业,就可以视为在一定程度上通过接受高等教育实现了地区上的代际流动。原因在于:职业、社会地位、收入的实现场所都是劳动力市场,就业地区的特征在很大程度上影响着代际流动的程度。以北京为例,作为全国的政治经济中心和华北的经济金融中心,拥有 52 家世界 500 强企业总部和 76 家国有企业,提供了一般城市无法比拟的优质就业机会和广阔发展前景。越是竞争程度高的大中城市,教育所能发挥的作用越能得到体现,越有可能实现代际流动;而越是小

---

① 汪梦姗、马莉萍:《重点高校招生名额分配——基于 2009—2013 年 12 所"985"高校招生数据的实证研究》,《清华大学教育研究》2016 年第 2 期。
② 吴愈晓:《中国城乡居民的教育机会不平等及其演变(1978—2008)》,《中国社会科学》2013 年第 3 期。
③ 刘云杉、王志明、杨晓芳:《精英的选拔:身份、地域与资本的视角——跨入北京大学的农家子弟(1978—2005)》,《清华大学教育研究》2009 年第 5 期。
④ 王善迈、杜育红、刘远新:《我国教育发展不平衡的实证分析》,《教育研究》1998 年第 6 期。
⑤ 李春玲:《教育不平等的年代变化趋势(1940—2010)——对城乡教育机会不平等的再考察》,《社会学研究》2014 年第 2 期。

城市，工作机会的获得越依赖家庭社会关系，阶层固化的倾向越严重。实证研究发现，人力资本越高的毕业生到更高行政级别城市就业的可能性越大，而社会关系更加丰富的毕业生到更高级别地区就业的可能性更小[①]。因此，通过比较父代和子代在就业城市级别的差异可以考察上大学对代际流动的影响。

已有的一些关注高校毕业生生源地与就业地关系的研究，多以省作为分析单位来研究省际的平行流动。例如，有研究发现，七成以上毕业生选择留在大学所在地就业，大学生在哪里上大学会增加在哪里就业的可能性。在东部地区就学的大学生中有九成以上选择留在东部地区就业，西部地区的这一比例为80%，而中部地区的本地就业比例为73.1%，其余26.9%的毕业生则流入东部和西部地区。经济原因、人口特征、人力资本、家庭社会经济背景都对流动行为产生显著影响[②]。且这种省际的平行流动有助于毕业生找到专业更匹配、收入更高、满意度更高的工作机会[③]。

然而，很少有研究以城市作为分析单位研究大学生在地区间的纵向流动。本章将试图弥补这一不足，并聚焦以下三个问题：上大学能否有助于实现向上的地区代际流动？如果能，作用机制是什么？在不同类型、不同层次的大学就读在促进地区代际流动方面存在异质性吗？

为了描绘大学生在生源地、院校地和就业地之间的流动情况，本章首先将学生按照生源地城市级别分为四类：省会/直辖市、地级市、县级市、乡镇农村，分别计算每类学生向上流动、平级流动和向下流动的比例、方向和比率。在此基础上，为了鉴别上大学在其中所起的作用，还需要进一步控制能力的影响，以解决选择性偏差问题。因此，接下来本章将以学生的高考成绩作为能力的代理变量，建立多个

---

① 岳昌君、黄思颖、万文慧：《高校毕业生为什么青睐在大中城市就业——基于2015年全国高校毕业生抽样调查数据的实证分析》，《教育学术月刊》2016年第7期。

② 岳昌君：《大学生跨省流动的特点及影响因素分析》，《复旦教育论坛》2011年第2期。

③ 岳昌君、周俊波：《高校毕业生为何跨省就业》，《清华大学教育研究》2005年第2期。

定序逻辑斯特回归分析上大学对地区代际流动的影响。首先将生源地和院校地根据城市级别赋值，省会/直辖市为4，地级市为3，县级市为2，乡镇农村为1。然后将院校地城市级别减去生源地城市级别，得到学生从生源地到院校地的流动级别。由于我国的大学多分布于地级市及其以上级别的城市，也有一些院校分布在县级市，因此，向下流动的最大程度是从省会城市到县级市，即下降了2个单位；而向上流动的最大范围是由乡镇农村到省会城市，即上升了3个级别，因此变量的取值范围为2—3。最后，以生源地到院校地的流动级别作为因变量建立定序逻辑斯特回归模型。与之类似，计算生源地到就业地的流动级别，并以其为因变量再次建立定序逻辑斯特回归模型。

二 地区代际流动的方向、比率和级别

分别以生源地为省会城市/直辖市、地级市、县级市、乡镇农村四种行政级别的毕业生作为分析对象，按照其流动比率绘制就学和就业的流动路径图（见图10-1到图10-4）。其中，箭头代表流动方向，粗细代表流动比率，具体数值由箭头旁边的数字标注，括号外的数字代表该类流动学生占该类生源地区学生的比例，括号内的数字代表该类流动学生占该类院校地学生的比例。需要说明的是，为了更加直观而清晰地展示，这里略去了比例低于5%的流动路径。

图10-1展示了生源地为省会/直辖市的毕业生的地区代际流动情况。来自省会直辖市的学生中，有71%仍在省会直辖市上大学，毕业后有57%仍在省会直辖市就业（71%×80%），11%向下流动到地级市就业（71%×15%）；有25%向下流动到地级市上大学，毕业后有17%向上流回到省会直辖市就业（25%×68%）。因此总体来看，近八成生源地为省会直辖市的学生毕业后仍在省会直辖市就业。

图10-2展示了生源地为地级市毕业生的流动路径。来自地级市的学生中有67%向上流动到省会直辖市上大学，毕业后有35%仍在省会直辖市就业（67%×52%），27%向下流动到地级市就业

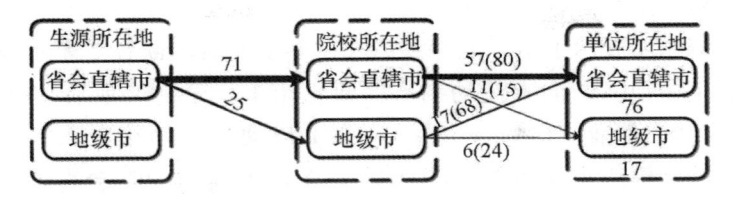

图 10-1 生源地为省会直辖市的大学毕业生流动路径（单位:%）

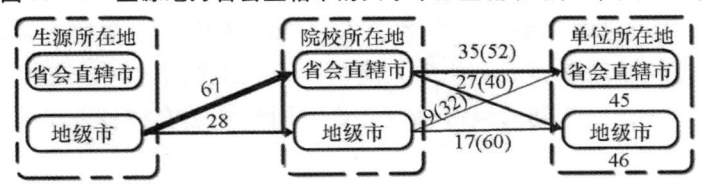

图 10-2 生源地为地级市毕业生的流动路径（单位:%）

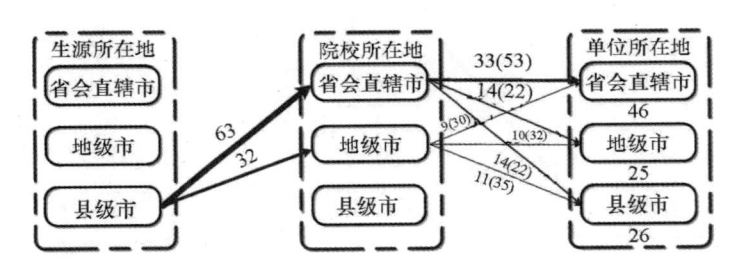

图 10-3 生源地为县级市毕业生的流动路径（单位:%）

（67%×40%）；28%的学生仍然在地级市上大学，毕业后9%向上流动到省会直辖市就业（28%×32%），17%毕业后仍然在地级市就业（28%×60%）。因此总体来看，来自地级市的学生中有45%实现了地区向上流动，46%继续留在地级市就业。

图10-3展示了生源地为县级市毕业生的流动路径。来自县级市的学生中，63%向上流动到省会直辖市上大学，毕业后33%仍在省会直辖市就业（63%×53%），28%向下流动到地级市和县级市就业；32%向上流动到地级市上大学，毕业后9%的学生向上流动到省会直辖市就业（32%×30%），10%的学生毕业后仍然在地级市就业（32%×32%）。因此总体来看，来自县级市的学生中，有46%向上流动到省会/直辖市就业，1/4向上流动到地级市就业，1/4的学生大

学毕业后仍然在县级市就业。

图10-4展示了生源地为乡镇农村学生的流动路径。来自乡镇农村的学生中，61%向上流动到省会直辖市上大学，毕业后36%仍在省会/直辖市就业（61%×58%），向下流动的比例约为21%；33%向上流动到地级市上大学，毕业后13%向上流动到省会直辖市就业（33%×39%），12%的学生毕业后仍然在地级市就业（33%×37%）。因此总体来看，来自乡镇农村的学生中，半数向上流动三级到省会直辖市就业，近1/4向上流动两级到地级市就业，近1/6的毕业生向上流动一级到县级市就业，最终回到乡镇农村就业的毕业生仅为6%。

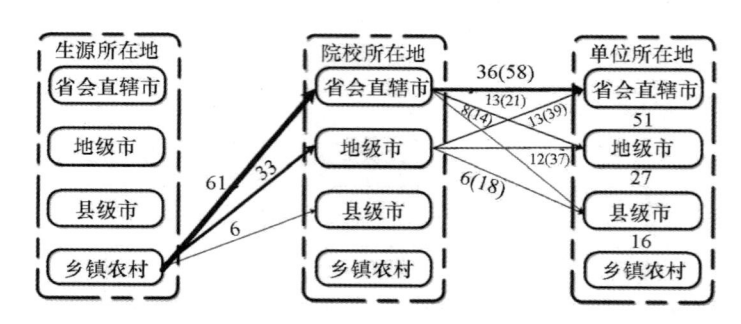

图10-4 生源地为乡镇农村毕业生的流动路径（单位:%）

综合发现，生源地类型对地区代际流动的重要作用，生源地级别越低，向上流动的比例越高；同级流动随着生源地城市级别提升而上升，从乡镇农村到省会城市的同级流动比例由6%增加至76%；向下流动随着生源地城市级别下降迅速减小，省会直辖市、地级市、县级市的向下流动比例分别为24%、9%和3%。

三 不同学历毕业生的地区代际流动

图10-5展示了总体及不同学历毕业生的代际流动方向和级别。其中，纵坐标的数值"1""2""3""4"分别代表"乡镇农村""县级市""地级市"和"省会/直辖市"。总体来看，除家在省会/

直辖市的学生外，其他生源地的学生均通过就读大学实现了向上流动，且生源地城市级别越低，向上流动的级别越高，来自乡镇农村的学生实现了两级向上流动。虽然大学毕业后的就业地城市级别相比院校地城市级别略有下降，但相比生源地城市级别仍然实现了向上的流动。不同学历毕业生的总体流动路径和基本特征类似，随着学历的上升，通过上大学而向上流动的级别越高，且毕业后向下流动的级别更低。①

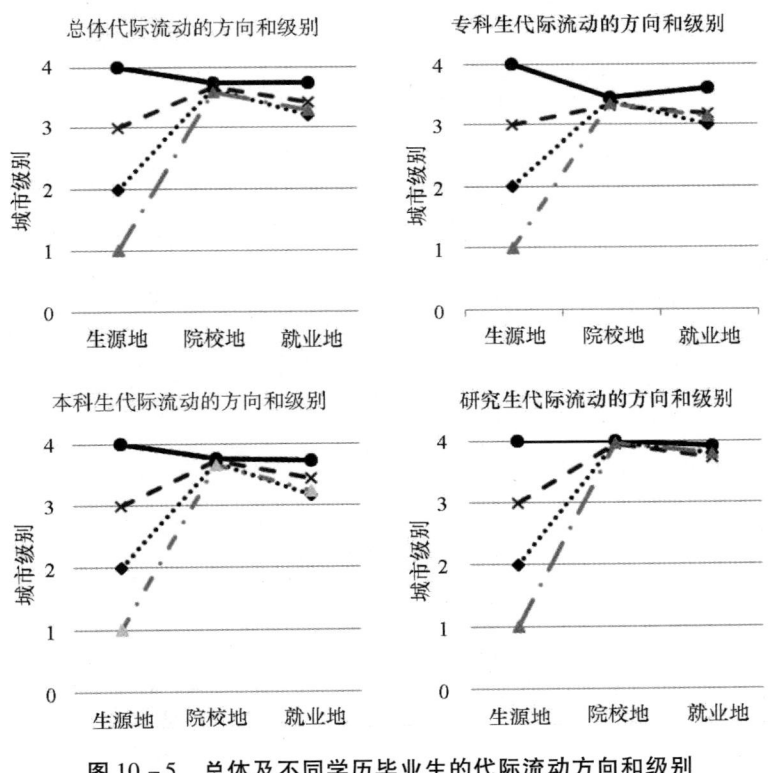

图 10-5　总体及不同学历毕业生的代际流动方向和级别

---

① 本章进一步区分了毕业生的跨省就学和省内就学，发现两种情况下地区代际流动的方向和级别基本一致。

四 生源地到院校地的地区代际流动

从表 10-1 的全样本回归结果来看，高考分数越高，学生因就学而向上流动的可能性越大，说明越是能力强的学生越能通过上大学而向上流动到更高级别的地区；在控制了能力的条件下，进入重点院校和一般本科院校毕业生（相比高职高专院校）、攻读研究生（相比专科和本科）更有可能实现向上流动；女性、非独生子女和少数民族的学生更有可能通过上大学而实现向上流动；随着生源地城市级别的提升，因上大学而向上流动的可能性越小。

表 10-1 从生源地到院校地向上流动级别的影响因素

变量	全样本	生源地类型			
		乡镇农村	县级市	地级市	省会/直辖市
高考分数	0.0*** (0.0)	0.0*** (0.0)	0.0*** (0.0)	0.0*** (0.0)	0.0*** (0.0)
研究生比本专科	2.2*** (0.2)	4.6*** (0.5)	4.5*** (0.7)	3.0*** (0.6)	18.9 (1446.5)
一般本科院校比高职高专	0.2 (0.2)	-0.5* (0.3)	0.1 (0.3)	0.4 (0.4)	-0.7 (0.4)
重点院校比高职高专	0.9*** (0.2)	0.9** (0.4)	1.4*** (0.4)	1.5*** (0.4)	1.4** (0.6)
女性比男性	0.5*** (0.1)	0.5*** (0.1)	0.6*** (0.1)	0.3 (0.2)	0.6*** (0.2)
独生子女比非独生子女	-0.2** (0.1)	0.0 (0.2)	-0.2 (0.2)	-0.2 (0.2)	-0.3 (0.2)
汉族比少数民族	-0.3* (0.2)	-0.9** (0.4)	-0.6* (0.4)	0.1 (0.4)	0.2 (0.7)
家庭关系广泛比不广泛	0.1 (0.1)	-0.2 (0.3)	-0.0 (0.3)	-0.1 (0.2)	0.3 (0.3)
父亲学历为专科及以上	0.2* (0.1)	0.2 (0.3)	0.1 (0.2)	0.6** (0.3)	0.1 (0.3)

续表

变量	全样本	生源地类型			
		乡镇农村	县级市	地级市	省会/直辖市
家庭人均年收入3001—1万元	0.0 (0.1)	0.3 (0.2)	-0.2 (0.3)	-0.5 (0.4)	-0.5 (0.6)
家庭人均年收入1万—5万元	0.3** (0.1)	0.7*** (0.2)	0.5* (0.3)	-0.5 (0.4)	-0.6 (0.6)
家庭人均年收入5万元以上	-0.4** (0.2)	0.2 (0.4)	-0.3 (0.3)	-1.1** (0.4)	-1.2* (0.6)
父母高职位比低职位	-0.1 (0.1)	-0.4 (0.3)	-0.1 (0.2)	-0.2 (0.3)	-0.0 (0.4)
父母中职位比低职位	0.1 (0.1)	-0.0 (0.2)	0.1 (0.2)	-0.2 (0.3)	0.5 (0.4)
家在县级市比乡镇农村	-6.2*** (0.2)	—	—	—	—
家在地级市比乡镇农村	-12.7*** (0.3))	—	—	—	—
家在省会或直辖市比乡镇农村	-19.4*** (0.5)	—	—	—	—
样本量	4587	1405	1332	1040	810
R^2	0.705	0.479	0.459	0.479	0.498

注：①*、**和***分别表示10%、5%和1%的显著水平；②为了使得各省的高考成绩可比，回归中控制了生源省份固定效应，因此均为省内比较；③因篇幅原因截距项系数在此略去。

分生源地城市级别来看，不管是来自哪个级别的生源地，能力强（高考分数高）、研究生①、女性通过上大学向上流动的可能性更大。上大学对向上流动的促进作用也存在差异：来自乡镇农村、县级市、省会/直辖市的学生与全样本学生的情况基本一致，而来自地级市的学生中，性别差异不再显著。

---

① 来自省会/直辖市的子样本回归中，研究生的回归系数不显著，且方差较大，这与子样本中研究生数量较少有关。

五 生源地到就业地的地区代际流动

表 10-2 呈现了从生源地到就业地向上流动的影响因素。从全样本的回归结果来看，研究生和一般本科（相比专科生）、重点院校的大学生的学生更可能实现从生源地到就业地的向上流动；汉族、父亲低学历、家在乡镇农村的学生（相比县级市、地级市、省会/直辖市）更可能实现从生源地到就业地的向上流动；从个体人力资本变量的系数来看，学生干部、党员、有英语证书的学生更可能实现从生源地到就业地的向上流动。

表 10-2　从生源地到就业地向上流动的影响因素

变量	全样本	生源地类型			
		乡镇农村	县级市	地级市	省会/直辖市
高考分数	0.0 (0.0)	-0.0 (0.0)	-0.0 (0.0)	0.0*** (0.0)	0.0 (0.0)
研究生	1.0*** (0.1)	1.5*** (0.2)	1.8*** (0.2)	0.8*** (0.2)	1.5*** (0.5)
一般本科	0.4*** (0.1)	0.5** (0.2)	0.4* (0.2)	0.4 (0.3)	-0.3 (0.4)
重点院校	0.3** (0.1)	0.4 (0.3)	-0.1 (0.3)	0.5 (0.3)	-0.1 (0.5)
女性比男性	-0.0 (0.1)	-0.1 (0.1)	0.0 (0.1)	-0.2 (0.1)	0.5** (0.1)
独生子女比非独生子女	-0.1 (0.1)	-0.3** (0.1)	0.0 (0.1)	0.1 (0.1)	0.0 (0.1)
汉族比少数民族	0.4*** (0.1)	0.4* (0.2)	0.2 (0.2)	0.5* (0.2)	-0.0 (0.4)
家庭关系广泛比不广泛	0.2* (0.1)	0.0 (0.2)	-0.1 (0.2)	-0.0 (0.2)	0.9*** (0.1)
父亲学历为专科及以上	-0.2*** (0.1)	-0.2 (0.2)	-0.2 (0.1)	-0.1 (0.1)	-0.8*** (0.1)

续表

变量	全样本	生源地类型			
		乡镇农村	县级市	地级市	省会/直辖市
家庭人均年收入在3001—1万元	0.1 (0.1)	0.1 (0.1)	-0.2 (0.2)	0.2 (0.3)	-0.6 (0.4)
家庭人均年收入1万—5万元	0.1 (0.1)	0.4** (0.2)	0.1 (0.2)	-0.1 (0.3)	-0.9* (0.5)
家庭人均年收入5万元以上	0.2 (0.1)	-0.1 (0.3)	0.2 (0.2)	0.3 (0.3)	-0.7 (0.5)
父母高职位	0.1 (0.1)	0.0 (0.2)	0.1 (0.2)	-0.1 (0.2)	0.5 (0.3)
父母中职位	0.1 (0.1)	0.3* (0.1)	0.1 (0.1)	-0.2 (0.2)	0.1 (0.3)
家在县级市	-2.6*** (0.1)	—	—	—	—
家在地级市	-4.5*** (0.1)	—	—	—	—
家在省会/直辖市	-6.9*** (0.2)	—	—	—	—
学生干部	0.1*	0.2 (0.1)	0.2* (0.1)	-0.0 (0.1)	-0.1 (0.2)
党员	0.2*** (0.1)	-0.0 (0.1)	0.4*** (0.1)	0.2 (0.1)	0.4 (0.2)
考过英语证书	0.2*** (0.1)	0.2 (0.1)	0.1 (0.1)	0.1 (0.2)	0.6*** (0.2)
样本量	4587	1405	1332	1040	810
R^2	0.310	0.0797	0.0873	0.0854	0.126

注：①*、**和***分别表示10%、5%和1%的显著水平；②为了使得高考成绩可比，回归中控制了生源省份固定效应；③因篇幅原因截距项系数在此略去。

与表10-1的全样本回归结果相比，高考分数、性别、独生子女、家庭收入的回归系数由显著变得不显著，这些变量会影响从生源地到院校地的流动级别，但是对生源地到就业地的影响则不显著；一般本科学生的回归系数由不显著变得显著，说明虽然就读一般本科无法带来从生源地到院校地的向上流动，但仍然能够促进毕业后到就业地的向上流动；此外，汉族的回归系数由负变正，说明尽管少数民族通过上大学实现向上流动的可能性更大，但是毕业后向上流动的可能性则低于汉族；父亲高学历在上大学的就学流动中能够起到正向的积极作用，但是这些学生毕业后则更不倾向于继续向上流动到更高层级的城市就业。

从子样本的回归结果来看，研究生的回归系数与全样本一致，说明攻读研究生对来自各类型生源地的学生来说都有向上流动的促进作用；而一般本科（相比专科生）有助于来自乡镇农村和县级市的学生实现向上流动，但是对来自地级市和省会/直辖市的学生来说没有显著影响。

本章小结

教育在代际流动中的作用已被广泛讨论，本章从地区级别的角度，探讨大学教育如何促进代际流动。从流动比例和方向来看，几乎所有学生都在高于或等于自己生源地城市级别的地方上大学，且绝大多数学生毕业后就业的城市级别都高于或等于自己生源地的城市级别。生源地级别越高，就业地城市级别越高。生源地城市级别越低，向上流动的比例越大。说明大学教育有助于学生实现城市级别的向上流动，且对生源地城市级别低的学生促进作用更大。其中，省会/直辖市城市的学生近八成还在省会/直辖市就业；地级市学生分化较大，2/3 的地级市学生向上流动到省会/直辖市上大学，毕业后近一半保持在地级市就业，近一半在省会/直辖市就业；县级市的学生中有九成通过就读大学实现向上流动，毕业后也仅有 1/4 回到县级市就业；来自乡镇农村的学生均通过就读大学实现了向上流动，毕业后仅有 6% 回到乡镇农村就业。

从流动级别来看，虽然大学毕业后的就业地城市级别相比院校地城市级别略有下降，但相比生源地城市级别仍然实现了向上的流动。生源地层次越低，通过就读大学而向上流动的级别越高。不同学历毕业生的流动路径和基本特征类似，尤其是本专科学生非常类似，研究生通过就读大学而向上流动的级别最高，而毕业后向下流动的级别最低。

从生源地到院校地流动行为的影响因素来看，高考分数越高，学生因就读大学而向上流动的可能性越大，说明越是能力强的学生越能通过就读大学而向上流动到更高级别的地区；重点院校和一般本科院校毕业生、研究生更有可能实现向上流动。来自不同生源地级别的学生在此方面异质性不大，说明考高分、上好大学、攻读研究生能够有助于通过就读大学进入更高城市级别的地区。

从生源地到就业地流动行为的影响因素来看，研究生和一般本科（相比专科生）、重点院校的大学生更可能实现从生源地到就业地的向上流动。结合生源地到院校地的流动来看，进入好大学和读研究生是实现城市级别向上流动的最重要途径。

大学教育能够促进向上流动的原因可能有二：一是中国大学多分布在地级市及以上级别的城市，而且越是层次高的大学，其所在的地区往往级别也越高。"985 工程"院校全部都集中在省会/直辖市，这就给学生的向上流动提供了重要的机会。尽管不同层次生源地的学生所能实现的流动比例和流动级别不尽相同，但是上好大学和读研究生都能显著促进学生的向上流动。二是就读大学有助于提高人力资本水平，有助于其在毕业后仍然能够在更高级别的地区就业。

需要指出的是，尽管将城市级别的变化视为代际流动并不完美，因为进入更高城市级别的地区未必一定能够带来收入或社会地位的跃升。但是，由于我国最好的就业机会、教育机会、医疗保障都在大城市高度聚集，且由于劳动力市场分割和户籍等限制，大学生第一份工作的地点在很大程度上决定了未来的工作地点，因此，城市级别上的流动可以作为反映代际流动的一个重要指标。此外，由于大学教育对城市级别代际流动的影响还可能受到个体地区偏好的影响，但是由于受到数据限制，本文无法获得毕业生的城市偏好，而仅从生源地、院校地、就业地三类地方的城市级别进行分析，更深入的研究有待进一步开展。

后　　记

　　2006年的夏天，怀揣着对未名湖的向往，我迈入了北京大学教育学院的大门，从此与教育经济学结下了不解之缘。中国教育经济学的发展具有鲜明的时代特征，注重研究中国社会转型时期教育与经济发展中亟需解决的重大现实问题，高校毕业生就业问题就是其中最为核心的问题之一。

　　以拉动内需、刺激经济增长为主要目标的高校扩招政策于1999年拉开了序幕，随之而来的是高校毕业生的就业难问题。2003年扩招后的第一届大学生进入劳动力市场，北京大学教育经济研究所开始每隔一年进行"全国高校毕业生就业状况抽样调查"，发表就业状况研究论文并提交政策咨询报告，我有幸一直参与其中。

　　高校毕业生的就业难问题并非仅仅是数量上的供需矛盾，更深层次的原因则是"有业不就"和"无业可就"并存的结构性矛盾。本人的博士论文就是由这一逻辑起点出发，从流动的视角探究大学生从家乡所在地到大学所在地、再到就业所在地的一系列流动行为。本书是在博士论文基础上的进一步延伸——在新的社会经济环境下，在不断出台高校毕业生就业促进政策的背景下，持续补充长时段的调查数据，以流动为主题将研究进一步拓展到返乡流动、离京流动、职业代际流动、地区代际流动等领域，寻求促进大学生流动、解决毕业生就业难现状、以及促进社会公平的出路。

　　诚然，解决高校毕业生就业难问题并非一蹴而就，社会经济环境的变化也会带来新的挑战。2020年的毕业季即将到来，但是受到新型冠状病毒疫情的影响，国际和国内经济增长放缓、用人单位需求疲软，这必将对本就严峻的高校毕业生就业形势产生负面影响。尽管本书的研究对象为 2003—2017 年届的高校毕业生，但是所能提供的研究视角、取得的研究发现以及提出的政策建议将对积极应对和解决高校毕业生就业问题提供有价值的借鉴。

本人在撰写博士论文期间及后期不断完善书稿的过程中，得到了闵维方教授、丁小浩教授、岳昌君教授的指导和帮助，在此表示最诚挚的谢意！在成书的过程中，我也有幸结识了一群志同道合的小伙伴，感谢刘彦林、周丽萍、董璐、罗乐、李晓丹、郑琦、贺凌、郭紫倩、高东旭等人的参与和贡献！

最后，衷心感谢我的父母、公婆和先生！你们的体谅、包容和付出让我时刻感受到家的温暖，这是此书得以问世的重要保障。感谢儿子的出现和陪伴！你是我的盔甲和软肋，是我不断前行的动力！